MÈRES-FILS

DANS LA MÊME COLLECTION

Psychologie de l'argent, Thierry Gallois, 2003.

Psychologie du criminel, Jean-Michel Labadie, 2003.

Guide de survie pour parents débordés, Frédéric Kochman, 2004.

L'Enfant et Le Diable, Liliane Daligand, 2004.

Si tu m'aimes, trompe-moi !, Alexandra Choukroun, 2005.

Vaincre les peurs et les phobies, Marc Spund, 2005.

Le Complexe de Barbe-Bleue, Jean-Albert Meynard, 2006.

Le volant rend-il fou ?, Jean-Marc Antoine Bailet, 2006.

Collection « Archipsy »
dirigée par Roseline Davido
ARCHIPSY@minitel.net

SYLVETTE DESMEUZES-BALLAND

MÈRES-FILS

UNE RELATION MALMENÉE

Préface de Samuel Lepastier

l'Archipel

www.editionsarchipel.com

Si vous souhaitez recevoir notre catalogue
et être tenu au courant de nos publications,
envoyez vos nom et adresse, en citant ce livre,
aux Éditions de l'Archipel,
34, rue des Bourdonnais 75001 Paris.
Et, pour le Canada,
à Édipresse Inc., 945, avenue Beaumont,
Montréal, Québec, H3N 1W3.

ISBN 978-2-84187-898-7

« Je vous salue, majestés de nos mères. Je vous salue, mères pleines de grâce, saintes sentinelles, courage et bonté, chaleur et regard d'amour, vous aux yeux qui devinent, vous qui savez tout de suite si les méchants nous ont fait de la peine, vous, seuls humains en qui nous puissions avoir confiance et qui jamais ne nous trahirez, je vous salue, mères qui pensez à nous sans cesse et jusque dans vos sommeils, mères qui pardonnez toujours et caressez nos fronts de vos mains flétries, mères qui nous attendez, mères qui êtes toujours à la fenêtre pour nous regarder partir, mères qui nous trouvez incomparables et uniques, mères qui ne vous lassez jamais de nous servir et de nous couvrir et de nous border au lit même si nous avons quarante ans, qui ne nous aimez pas moins si nous sommes laids, ratés, avilis, faibles ou lâches, mères qui parfois me faites croire en Dieu. »

Albert Cohen

Préface

L'importance du livre de Sylvette Desmeuzes-Balland ne doit pas être sous-estimée. L'auteur aborde le sujet toujours exaltant et parfois douloureux des relations entre mère et fils. Ce travail est particulièrement original, car il ne s'agit ni d'un témoignage ni d'une œuvre théorique constituée à partir de l'expérience d'une pratique professionnelle qu'elle viserait à légitimer. Au terme d'une enquête approfondie dont il faut bien dire qu'elle a peu d'équivalents aujourd'hui, Sylvette Desmeuzes-Balland donne la parole aux mères de garçons : de tout leur cœur, le plus souvent avec tendresse et humour, avec quelque injustice à l'occasion, mais toujours avec la plus grande authenticité, elles expriment leurs attentes, leurs espoirs et leurs inquiétudes vis-à-vis de leurs fils.

Son travail nous interpelle à plus d'un titre. Comment, dans le monde actuel, une jeune femme se trouve-t-elle transformée lorsqu'elle devient mère d'un fils ? Que représente la maternité dans un temps où il semble plus facile d'être amante et insérée dans une vie professionnelle active que de perpétuer le seul rôle dévolu uniquement aux femmes ? Il n'y a pas si longtemps, la *femme qui travaille* était un pis-aller face à la noblesse de la *mère au foyer*. Aujourd'hui, un certain nombre de leurs revendications ayant été satisfaites, les femmes peuvent s'épanouir autrement qu'en imposant à leurs fils de réaliser pour elles les aspirations auxquelles elles avaient été contraintes de renoncer. Il leur reste pourtant, dans un monde où l'identité masculine devient problématique, entraînant un malaise de nombreux pères, à permettre à leurs fils de vivre et d'assumer leur virilité sans angoisse et sans aliénation.

Sur ce point, les mutations récentes n'ont pas eu les mêmes conséquences pour les pères et pour les mères. Même si la condition masculine a considérablement évolué et évolue toujours, il existe une continuité au moins relative entre les pratiques d'autrefois et celles d'aujourd'hui. S'il n'est plus chef de famille, il reste que, dans la plupart des cas, comme ses père et grand-père, l'homme d'aujourd'hui quitte tous les jours son foyer pour affronter le monde social : entreprise, administration ou institutions diverses. Il y rencontre d'autres hommes et femmes. Même le plus fidèle des maris est profondément impliqué affectivement dans ses relations professionnelles. Mais, en exerçant son métier, il perçoit en échange des revenus qui assurent la survie des siens. Depuis toujours, le travail des pères, quand bien même serait-il pour certains un prétexte pour échapper à la vie familiale, est valorisé, ce dont témoigne, entre autres, la persistance d'une différence de rémunération, à qualification égale, entre hommes et femmes.

Pour les femmes, la situation actuelle est véritablement révolutionnaire car ce que leurs mères et grands-mères ont vécu fut rarement un modèle satisfaisant pour la vie à laquelle elles aspirent ; elles sont contraintes d'innover à chaque instant pour trouver des solutions adaptées. En même temps, les avancées de la condition féminine ne sont pas toujours aussi effectives qu'elles devraient l'être. L'émancipation féminine rencontre de nombreuses résistances, les unes avouées, d'autres implicites. Ainsi, dans la vie professionnelle, les discriminations persistent, les moindres n'étant pas les pratiques de harcèlement sexuel qu'il importe de dénoncer. Dans la vie privée, les contraintes, si elles sont plus insidieuses, ne sont pas moins fortes. Aux interdits traditionnels qui, pendant longtemps, et en partie aujourd'hui encore, ont relégué la femme à la cuisine, à l'éducation des enfants et à l'église, la société tend à imposer un modèle qui est un pied de nez aux aspirations des femmes : pour tenir dignement leur rang et par-là conquérir leur bonheur, elles doivent mener de front, et avec le même succès, carrière brillante, réussite familiale, maternité attentive et souci de leur intérieur. Tout à la fois, la femme d'aujourd'hui est une professionnelle battante, une amoureuse audacieuse, une mère attentive ; elle soigne sa maison comme ses tenues et, douée d'une capacité de travail sans égale, elle sait ménager du temps pour elle. Femme d'intérieur accomplie, son goût est cité en exemple, sa cuisine est une réussite comme sa conversation recherchée. Il va sans dire, enfin, que son élégance à la fois classique et un brin fantaisiste n'est jamais en défaut. À l'aise partout, elle n'est pourtant jamais conformiste. Ce programme étant bien sûr impossible à réaliser dans son intégralité, les mères réelles, contrairement à celles des papiers glacés, alors même qu'elles ont triomphé d'interdits anciens, sont aujourd'hui culpabilisées comme jamais.

Dès lors que les repères traditionnels ne jouent plus leur rôle et que des incertitudes sociales rendent l'avenir des fils plus aléatoire que celui des pères, les mères ont logiquement recherché les professionnels et les experts capables de prendre le relais des grands-mères, elles-mêmes largement dépassées. Ce mouvement, d'abord limité aux couches sociales les plus favorisées, s'est étendu aujourd'hui à l'ensemble de la population. C'est ce qui a conduit tous genres de « psy » – terme qui personnellement m'horripile par son imprécision – à occuper, avec un bonheur inégal, une place croissante dans l'espace public. C'est donc à juste titre que Sylvette Desmeuzes-Balland est amenée à se montrer parfois sévère. Il est bien évident que, pour les psychanalystes, il ne saurait être question de prodiguer le moindre conseil ni d'indiquer quoi que ce soit qui ressemble à une norme. Notre seule compétence est de tenter de soulager la souffrance psychique des personnes qui s'adressent à nous. Tous les cas sont différents, c'est pourquoi nous restons prudents – ce qui ne manque pas de nous être reproché – dans nos évaluations statistiques. De plus, l'essentiel des difficultés des enfants comme des adultes provient de leur monde intérieur, y compris dans la façon dont les images parentales ont été construites. En effet, l'inconscient est relativement peu modifié par les péripéties de l'existence. Mais la meilleure des éducations ne met pas à l'abri de certaines crises douloureuses inévitables et, en dehors de la prévention de carences affectives graves ou de maltraitances, nous ne saurions proposer de recettes. En son temps, Freud avait déjà relevé qu'il y avait trois métiers impossibles : éducateurs (et donc parents), gouvernants et psychanalystes !

En pratique toutefois les choses ne se présentent pas tout à fait ainsi. Médecins généralistes et pédiatres, ce qui fait d'ailleurs partie de leur métier, prodiguent des conseils pour favoriser le meilleur développement du corps comme pour prévenir les risques de maladie. À leur suite, psychanalystes, pédopsychiatres et psychologues sont tout aussi régulièrement sollicités. Il n'est pas toujours facile de s'abstenir et, signe de crise, la société nous a délégué bon nombre de responsabilités : on nous demande notre avis sur l'entrée anticipée au cours préparatoire, on nous fait écrire un rapport sur la nécessité de retirer un enfant à des parents jugés inquiétants. De plus, nombre de personnes qui travaillent dans le domaine de l'enfance, et dont la formation en psychologie est parfois incomplète, n'hésitent pas à intervenir de façon plus tranchée encore. Enfin, il faut savoir – particularité de la situation française – que de nombreuses personnes ont pris à la lettre l'affirmation de Jacques Lacan : « Le psychanalyste ne s'autorise que de lui-même. » Des psychanalystes autoproclamés, souvent péremptoires dans leurs jugements, prodiguent des conseils en s'appuyant sur les valeurs et les habitudes de leur milieu social d'origine en les travestissant par le recours à un vocabulaire précieux, sinon abscons, qui camoufle le manque de connaissances. En dehors de la question de leur mouvance psychanalytique, ces psys peuvent causer des dégâts : sans états d'âme particuliers, des spécialistes ayant pour seul repère l'exigence d'efficacité immédiate se persuadent, et persuadent les autres, qu'ils possèdent enfin les clés de la bonne éducation en dix leçons. Pour eux, rendez-vous dans vingt ans.

La majorité des psychanalystes, en particulier ceux de la Société psychanalytique de Paris, association à laquelle j'appartiens, ont été longtemps très réservés quant aux interventions médiatiques. Nous avons infléchi notre point de vue depuis quelque temps, d'une part parce que progressivement s'était construite dans l'esprit du public une image très déformée de notre discipline et parce qu'il paraissait souhaitable, d'autre part, de proposer d'autres réponses que celles dont les objectifs avoués sont de transformer l'être humain en animal de laboratoire à conditionner.

Même si, pour ma part, je ne suis pas entièrement d'accord avec toutes les positions défendues par Sylvette Desmeuzes-Balland, je ne peux que l'approuver dans sa volonté de privilégier la parole des mères. Les conseilleurs ne sont pas les payeurs. Les mères sont les mieux placées pour savoir ce qui convient à leurs fils et la meilleure aide que nous puissions leur apporter est non pas de leur donner des conseils en devenant des belles-mères d'un nouveau genre, mais de leur permettre de trouver en elles les ressources qui les rendent aptes, avec le soutien du père quand cela est possible, à surmonter les difficultés qu'elles peuvent rencontrer. Il n'est pas vrai que la vie soit un long fleuve tranquille : l'amour que les mères portent à leurs fils implique une part de souffrance comme il est source de grandes joies. Quoi qu'on ait pu en dire, mère et amante ne sont pas des conditions qui s'opposent. C'est lorsqu'elle est portée par l'amour de son partenaire qu'une femme est la plus apte à faire face à ses responsabilités de mère et, par ailleurs, la richesse des échanges affectifs d'une mère avec ses fils la transforme pour la rendre plus authentiquement et plus profondément amoureuse.

Le monde n'est pas encore ce qu'il devrait être. Malgré l'accumulation de progrès techniques qui ne cessent de nous émerveiller, les progrès de la haine nous menacent, d'une façon ou d'une autre, tous les jours un peu plus. Pour les psychanalystes, toutes les relations humaines sont teintées d'ambivalence. Presque toutes, plutôt, car l'amour d'une mère pour son fils, comme l'a établi l'expérience clinique, est le seul susceptible, dans les meilleurs des cas, d'en être dépourvu. Voici une raison pour conserver l'espoir qu'à l'avenir l'humanité dans son ensemble s'inspire de ce modèle. Le chemin est encore bien long ; le beau livre de Sylvette Desmeuzes-Balland devrait néanmoins permettre d'accomplir un petit bout de ce trajet.

Samuel Lepastier
Docteur en médecine, docteur en psychologie
Praticien attaché de l'hôpital de La Pitié-Salpêtrière
Membre de la Société psychanalytique de Paris

Pourquoi cette enquête ?

L'image intérieure et l'image extérieure

L'éducation des fils est la source de l'harmonie ou de la compétition entre les sexes dont elle dérive. Elle évolue en boucle, entre la force des traditions et le développement de la société. La mettre en question, y prêter attention, est bénéfique et nécessaire. La fragiliser en déstabilisant les mères, en dénigrant les pères, n'est pas anodin. Il y va de l'équilibre des fils, de notre équilibre social et familial. L'enjeu est fondamental.

Au même titre que l'art religieux qui, pendant des siècles, a représenté la Vierge et son fils comme le symbole unique de la maternité, la littérature a contribué elle aussi – moins fortement, certes – à imposer une ligne de conduite idéale à travers les générations. La lecture des livres se trouve peu à peu supplantée par celle des journaux, des magazines ou par la consultation d'Internet, qui multiplient citations et affirmations plus ou moins adaptées, volontiers brandies comme d'implacables vérités. Alors, qu'en est-il réellement, au quotidien, de la relation mère-fils ?

« Colère, angoisse, amertume, frustrations... Un regain de sauvagerie... Les mères ne laissent pas leur place aux pères… Les hommes sont en crise[1]… » Les médias stigmatisent les mères, responsables d'une génération d'hommes blessés et amers, coupables du désistement des pères. L'évolution du statut de la femme remettrait en question ses qualités de mère, notamment en ce qui relève de l'éducation des fils. On lui impute une dérive et une violence accrue chez les adolescents, que l'on généralise.

Entre ce qui « devrait être » et ce qui est, entre la force des traditions et l'évolution des conditions de vie, entre la singularité de chacun et la pérennité des sentiments, dans quelle mesure les faits divers, les programmes audiovisuels, les études psychologiques, sondages et statistiques à l'appui, rendent-ils compte du quotidien des mères, de l'avenir de leurs fils, de celui de la famille ? Quelle influence le discours féministe a-t-il eue sur l'héritage familial et en quoi conditionne-t-il encore, sur un plan individuel, l'éducation des garçons ? Les femmes ont-elles joué le jeu ? Les mères reconnaissent-elles une évolution dans la formation de leurs fils par rapport à celle que reçurent leurs frères ? Le travail des femmes a-t-il détruit la cellule familiale, évincé le père et bouleversé la relation mère-fils ? Les mères peuvent-elles représenter la loi ? Sont-elles des castratrices ? L'amour qu'elles vouent à leurs fils entrave-t-il la virilité de ceux-ci ? Peuvent-elles garder quelque espoir de leur transmettre assez de force et de confiance en eux pour leur permettre de devenir des maris, des compagnons, des parents, des adultes bien dans leur peau et responsables ?

1. *Elle*, 10 mars 2003, « Les hommes dans tous leurs états », article de Valérie Toramian.

Après l'explosion idéologique de 1968, les années 70 ont opéré une triple révolution, démographique, économique et culturelle. La contraception a radicalement modifié le rapport des femmes à elles-mêmes, aux hommes, aux pères, à leurs fils. Une libération pour tous que certains ont mal comprise, vécue comme un antagonisme. À quel point les mères ont-elles été touchées par ce bouleversement de la condition féminine ? Quelle influence les lois égalitaires ont-elles eue sur l'évolution du comportement des mères vis-à-vis de leurs fils ? Si ce sont encore les hommes qui mènent le jeu et toujours les femmes qui élèvent les fils, en quoi les mères des temps modernes sont-elles responsables des adultes que deviennent leurs fils et de la tournure que prend le monde ? Avec l'intrusion de plus en plus précoce du monde extérieur dans la vie privée des garçons, comment peuvent-elles éduquer leurs fils dans une société qui continue d'afficher peu de considération pour les femmes et qui dénigre maintenant les hommes ?

Comment les mères vivent-elles ce qu'elles ressentent comme une virulente et invalidante mise en cause de leur aptitude en tant que femmes à élever des garçons ? Doute dont on n'affolait pas les innombrables veuves du passé, qualifiées, elles, de mères exemplaires, dignes, courageuses et dévouées.

Un hiatus apparent entre le discours public et le vécu individuel fut le départ d'une série d'interviews pour faire le point, essentiellement auprès des intéressés, sur cette relation qui lie les mères à leur fils dans le cadre de notre société. Il ne s'agissait pas de juger, de défendre ou de condamner une thèse ou une théorie précise, mais d'aller à l'écoute des personnes concernées afin d'esquisser un tableau de la situation.

Les données recueillies pour cet ouvrage l'ont été au cours d'entretiens semi-ouverts, brefs ou longs suivant la volubilité des personnes interrogées. La question était simple : que représente pour vous la relation spécifique d'une mère à son fils ? Le but était d'amener la personne interviewée à parler librement, sans recourir à une grille de questions qui l'aurait influencée. Il s'agissait de la laisser développer en ses termes les thèmes qui la concernaient. Il suffisait parfois de clarifier certains propos ou de recentrer l'entretien quand elle s'éloignait du sujet.

Cette démarche en a décontenancé plusieurs, qui me demandaient où je voulais en venir. Je ne voulais aller nulle part a priori. J'avais choisi simplement d'être à l'écoute.

L'enquête a été menée sur le terrain : en ville, en banlieue et à la campagne, auprès de trois cent quatre-vingts personnes à travers la France, auprès d'amis, de voisins, de rencontres, de volontaires recherchés et trouvés dans des cafés, des restaurants, des terrains de camping, croisés dans des trains, dans des avions, ou même pris en stop. D'une journaliste parisienne à une bouchère de province, en passant par une caissière de banlieue et divers professionnels, cette étude fut conduite dans un milieu aussi représentatif que possible de la population française, tout en restant nécessairement cantonnée aux individus qui souhaitaient se livrer, acceptaient de se remettre en question et se montraient capables de le faire. L'intention n'était pas d'établir des statistiques, mais d'explorer cette relation particulière où – comme dans la vie – tout se croise, se recoupe, se contredit indistinctement, dans le cadre de la problématique actuelle. D'elles-mêmes, nombre de femmes citèrent écrivains, journalistes, sociologues ou psychologues, le plus souvent consultés dans des magazines ou sur Internet, qui confortaient leur point de vue, ou contre lesquels elles s'insurgeaient. Certaines personnes ont choisi de faire figurer leur prénom, voire leur métier, ce que j'ai fait tant que leur récit n'incriminait personne, tout en respectant le désir d'anonymat des autres.

Cette enquête fut une intrusion dans l'intimité d'une relation particulièrement forte et viscérale. Il s'agissait plus de raconter que d'analyser, ce que beaucoup finirent par faire cependant, évaluant avec courage cette part d'inconnu, de singularité, d'incontrôlable qu'est la relation d'une mère à son fils. Chacun ayant sa vérité, ses préjugés, ses incohérences et ses arrangements avec soi-même, les intéressées étant parfois les moins bien placées pour prendre du recul, des interviews croisées de mères, de fils, de filles et de maris, ainsi que de divers professionnels, médecins, psychologues, enseignants s'avérèrent nécessaires. J'ai rencontré des femmes mariées, célibataires, divorcées, de simples employées, de grandes professionnelles, d'autres au foyer, des mères de famille nombreuse, de fils uniques, des mères qui élevaient leurs fils à deux, d'autres qui les élevaient seules, mariées ou non.

J'ai été confrontée à des cas difficiles, à des moments de crise, mais surtout à un grand besoin d'être écouté, de partager aussi un immense amour, un grand désarroi et un profond désir de sincérité.

Les témoignages, le plus souvent livrés à l'état brut, sont authentiques. Tous ne sont pas cités. Ne sont restitués, parfois *in extenso*, que les plus représentatifs, les plus représentatifs des préoccupations des mères. J'ai délibérément laissé la pathologie aux professionnels de la santé mentale, tout en prenant soin de respecter cependant quelques cris particulièrement éloquents ou emblématiques.

Si le sujet de l'enquête a suscité un indiscutable intérêt, il a également soulevé de nombreuses réticences et essuyé plus de refus que prévu. Dans l'ensemble, une femme sur six environ a refusé de parler, alléguant que ses fils s'y opposaient ou qu'elle *« en avait marre d'être la tête de Turc »*, comme si elle craignait d'être *« à nouveau piégée »*. Après avoir donné un accord oral, certaines ne répondaient plus au téléphone ou différaient sans cesse la date de l'entretien pour des raisons plus vagues les unes que les autres. Leur refus devenait alors une réponse en soi dont il fallait tenir compte. D'autres déversaient en quelques instants, sans que rien puisse les arrêter, leur stupeur et leur souffrance d'être si souvent mises en cause, ou leur frustration par rapport à la crise d'adolescence de leurs fils, à leur violence lorsque c'était le cas, et disparaissaient ensuite comme si elles regrettaient d'en avoir trop dit.

De nombreuses mères – parce que les gens heureux n'ont pas d'histoire ? – estimaient qu'elles n'avaient pas grand-chose à dire, que tout allait bien, avec leurs fils comme avec leurs filles.

Quelques femmes en représentation ont joué le rôle de la mère qu'elles auraient voulu être. Leurs incohérences trahissaient un sentiment d'échec dont elles finissaient par ne pas être dupes, sans pour autant se montrer capables de l'assumer. Celles-là aussi fuyaient.

Le contrôle des naissances permettant d'avoir des enfants désirés, le sentiment de responsabilité s'en trouve accru. Évoquer son rapport à ses fils est une démarche intime qui remue beaucoup de joie, de fierté, mais aussi de douleur et de doutes. C'est une remise en question personnelle, fondamentale, un sentiment d'intense bonheur face à l'impression d'échec que leur renvoie la société et qui les atteint tous les jours, au plus profond d'elles-mêmes. « *Les mères, et surtout les mères de fils, ont facilement l'utérus en émoi* », déclarait un homme, père et médecin.

Des mères de tous milieux se montrèrent attentives et curieuses, disposées à réfléchir sur leur propre comportement afin de prendre conscience d'une relation qu'elles pensaient naturelle et instinctive et de préjugés qu'elles croyaient dépassés. Les femmes parlent beaucoup entre elles. Par manque, parfois, de lucidité, par crainte d'être mises en cause, les mères se confient peu, vraiment. Elles se cachent, se défendent, passent à l'attaque ou font de la surenchère, dans un sens positif ou négatif. Elles se révélèrent très intéressées par ce que pensaient, disaient, vivaient les autres. De se savoir moins seules permit à nombre d'entre elles d'approfondir leur raisonnement, de se montrer plus ouvertes, plus franches.

Par pudeur certainement, pris entre l'attachement qu'ils éprouvent pour leur mère et leur besoin de la remettre en cause, peu d'adolescents ont consenti à parler. Encore trop peu construits, ils craignent d'être catégorisés ou jugés, tout en contestant la validité du regard de l'adulte sur leur mode de vie. Les mères restent le plus souvent à la périphérie de leur quotidien grégaire. Certains ados ont cependant saisi l'occasion de s'adresser, à travers les mères en général, à la leur en particulier.

Les interviews ont porté sur trois générations axées autour du bouleversement des années 70.

– La génération n° 1 concerne celle des grands-mères, celle des mères d'avant la contraception.

– La génération n° 2 est celle dite du baby-boom, marquée, entre autres, par la contraception.

– La génération n° 3, appelée aussi « les trentenaires », est celle des « nouvelles mères » d'aujourd'hui.

Certaines femmes sont, de nos jours, mères pour la première fois à l'âge où d'autres sont déjà grands-mères. Les différences de personnalité dans le cadre de chacune de ces générations rendent cette catégorisation imprécise. Par commodité et parce que c'est généralement le cas, je m'en suis tenue à cette classification qui correspond plus à un contexte économico-social et à son influence sur les individus qu'à un âge ou à un comportement précis, chaque génération ayant son lot de mères plus ou moins expertes, plus ou moins attentives. Les années 70 ont fait date dans l'histoire des femmes et des mères ; on trouve, bien qu'elles soient différentes et qu'elles veuillent se distinguer les unes des autres, de nombreux points communs entre les générations 2 et 3. Le véritable changement, l'écart profond et fondamental, comme nous le savons, fut apporté par la contraception.

Cette enquête ne prétend pas être exhaustive. La pluralité des situations est telle qu'on peut trouver sans peine des arguments à l'appui ou à l'encontre de différentes thèses. Les thèmes développés sont ceux qui préoccupaient les personnes interviewées. D'autres manquent qui n'ont pas été abordés. Spontanés, récurrents, les propos concernaient principalement l'ambivalence d'une relation faite d'amour et d'inquiétude, le « miracle » du petit garçon, l'adolescence des fils, le poids d'un certain regard social et la trop fréquente condamnation des mères par ceux que l'on qualifie génériquement et schématiquement de « psy », ainsi que le rôle et le besoin du père. Plus que le féminisme en soi, la valorisation de la femme par son activité professionnelle fut sans cesse pointée comme l'une des conditions essentielles à un rapport équilibré entre une mère et son fils.

Chaque témoignage, lorsqu'il est unique en son genre, est signalé comme tel. Les notions d'ordre général sont concrétisées ou nuancées par des exemples. La diversité des styles et des anecdotes atteste la variété des sources. Les contradictions et les répétitions de l'ensemble de ces témoignages reflètent la réalité qu'ils abordent dans sa complexité, sans que jamais un point de vue en invalide un autre. Les schémas familiaux sont différents, les histoires toutes singulières, mais chacun y trouve cependant une part, si infime soit-elle, de la condition de mère et de celle de fils.

I

La place du fils dans le désir d'une femme

« Si les mères à préférence existent bel et bien, celles à préférence féminine sont beaucoup plus rares. Car entre en jeu l'attirance des sexes. Avoir un garçon est extrêmement épanouissant pour une mère... Il lui renvoie une image très positive d'elle-même, une image de mère mais aussi de femme. À l'inverse, les mères sont toujours attirées par la masculinité de leurs fils : les sexes opposés s'attirent mutuellement, et la relation mère-fils ne fait pas exception à la règle... Il existe un tropisme de la mère vers son fils. Alors qu'avec sa ou ses filles, des rivalités apparaissent. »

Catherine Serrurier[1]

Est-il évident que les mères qui désirent un enfant éprouvent toujours ce tropisme vers leurs fils ? Peut-on constater une évolution dans cette relation ? Et, si oui, dans quel sens, comment et pourquoi ?

---

1. Psychothérapeute, conseillère conjugale. Source : Psychologies.com. Moins célèbre que Freud ou Lacan, Catherine Serrurier fut citée à plusieurs reprises par des mères plus coutumières d'Internet, de magazines de psychologie, ou incluant une rubrique « Psychologie ».

Quand, très tôt, avant même de le connaître, on se sent comblée ou menacée par ce petit être qui va naître ou qui vient de voir le jour, ce n'est pas de lui, mais bien de nous qu'il s'agit. De tout ce que ce bébé représente par rapport à l'histoire de notre famille, à celle de notre enfance, par rapport à nos fantasmes.

La relation d'une mère à son fils, déterminée d'une façon ou d'une autre par sa relation à ses propres parents, eux-mêmes tributaires d'une obscure lignée de secrets, l'est aussi par la place que la femme occupe dans la société et dans la famille. Depuis une génération, la situation de la femme a changé, le poids des stéréotypes qui pèse sur elle face aux hommes et donc face à son enfant mâle a évolué. Il n'a pas disparu. D'après les témoignages, il semble qu'en l'espace d'une bonne trentaine d'années les mères seraient passées de la terreur de ne pas avoir de fils à la crainte d'en avoir un.

Un héritier mâle ou rien

Les mères de la génération n° 1 et leurs aïeules, tous milieux sociaux et culturels confondus, ont subi la pression de devoir donner un héritier mâle à leur mari, à leur belle-famille, à la patrie. Les jeunes accouchées d'enfants du sexe féminin parvenaient d'autant moins à cacher leur déconvenue que les belles-mères affichaient la leur, que « *les pères fuguaient... noyaient leur déception dans une nuit d'alcool... parlaient de suicide* ». Les proches les plus compatissants encourageaient la jeune mère – « *Ce sera pour la prochaine fois !* » –, négligeant cette première naissance.

Dans ce but, et – littéralement – la peur au ventre, des femmes s'imposaient des régimes prétendus miraculeux, appliquaient des conseils médicaux ou des astuces de bonne femme, guettaient le moment le plus favorable du cycle de la lune ou du leur afin d'accomplir leur devoir. Elles avaient une seconde grossesse inquiète. Alice, une commerçante de la génération n° 2 qui avait déçu en accouchant d'un premier enfant de sexe féminin, se souvient.

« *J'aimais en secret cette petite fille que je sentais remuer en moi, prête à la défendre contre le désintérêt ambiant, comme je défendais tous les jours sa sœur. À ma surprise, plus qu'à mon soulagement, si grand était mon ressentiment contre cette pression qui venait de me gâcher deux années de ma vie, ce fut un garçon. Un garçon que j'ai regardé quelques heures avec hostilité et puis que j'ai très vite aimé et admiré. Mais j'ai longtemps haï ce que représentait le déferlement de louanges et de cris de joie accueillant la naissance de ce petit bonhomme que personne ne connaissait, même pas moi, sa mère, qui l'avais pris pour une fille.* »

Bien que nos mères et grands-mères n'aient pas évolué dans une culture où les maris répudient les épouses faute d'héritiers mâles, que cela fût formulé ou non, les mères de filles étaient des mères en manque de fils. Elles n'avaient pas « *assuré* ». Les récits se suivent et se ressemblent. « *À la limite, c'était un héritier mâle ou rien.* » Des mères déclaraient, sans que personne s'en offusque, qu'elles avaient « *un, deux ou trois enfants... et des pisseuses* ». Comme si les garçons étaient exempts de cette fonction. Personne ne trouvait choquant que des femmes trop fatiguées pour s'occuper de leur progéniture mettent leurs filles en nourrice et gardent « *l'héritier* » auprès d'elles.

Cette attente impérative, à laquelle se mêlait un jugement de valeur a priori, suscita des réactions négatives ou brutales. Elle a exaspéré des femmes qui, se sentant brimées par leur famille ou par la société, en voulaient à leurs maris et reportaient leur ressentiment sur les garçons qu'ils leur faisaient. Dans la littérature, comme dans un vécu plus populaire, Folcoche, la mère du petit David du placard, celle de Poil de Carotte, sont des mères de garçons. La relation mère-fille, souvent reconnue comme conflictuelle, ne prête pas autant à la caricature. Quand Violette Leduc se plaint du manque d'amour de sa mère, elle-même femme délaissée, elle ne fait référence à aucun sévice, mais regrette que sa mère ne lui ait jamais donné la main. Ces femmes qui ne voulaient pas de fils ou qui n'aimaient pas les leurs, par haine de leur père, de leur mari ou des hommes en général, hantent depuis des siècles les cercles de famille. La naissance d'un fils relevait d'une pollution qu'ils allaient perpétuer. Certains fils leur rendaient leur dégoût. Pour saint Augustin, le baptême lavait l'enfant de la souillure d'être né du ventre d'une femme, entre l'urine et les selles. Dans son roman autobiographique, Lucien Bodard reprend ce thème d'une autre façon.

« *J'ai pris l'horreur de ma chose... l'horreur de mon corps... C'est la faute d'Albert... Avec son tuyau, il a gonflé Anne-Marie, d'une enflure qui a crevé, dont les eaux m'ont lâché, comme un détritus. Je suis l'ordure d'Albert, son appendice m'a conçu. Et j'en porte un aussi pour faire des saletés, le même que le sien, encore minuscule, mais qui deviendra abominable, qui dégoûtera ma mère*[1]. »

Dévalorisées dans leur enfance, brimées au cours de leur adolescence, nos mères et nos grands-mères trouvaient

1. *Anne-Marie*, Grasset, 1981, p. 23.

leurs fils plus faciles à élever parce que moins révoltés dans ce monde à domination masculine. Ces garçons que pour elles-mêmes elles espéraient, c'est aussi dans leur intérêt à eux qu'elles les désiraient puisque, fortes de leur expérience personnelle, elles estimaient plus intéressant, plus amusant d'être un garçon qu'une fille. « *Je ne voulais que des garçons (les hommes ont moins de misères), et une fille pour m'aider.* » Elles attendaient aussi de leurs fils qu'ils les propulsent dans l'échelle sociale. Les garçons portaient ce fardeau : ils étaient un objet de projection narcissique de la mère insatisfaite d'elle-même, et souvent le substitut affectif du conjoint défectueux.

Dans le contexte de la société bourgeoise viennoise et en fonction de son expérience, le Dr Freud estimait que l'unique relation vraiment satisfaisante était celle qui lie la mère à son fils. Il déclara ainsi que les sentiments d'une mère pour son fils étaient dénués de l'agressivité qui participe de toute tendresse.

« *L'agressivité constitue le sentiment qui se dépose au fond de tous les sentiments de tendresse ou d'amour unissant les humains, à l'exception d'un seul peut-être : le sentiment d'une mère pour son enfant mâle*[1]. »

Cette configuration s'est pérénnisée à travers les siècles : le garçon était le seul héritier du nom et du patrimoine, et la maternité était symbolisée par l'image unique de la Vierge Marie et de son fils Jésus. La condition des femmes a été réduite à cet impératif, la pression sociale traumatisant les femmes, exigeant qu'elles

1. *Malaise dans la civilisation*, traduction de C. et J. Odier, PUF, 1971, p. 67.

fassent des garçons. Cela a perverti les fils, nés « *trésors absolus* » sans avoir rien à prouver ni à mériter.

Le plaisir avoué de créer un petit homme

Les mères de la génération n° 2, parmi les plus éduquées, certainement, et parmi les plus aptes à parler librement de leur corps et de leur sexualité, avouent volontiers la surprise d'une émotion et d'un trouble particulièrement intenses à l'annonce de la naissance d'un petit mâle. Même pour celles qui se réclamaient du féminisme, le fait de savoir qu'elle avaient « *un phallus, une paire de couilles* » dans le ventre les troublait. Même celles qu'enchantait la venue d'une petite fille n'exprimaient pas un tel sentiment de plénitude. Au moment de l'échographie, ou à la naissance, elles admettent avoir été, à leur grande surprise, envahies par une joie « *plus ineffable* » à l'idée de produire et de ne pas seulement reproduire.

« Dans mon bonheur d'avoir enfin un enfant, j'étais persuadée qu'il m'était égal que ce soit un garçon ou une fille. Aussi lorsque, après l'amniocentèse, j'ai appris que j'attendais un garçon, j'ai été stupéfaite par ma formidable sensation de plénitude. Je me sentais un être complet, telle la créature androgyne d'Aristophane dans le symposium de Platon qui symbolisait tellement la puissance et le bonheur humains que les dieux en ont pris ombrage et l'ont divisée, laissant chaque moitié chercher son autre à travers les siècles et le monde. Quelles qu'en soient la ou les raisons, je retrouvais ce que j'avais lu chez Freud et j'avoue avoir vécu ma grossesse avec un incroyable sentiment de puissance. »

Une mère tardive de la 2e génération

Libérées par la contraception, plus satisfaites de leur vie professionnelle ou moins dépendantes du mariage, ces mères estiment avoir eu envie d'un fils sans chercher ni règlement de comptes ni compensation, simplement parce que c'est différent, parce que c'est l'altérité. *« Pour assouvir cette espèce de curiosité insatiable »* de ce qu'est un garçon…

« Un garçon, c'est la confrontation avec quelqu'un de plus étranger que soi. Évidemment, une petite fille, c'est aussi un étranger qui va naître. Mais faire surgir de soi un petit mâle, c'est-à-dire procréer le sexe qu'on n'a pas, relève encore plus du miracle. »

L'univers féminin, les mères le connaissent. Avec un garçon, elles abordent un domaine plus singulier, *« plus neuf encore qui va leur révéler des choses différentes sur elles »*. La femme, considérée comme un être châtré, prendrait ainsi sa revanche en mettant au monde un individu doté d'un sexe masculin.

Fille d'une femme très autoritaire dont le mari est mort au champ d'honneur, Marie-Hélène se rappelle comment sa mère manifestait une préférence indécente pour ses fils dont elle était excessivement fière. *« Rentrez vos poules, moi je lâche mes coqs »*, criait-elle à ses amies en parlant de leurs enfants réciproques.

Pour avoir donné naissance ou non à un petit mâle, pour avoir ou non justifié leur position d'épouses vivant des revenus de leurs maris, les femmes des générations d'avant 68 se trouvaient objets d'admiration, de pitié ou de dérision. Leurs filles expriment en d'autres termes leur fierté d'avoir un fils. Leurs petites-filles donnent l'impression d'avoir fait volte-face.

La crainte du garçon

Par un curieux renversement des valeurs, c'est tellement démodé de s'avouer phallocrate, on est tout aussi fière, sinon plus, de mettre au monde une fille[1]*...*

Michèle Fitoussi

Elles n'ont cependant pas toutes disparu, celles qui revendiquent leur envie d'un fils, notamment lorsqu'elles n'ont que des filles.

« *Ma mère a eu cinq filles*, raconte l'une d'elles, très gaie, âgée de trente-deux ans. *Je ne voulais que des fils. Mon mari est un macho, ça me fascine chez lui. J'ai suivi le fameux régime garçon avant ma première grossesse. J'ai suivi un traitement hormonal en Angleterre pour la seconde et j'en suis à ma troisième criarde. Chaque fois que je suis enceinte et que je ressens cette espèce de redoublement de la fille en moi, cela m'angoisse d'autant plus que j'ai été élevée comme un garçon. J'attends un quatrième enfant. Je ne veux pas savoir à l'avance ce que c'est. J'adore mes filles, j'en suis fière, mais je veux un fils. Je veux sortir enfin ce garçon que j'ai en moi.* »

Un jeune couple, déjà parent d'une petite fille, a récemment envoyé comme faire-part de naissance la photo de l'entrejambe de leur petit garçon, son sexe moulé dans une coquille dorée.

Les femmes qui le désirent peuvent désormais vaincre leur infertilité, parfois à tout prix. « *Garçon ou fille, ça m'était vraiment égal. À la deuxième échographie, on m'a dit que c'était une fille. J'étais ravie. À la troisième,*

1. *Lettre à mon fils*, Calmann-Lévy, 1991 ; Le Livre de Poche, 1999, p. 37.

on m'a dit que c'était un garçon. J'étais ravie et je le suis toujours. » Elles ne s'inquiètent pas du sexe du bébé, mais de savoir s'il sera normal et en bonne santé.

Marquées par des discriminations devenues a priori obsolètes, des femmes de la génération n° 2 avouent avoir hésité. « *J'avais deux sœurs et deux frères et tout a toujours tourné autour de nos frères. J'en avais gardé une certaine hostilité que je ne voulais pas transmettre.* » Leurs filles, qui s'en défendent, paraissent avoir quand même hérité un peu de cette méfiance. Ce que traduit la mère de trente-deux ans d'un garçon de neuf ans. Très ambivalente quant à la timidité de son fils, elle dit de lui avec un humour dont elle ne semble pas mesurer la férocité : « *C'est un vrai garçon manqué !* »

De nombreux gynécologues, comme celui qui est cité ci-dessous, constatent que de plus en plus de mères de la génération n° 3 souhaitent avoir une fille. Depuis une dizaine d'années, disent-ils, elles déclarent les trouver plus faciles à élever.

« *On ne privilégie plus le garçon pour qu'il soit fort, en bonne santé, pour qu'il puisse travailler et gagner de quoi faire vivre sa famille et assurer les vieux jours de ses parents. Cela se traduit par le fait que les mères allaitent plus ou moins longtemps garçons ou filles sans discernement, et avec une préférence marquée pour les filles. La mode de faire des régimes pour avoir un garçon est passée.* »

Les psychanalystes consultés confirment, tout aussi surpris, que si la femme, par envie du pénis qu'elle n'a pas, préférait classiquement un garçon, de plus en plus de jeunes femmes veulent des filles.

Le Dr F. Julien, soixante-deux ans, pédiatre en province, confirme cette évolution.

« *Dans ma génération, comme dans celle de mes parents, il y avait avant tout le désir d'avoir un garçon. La nécessité d'assurer la pérennité du nom s'est atténuée. Les filles gardent souvent celui de leur père et peuvent le transmettre. On ne voit plus, depuis dix à quinze ans, de femmes qui veulent des fils à tout prix et qui recommencent jusqu'à ce qu'elles en aient un. Le côté décevant d'avoir une fille s'est apaisé, chez les femmes, certainement, mais chez les pères également. Soit parce que c'est vrai, soit parce qu'on a trop cogné sur leur côté machiste, eux aussi affirment fréquemment qu'ils veulent une fille.* »

Les trentenaires furent les seules à manifester une surprise à l'annonce du thème de l'enquête. Pourquoi mère-fils ? En ce qui les concerne, l'enjeu est celui d'une mère et de son enfant, garçon ou fille. « *Il s'agit de transmission, de responsabilité. On n'est plus jamais libre, mais c'est extraordinaire, quel que soit le sexe de l'enfant.* »

Leur vocabulaire s'est modifié. Le mot de *pisseuse* provoque maintenant un certain mépris, sinon une indignation. Menant des études et des vies plus semblables à celles des hommes, ces jeunes femmes ressentent peu la nécessité de prendre une revanche sur une condition de subordonnée qui est de moins en moins la leur. Aucune n'a mentionné la notion freudienne de vide créé par l'absence de phallus, aucune n'a parlé de besoin de compensation. « *On a peur de se faire rembarrer si on veut un petit mec.* » Peut-être, par un phénomène d'autocensure, n'osent-elles plus, elles non plus, manifester une envie, prononcer des mots qui ne semblent plus d'actualité.

Tout cela ne s'inscrit pas uniquement dans la lignée des années 90, dites « *les années de coupage de couilles* ». Elles trouvent les filles plus fines, plus mûres et les garçons plus difficiles à élever. Elles redoutent, et nous le verrons, la crise d'adolescence des garçons. Conscientes qu'elles risquent de l'élever seules, peut-être aussi préfèrent-elles un enfant a priori plus semblable à elles, qui leur poserait moins de problèmes.

« Je suis sûre que j'aimerais mon fils si j'en avais un, mais je préfère ne pas en avoir. Voir à quel point mes copines se désespèrent avec leurs garçons au moment de l'adolescence me décourage. Dès onze ou douze ans, elles ne savent déjà plus par quel bout les attraper et elles en prennent encore pour dix ans. »

Au fur et à mesure des interviews, on enregistre une volonté d'évolution, une pensée et un vocabulaire qui se sont adaptés aux changements de la perception que l'on se fait du rôle et de la place de chacun dans la famille et dans la société. Qu'elles affichent ou non une préférence, les jeunes mères ne mentionnent ni crainte du déshonneur ni sentiment de plénitude compensatoire. Les enfants sont considérés comme des individus uniques qui ont chacun leur caractère.

Aucune ne nie cependant que la relation d'une mère à son fils reste complexe, personnelle, nuancée, liée à l'image que la femme a d'elle-même et qu'elle tient de son passé, liée au regard qu'elle pose sur le père de son enfant et sur son histoire, en tant qu'homme, en tant qu'individu.

Le poids que les femmes faisaient peser sur leurs fils est allégé. Ils ne seront plus les seuls à porter celui des espoirs de leur mère, celui du monde sur leurs épaules.

Une relation transgénérationnelle en ligne discontinue

Les récits commençaient tous par une référence à la mère, au père, rarement à la lignée des aïeux et, pourtant, c'est dans ces temps lointains que tout commence, ce que l'on oublie trop souvent quand on vilipende les mères. Devenir mère à son tour implique de régler des comptes avec son passé.

Par paresse intellectuelle, par manque de rigueur ou de réflexion individuelle, nous continuons d'utiliser des idées toutes faites, les préjugés les plus dangereux étant ceux que l'on croit dépassés. La naissance d'un enfant reste l'enjeu d'une répétition. Même si les mères acquièrent les moyens de s'en démarquer, elles continuent d'élever leurs fils, qu'elles s'en défendent, l'acceptent ou le nient, dans la ligne directe de leur propre histoire qui transcende des générations de plus en plus ignorées. D'autres manquent de recul et s'en tiennent aux idées reçues, au mépris de l'évidence, comme l'illustre le récit de cette femme de ménage de la 2e génération :

« Je voulais une fille parce que, pour une mère, une fille, c'est quelque chose de plus qu'un garçon. C'est plus proche. J'ai eu un garçon en premier. Je l'ai pris. Je l'ai aimé. Il était très affectueux avec moi, pas ma fille. Il ne pouvait pas se passer de moi, il me tenait toujours par le pan de la jupe ou du manteau. Ma fille est partie quand elle s'est mariée, on ne l'a pas vue pendant sept ans. Quand elle est revenue, c'était la joie dans la famille. Mon fils, même depuis qu'il est marié, vient souvent manger chez nous. Il me téléphone presque tous les jours.

Je trouve que le mariage nous sépare plus des garçons que des filles, même si on n'a pas vu la nôtre pendant sept ans. Je suis contente de mes deux garçons mais, de toute façon, je voulais une fille, ah ça oui, je voulais une fille, parce qu'une fille, c'est plus proche de sa mère. »

De génération en génération se profilent de longues histoires, le bagage génétique et psychique de femmes devenues mères, auquel se mêlent, souterrains, difficiles à maîtriser, celui de leur propre lignée, celui du père de leurs enfants. « *Cet ensemble des processus psychoaffectifs qui se développent chez la femme lors de la maternité* », comme le qualifie le psychanalyste Paul-Claude Racamier, Serge Lebovici l'appelle « *l'héritage psychique de l'être humain* ».

Mélanie, trente ans, divorcée, réceptionniste en banlieue parisienne, a des relations *simples, affectueuses et chaleureuses* avec chacun de ses deux enfants, individuellement.

« *Dès qu'ils sont ensemble, ils se disputent beaucoup, je suis souvent à cran. C'est toujours mon fils qui se soucie de moi, de nos finances, de ma fatigue. Je ne vois aucune mère de mon âge faire de différence entre ses fils ou ses filles. Je n'en fais pas non plus, je veux qu'ils soient heureux tous les deux, mais ma mère a tellement souffert que ma grand-mère ne s'intéresse qu'à ses fils que je me demande, bien que je les aime autant l'un que l'autre, si quelque chose de son éducation ne passe pas dans celle que j'ai donnée à mes enfants, malgré moi.* »

Cette transmission se passe plus ou moins directement des aïeules aux petits-enfants et reste différente lorsqu'il s'agit d'une femme, mère d'un enfant mâle. Les femmes qui n'ont pas aimé leur enfance, qui furent élevées par des mères qui n'aimaient pas la leur, redoutent les séquelles d'une telle répétition. Quelques-unes avouent avoir fini par comprendre qu'elles refusaient à leur fille ce qu'on leur avait refusé alors qu'elles sont prêtes à tout donner à leurs fils.

« Elle se met déjà du rouge aux ongles, des jupes qui tournent, minaude, et ça m'agace. Elle grimpe aux arbres et court comme son frère. Il fait du kick-boxing, elle veut en faire, je refuse, elle est trop immature. Elle s'en servirait dans la cour de récréation pour donner des coups de pied. »

Certaines mères dont on pense qu'elles préfèrent les garçons craignent de retrouver dans leur fille ce qu'elles n'ont pas aimé chez elles dans leur enfance ou adolescence, ce que raconte une secrétaire de quarante ans.

« J'ai toujours eu une vraie complicité avec mon fils. Il m'aide. De lui-même il va chercher du bois, met le couvert, m'apporte mon café. Elle ne participe que si elle le décide. Je ne voulais pas d'un fils unique mais je ne désirais pas spécialement une fille. Je fais des efforts avec elle, elle est vraiment dure avec moi. Je sais que ce n'est pas de sa faute. Je crois que je n'aime pas voir en elle la petite fille que j'ai été. En fait, elle ne m'intéresse pas beaucoup, alors que je suis très curieuse de mon fils. »

« J'ai eu l'impression que dès sa naissance elle avait décidé qu'elle ne pouvait se construire qu'en me tenant à distance. Notre petit garçon fut un bonheur total dont j'ai tous les jours la nostalgie. Dès que je tendais les bras à sa sœur, celle-ci s'éloignait. Il fallait qu'elle soit fatiguée ou qu'elle se soit fait mal pour venir se blottir contre moi. Et, en présence de son père, elle me repoussait. »

Cette autre mère de la 2e génération accepte la réaction de sa fille. Elle avait agi de la même façon en réaction, analyse-t-elle, au lien exclusif entre sa propre mère et son frère aîné. Elle envisage que son inconscient ait pu générer un comportement similaire chez sa fille. De nombreuses filles l'ont ainsi ressenti.

« Ma mère, que l'on avait gentiment et normalement minorée pendant son enfance, a fait très attention à moi, avec beaucoup d'égard et d'amour. Je le sais, je l'ai vu. J'avais quand même la sensation d'une force invisible qui passait entre mon frère et elle, et je le lui faisais payer. »

Sandra, étudiante, vingt ans

Aurore, quarante-neuf ans, scénariste, a un fils unique de dix-huit ans. Très marquée par un rapport difficile à sa mère, elle l'analyse avec lucidité.

« La relation mère-fils renvoie incroyablement à la relation que l'on a eue en tant que fille avec sa propre mère. J'ai eu la sensation très vive de ne pas vouloir répéter une relation douloureuse. J'ai fait une fausse couche en apprenant que mon enfant, dont j'ignorais le sexe, devait naître en mars, mois de l'anniversaire de ma mère... On dit qu'il y a beaucoup d'acide du côté des sécrétions vaginales, je pense qu'il y a beaucoup d'amertume du côté des sécrétions inconscientes. Lorsque j'ai été enceinte une deuxième fois, lapsus ou fatalité, j'ai attrapé la toxoplasmose. On m'a enlevé cet enfant, une petite fille de cinq mois. Il y a donc eu réitération. À ma troisième grossesse, j'ai refusé de connaître le sexe de l'enfant. Je pensais avec terreur à cette petite fille qui allait me faire du mal, qui allait être méchante avec moi, avec ravissement à ce petit garçon qui serait formidable.

Il est vrai aussi que, dans la relation mère-fils, il y a cette sensation de se dire qu'il y aura toujours, même quand son mari aura disparu, un autre homme qui sera présent et qui nous sauvera la vie... Dès sa naissance, je me suis sentie incroyablement comblée quand j'ai vu que c'était un garçon. »

La légalisation de la contraception a changé le rapport des femmes à elles-mêmes, à leurs maris, à leurs fils, sans toutefois en modifier profondément les structures relevant de la génétique, de l'inconscient, de l'imaginaire. Prendre conscience de la peur de répéter un schéma familial n'est pas simple et ne suffit pas toujours. Mariée à un homme que les enfants n'intéressaient pas, Muriel n'a pu compter sur le soutien du père pour vaincre sa peur. Bien qu'un tel comportement ne soit pas plus automatique que généralisé, il indique combien, même dans les cas où une prise de conscience a eu lieu, la relation mère-fils, cette *terra incognita*, peut être incontrôlable. On retrouve par ailleurs, comme le dit Aurore, venant de la mère, le besoin de protéger, et, venant de la femme, celui d'être protégée, qui rend le départ des fils plus douloureux.

Lélia, romancière, mariée, quarante-sept ans, ne voulait pas d'enfants de peur d'avoir des filles. L'homme qui l'aimait et qui en voulait avec elle a su la rassurer et lui communiquer sa confiance. Ils ont cinq enfants.

« *Cela demande une énergie considérable d'élever des enfants, et plus encore quand il faut dominer une histoire conflictuelle avec ses propres parents. Mon mari voulait huit enfants. J'ai pensé alors que la seule façon de m'en sortir était de ne faire que des garçons afin d'éviter les schémas d'éducation que j'avais connus et détestés. Ma mère a toujours vécu dans cette tradition de la déception des maris face au premier-né qui leur faisait l'affront de naître fille. Mon père avait disparu pendant toute une journée à ma naissance. Elle avait peur que cela recommence. À la clinique, elle m'a annoncé d'un air tragique que j'avais accouché d'une fille. Mon mari, lui, était ravi. Il avait grandi entouré de femmes, comme leur prince absolu. Il aimait leur royaume. Il voulait huit filles. J'avais refusé de connaître le sexe de mon bébé afin de lui laisser la possibilité d'être aimé avant qu'il naisse. Je l'avais désiré, je l'avais porté, je l'avais caressé dans mon ventre. Face à cette petite fille qui arrivait dans notre vie, je me suis dit qu'il allait falloir travailler davantage, être plus vigilante, pour réussir son éducation. J'ai appris autant d'elle que je lui ai appris. J'ai appris justement à ne pas l'élever comme je l'avais été moi-même. »*

Claudine, cinquante-six ans, productrice, explique comment les vies combinées de sa grand-mère maternelle, de son père et de sa mère ont fait qu'elle a eu du mal à se projeter comme mère, et particulièrement comme mère d'un garçon. La sienne, laissée en nourrice par une mère uniquement dévouée à son fils, « *son trésor absolu* », n'aimait pas les hommes.

« Ma mère leur en voulait. Elle a eu des relations difficiles avec eux. Son fils aîné, né d'une précédente "lésion", [Claudine rit de son lapsus et reprend] *d'une précédente liaison, n'a pas été accepté par mon père, son second mari. Elle a, bien sûr inconsciemment, cherché à se venger en ne lui donnant que des filles, ce dont mon père a beaucoup souffert. Elle a ensuite privilégié ses petites-filles au détriment de ses petits-fils. Mon père était un juif d'Afrique du Nord. J'ai vécu dans un contexte où l'inégalité de traitement entre les hommes et*

les femmes m'a beaucoup marquée et révoltée. J'avais vingt ans en 68. J'ai d'autant plus profondément adhéré au féminisme que j'avais la conviction qu'on se servait du bonheur qu'apportait la maternité pour asservir les femmes et les cantonner au foyer. Vouloir une fille était une façon purement intellectuelle d'exprimer ma révolte. »

Pierre, le fils de Claudine, un adolescent paisible de dix-sept ans, s'intéresse peu aux antécédents de son histoire familiale. Sa mère lui a transmis un héritage dans lequel elle avait déjà mis de l'ordre. Il n'y restait plus grand-chose de pathogène pour lui. Notre mode de vie compartimente les générations. Pierre connaît à peine ses grands-parents. Il n'a pas l'impression que tout cela l'ait marqué. Excellent élève, il vit paisiblement entre son père, sa mère, sa sœur, ses copains et, féru d'astronomie, la tête dans les étoiles. Est-il élevé différemment de sa sœur ? Il ne s'est jamais posé la question. L'inégalité entre les garçons et les filles ? Il ne la perçoit pas : « *On suit les mêmes cours, on est tous habillés de la même façon.* » Il ne sera pas le seul à tenir ce genre de propos. Pour lui comme pour la plupart des adolescents d'aujourd'hui, l'égalité va de soi, le féminisme est une notion datée, brandie par leurs mères sans qu'ils comprennent bien l'usage qu'elles en ont fait, sans qu'ils en voient la nécessité en ce qui les concerne.

Les femmes de la génération n° 2 ont manié de façon souvent chaotique une émancipation qu'elles ont parfois brutalement exigée faute d'avoir eu le temps d'en acquérir le mode d'emploi. On la leur a fait payer en leur imposant un modèle impossible à satisfaire : celui de la *superwoman*. Leurs filles, nées après ces longues années de transition, se révèlent moins dépendantes d'une éducation qu'elles sont mieux armées pour contester, et se prêtent moins à la culpabilisation.

« *Selon ma mère,* disait Anita, une informaticienne de vingt-sept ans, *tout bébé qui pleurait faisait des caprices auxquels il ne fallait pas céder. J'ai promené mon fils contre moi, puis sur ma hanche aussi souvent que cela le calmait, rejoignant ainsi les millions de femmes à travers le monde qui bercent leurs bébés de tout leur corps à longueur de journée. De ce fait, j'en suis sûre, il a eu une alimentation régulière. J'ai pris une vraie revanche sur ce dont elle s'était probablement privée, parce que chez elle on laissait ça aux nourrices, en ne lui cachant pas que je trouvais l'allaitement absolument divin. Elle fut horrifiée lorsque j'ai mis mon tout petit garçon à la crèche. Malgré un pincement au cœur, j'ai persévéré. Il y avait du pour et du contre pour chacune de ces solutions. Ma frustration n'aurait servi à personne et j'avais la certitude d'offrir à mes enfants des choses dont, en tant que mère au foyer, elle nous avait privés.* »

Elle-même fille aînée d'une femme qui ne s'intéressait qu'à ses fils, la mère d'Anita fut à son tour peu concernée par ses filles, convaincue depuis son enfance qu'elles étaient des êtres mineurs, donc négligeables. Anita l'a perturbée en lui prouvant qu'elle était un être majeur.

Dans le cadre même du bouleversement des années 70, qu'elles veuillent des fils ou des filles, les femmes en général continuent cependant de prouver, de découvrir, de reconnaître qu'avoir un garçon ou une fille relève d'une expérience vraiment différente.

L'attirance des sexes

Positive ou négative, l'attirance des sexes reste la clé de la relation mère-fils : ce « *vrai amour* » dont parlent les mères, le rejet de quelques autres, la qualité du câlin, la séduction du petit mâle.

Margaret Mead était convaincue que la mère exprime spontanément sa reconnaissance de la distinction entre les sexes.

« *Son sourire, son bras, la position de son corps expriment ce contraste mais en des termes différents selon la société et les tempéraments.* [...] *Si la mère pense que ce que ressent sa petite fille, elle l'a éprouvé elle-même devant le garçon, elle se dit inévitablement : "Ce n'est pas la même chose pour lui*[1]*..."* »

Les mères peuvent aimer leurs filles, en être admiratives, leurs fils les séduisent. La sexualité entre très vite en jeu.

« *La mère n'investit pas, narcissiquement, de la même manière un garçon ou une fille. Le garçon satisfait davantage son narcissisme phallique, tandis que la fille, de même sexe qu'elle et de même sexe que sa propre mère, peut la renvoyer soit à la rivalité, soit à l'angoisse de la "castration" féminine*[2]. »

Indépendamment de leur génération, le plus souvent à leur insu, les mères décrivent avec émotion et une mémoire sélective « *le contact et le poids de mon petit garçon sur ma hanche* » alors qu'elles avaient également

1. Margaret Mead, *Male and Female*, William Morrow & Co, 1949, p. 138.

2. *La Parentalité : défi pour le troisième millénaire*, sous la direction de Leticia Solis-Ponton, PUF, coll. « Le fil rouge », 2002, p. 141.

porté ainsi leurs filles. Elles évoquent des rapports physiques plus intenses… « *Quelque part, ils font plus partie intégrante de moi que ma fille.* » Même celles que leur fille enchante s'avouent plus troublées par leur fils, comme fascinées par un corps étranger au leur.

« *C'est étrange, je ne m'en étais pas aperçue, mais c'est vrai que je me rappelle mieux le corps, l'odeur et la peau de mon fils que ceux de ma fille. Et pourtant je les adore tous les deux, je les ai autant caressés et tripotés l'un que l'autre.* »

« *Malgré une relation très forte avec mon mari et un amour passionné pour ma fille, j'admets avec réticence avoir ressenti une plus forte émotion pour mon petit garçon. J'ai tellement aimé mon aînée que je ne m'y attendais pas, pas du tout. J'en étais gênée.* »

Henri Saulnier, pédiatre, le confirme.

« *Il est tout à fait prouvable, et je suis sûr que cela a été fait, que, dans l'ensemble et encore aujourd'hui, les mères sont plus sensibles au contact physique avec leurs bébés-garçons et qu'elles parlent plus à leurs filles.* »

Toutes générations confondues, elles restent formelles, qu'elles l'avouent spontanément ou qu'elles le découvrent en parlant : « *Autant peut-on aimer une fille, avec un fils, ce n'est pas le même amour.* » Cette relation est constatée sans qu'elle implique le traditionnel jugement de valeur, comme le traduit Laetitia, trente-sept ans, mère au foyer de quatre enfants.

« *Mes petits garçons me reniflent, me trouvent belle, douce, et me le disent. Personne ne m'a jamais renvoyé une image aussi flatteuse de moi-même. Mes filles sont plus critiques, souvent avec pertinence et même avec humour.* »

Le sentiment de compétition qui complique le rapport mères-filles est étranger aux fils. Comme en témoignent Annie, puis Colette, deux mères de la génération n° 2.

« *Bien qu'elle soit particulièrement aimante et gentille, bien que je l'aie ardemment désirée, bien que je l'aime follement et que j'aie quarante ans de plus qu'elle, il s'est quand même très vite installé entre ma fille et moi une compétition, une sorte de rivalité, alors que le regard de mes trois fils aînés a toujours été extrêmement gratifiant. Petits, ils me regardaient vraiment avec le regard de l'amour.* »

« *Je dois reconnaître que j'ai été comblée en découvrant l'extraordinaire amour qu'un fils peut avoir pour sa mère. Un vrai amour, un amour différent de celui que je constatais chez mes amies avec leurs filles, mêlé à un mimétisme ou à quelque chose de l'ordre de la rivalité, même quand leurs filles étaient toutes petites, dès cinq ou six ans. Avec mes garçons, j'ai senti très tôt qu'il fallait faire attention parce que ça pouvait être une haine très forte ou un amour très fort. J'ai eu de la chance.* »

Le syndrome de Blanche Neige et de sa marâtre échappe aux mères de fils. La fille qui grandit, qui s'épanouit, renvoie à la femme qui est sa mère l'image de son propre vieillissement. La fille veut être aussi belle, puis plus belle que sa mère. Elle lui pique son maquillage, ses vêtements. Un fils aura plutôt tendance à se réjouir de la beauté de sa mère et à vouloir l'admirer jusqu'au bout. Qui résiste à la séduction de l'admiration ?

La relation peut être si forte que des sœurs se plaignent d'être exclues « *du couple* » que forment leur mère et leur frère :

« *Quand on sortait, elle s'étendait sur la merveille qu'était son fils. Elle m'a oubliée deux fois dans un magasin et une fois chez des amis. Ce qui ne lui est jamais arrivé avec mon frère.* » *(dix-huit ans)*

« *Je voyais ses yeux briller quand elle les posait sur mes frères ou quand on lui parlait d'eux. Lorsqu'elle nous présentait à des amis, j'avais l'impression qu'elle présentait ses fils et la jolie robe que portait leur sœur.* » *(vingt ans)*

« *Moi, j'ai toujours eu l'impression de les déranger.* » *(trente-trois ans)*

Les mères protestent quand on les soupçonne d'amour aveugle, convaincues de s'en être méfiées et d'être parvenues à le dépasser. Certaines se rappelaient qu'en regardant des photos quelques années plus tard, leur fils qu'elles trouvaient extrêmement beau n'avait été en fait qu'un petit garçon au physique banal.

L'une d'elles, en conflit permanent avec sa mère, ne voulait que des garçons. Elle éprouvait peu de tendresse et une certaine hostilité pour « *le maniérisme* » de son aînée et elle s'est prise de passion pour le cadet qu'elle trouvait superbe. En réalité, sa fille était ravissante et son fils malingre et chétif. Elle s'est rendu compte beaucoup plus tard que son entourage avait cru qu'elle cherchait à compenser en s'occupant du vilain petit canard, alors qu'elle était follement, aveuglément attirée par lui.

Une mère de la génération n° 2 fut scandalisée que le médecin scolaire ait noté « obèse et bègue » sur la fiche médicale de sa petite merveille de six ans. Elle n'avait rien vu.

De nos jours encore, la réaction d'une mère lorsque l'on compare son fils à une fille n'est ni amusée ni admirative. Son ressentiment trahit la permanence d'un jugement favorable au sexe masculin et perpétue la constance de stéréotypes qui différencient nos projections sur l'identité sexuelle de nos enfants. Brigitte (génération n° 2) n'aime pas le sexe féminin, bien qu'elle soit issue d'une famille de femmes à forte personnalité qu'elle a toutes admirées. « *Je sais qu'il faudrait que je creuse pour en comprendre la raison, mais ça m'aurait gêné de donner le sein à une fille.* » Elle ajoute qu'elle n'aime pas les hommes non plus, et malgré cela, elle a été folle de joie quand elle a su qu'elle attendait un fils. « *Il a douze ans, je suis séparée de son père qu'il voit régulièrement. Il n'y a rien à faire, c'est quelque chose de charnel. Nous avons une entente exceptionnelle.* »

La force de cette relation n'échappe pas non plus aux hommes. Dans l'ensemble, et surtout ceux de la génération n° 2, ils en sont jaloux ou se plaignent d'être exclus.

« *Mon mari n'appréciait pas du tout que j'allaite "son fils". J'ai résisté quatre mois, mais j'ai compris et, pour que le père – lui aussi très sensible au contact physique – ne se sente pas frustré, nous avions instauré un biberon du soir qu'il lui donnait en rentrant du bureau.* »

« *Je m'enfermais dans la salle de bains ou dans les toilettes, alors qu'il m'avait laissé allaiter notre fille aînée sans faire d'histoire.* »

En revanche, parce que « autres », parce que plus difficiles à comprendre faute d'identification, les garçons posent souvent des problèmes, ce que traduit cette mère, une coiffeuse de la 2e génération. Ils peuvent même provoquer un phénomène de rejet.

« *Je voulais un fils en premier, parce que j'étais persuadée que c'était plus facile à élever et que c'était ce qu'il fallait. J'ai trouvé en fait qu'un garçon, c'est très compliqué à élever. Mes parents étaient en adoration devant lui, son père le laissait tout faire. J'étais seule face à lui, rebelle, contestataire à la maison comme en classe. Heureusement que sa sœur m'a aidée. Je me sentais très démunie, toujours en porte-à-faux. Si je voulais l'aider, il m'accusait de vouloir le dominer, sinon, il m'agressait parce que je ne m'intéressais pas à lui. Je pense qu'il commence à s'en sortir puisqu'il divorce d'une femme plus âgée que lui, une autre maman, une infirmière qu'il a épousée très jeune, en quittant la maison. J'en avais déduit qu'il s'était senti abandonné. Il est vrai que j'ai plus d'une fois capitulé, que je finissais par ne plus l'écouter, par le fuir. C'est très dur d'élever un garçon qui veut jouer à l'homme avec sa mère. Bien que capable d'être extrêmement tendre avec sa sœur, il se comportait en macho avec moi. Ce que je supportais mal.* »

« *Mes relations avec ma fille furent houleuses mais complices,* se rappelle Danie (2e génération). *Je la comprenais mieux. Mon fils qui semblait si sûr de lui me déroutait par sa fragilité, son inquiétude, tout en se permettant avec moi des accès d'autorité qu'il n'aurait jamais osés avec son père.* »

Avoir un fils n'est plus l'absolu de la maternité. Élever un fils semble devenir plus difficile. Les mères balancent entre la fascination de la différence et la crainte de l'inconnu.

Une relation plus complexe

Les mères de la génération n° 2 se débattent au sein de cette transition entre l'adulation des fils par leurs mères et la découverte de la valeur de leurs filles. « *Pendant des siècles, on les a privées de culture parce qu'on savait très bien que si elles y mettaient un pied, elles démontreraient leur intelligence.* »

Marie-Dominique qui rêvait d'une fille a découvert ses fils comme une forme d'aventure.

« *Le garçon, pour moi, c'était une autre race, un cadeau pour mon mari. Il n'y avait pas d'identification. Je n'étais pas en terrain de connaissance. C'était à tel point que j'ai mis très longtemps avant de m'apercevoir que mon fils aîné me ressemble alors que ma fille a le caractère de son père. Les filles sont tout de suite dans la vie, et l'image de la mère, c'est la vie. Les garçons ne savent jamais pourquoi on leur apprend quelque chose. C'est clair avec mes deux fils, qui pourtant ne se ressemblent pas du tout.* »

Une autre mère évoque ce problème dont elle était consciente.

« *Il est vrai que je redoutais d'avoir un garçon, j'avais peur de ne pas savoir communiquer avec un étranger. Née dans une famille de filles, ayant fait le primaire et le collège à une époque où les écoles n'étaient pas mixtes, je n'ai commencé à côtoyer des garçons de façon quotidienne qu'en fac. Je ne les connaissais pas.* »

Michèle Fitoussi, une mère de la génération n° 2 qui a évolué dans un univers féminin, s'attendait à n'avoir que des filles. Sa déclaration, au cours d'un entretien, révèle l'ambivalence que l'on discerne chez celles qui se réclament du féminisme.

« Comme j'étais absolument gâteuse de l'aînée, j'ai fait beaucoup pour compenser. J'ai écrit Lettre à mon fils *pour ça. Hugo était un bébé adorable. Puis, vers cinq ans... sans doute la combinaison divorce et tempérament, il est devenu difficile. Je sortais épuisée des après-midi passées avec lui, en me disant : "On dirait un vieux couple !" J'ai eu des relations plus souples et plus agréables avec ma fille. Est-ce que c'est parce que c'était un garçon ? Parce que sa conduite ne correspondait pas à ce que j'attendais de lui ? Parce que instinctivement j'avais plus d'affinités avec ma fille qui me ressemblait ? Je ne sais pas. Est-ce qu'on investit plus avec un garçon ? C'est une vraie question. Je pense que oui, malgré notre éducation, notre façon de penser, notre volonté de donner une même éducation aux deux. Je pense que ma fille saura toujours se débrouiller parce que c'est ma fille, il n'y a pas de surprise, alors que pour mon fils, je me pose des questions. Parce que c'est un garçon, il doit se débrouiller. Elle saura, il n'y a pas de problème. Lui, en tant que garçon, il ne peut pas faillir dans une société où les hommes doivent réussir. Les garçons n'ont pas le droit à l'erreur. »*

L'ambivalence des femmes de la 2ᵉ génération quant à l'évaluation de l'égalité entre les hommes et les femmes explique en partie la moins grande sévérité des mères envers leurs fils. Conformément à l'esprit des femmes de leur génération, elles admettent que, à leur naissance, il leur a été plus difficile de faire le deuil de la perfection pour leurs fils que pour leurs filles. Très inquiètes pour leur avenir, elles n'en gardent pas moins ce sentiment de sécurité, même quand ceux-ci leur posent des problèmes, qui les conduit à penser que, de toute façon, *« il va s'en sortir »* ; comme si l'échec du fils était inconcevable. Et, s'il ne réussit pas, les plus averties se demandent si de l'avoir élevé dans cette espèce de tranquillité ne l'a pas rendu indolent.

Comédienne, mère d'un garçon et d'une fille, Marie, cinquante-sept ans, analyse cette prise de conscience de la sexualisation du rapport à son fils.

« Quand ma fille était bébé, j'avais la certitude de pouvoir lui communiquer ma conviction qu'elle serait une fille formidable. Avec mon fils, je me demandais comment ne pas le blesser, comment ne pas prendre trop d'importance. J'appartiens quand même à une génération qui "savait", à qui l'on avait dit qu'il fallait faire attention aux rapports mères-fils. Nos mères, quand elles voulaient que nous réussissions, nous élevaient comme un garçon. Nous n'avons plus besoin de ça. Nos filles tracent leur voie en ayant reconquis une forme de féminité, sans la considérer comme une entrave. Quel chemin a été parcouru du côté des garçons ? Je ne sais pas… Je m'inquiète de ce qui pourrait blesser mon fils dans la non-réussite sociale… Peut-être qu'il s'en fout… Je ne sais pas. Le regard d'admiration que je porte sur lui implique le succès ; quand il est porteur lui aussi de cette inquiétude qui suppose qu'il ne supportera pas l'échec, je pense que ce regard le décontenance, le fragilise. »

Une psychanalyste de cinquante-trois ans, mariée, mère d'un fils unique de dix-huit ans, examine la singularité du rapport de la mère au fils d'un point de vue également professionnel.

« Il faut avoir fait un tout petit bout d'analyse pour savoir que, au-delà de l'imaginaire, il y a des

déterminations qui sont plus compliquées, plus obscures. Selon le rapport que la femme a avec l'organe viril, elle garde un rapport fétichiste avec son petit garçon très longtemps ou bien, au contraire, elle l'envoie balader parce qu'elle a des comptes à régler avec ça. L'un comme l'autre peuvent être dévastateurs. Tout cela se passe sous sa face brillante et évidemment aimable, mais la reine de la nuit, elle, est bien là. Les mères sont capables de faire beaucoup de ravages avec leurs fils. Particulièrement celles qui répètent une enfance difficile sans chercher à la déchiffrer ne serait-ce qu'un peu. Celles qui ne l'ont pas dépassée par leurs choix dans leur vie d'adulte. »

Un fils demande que l'on compose avec l'inconnu. Notre enfance – et encore moins notre adolescence – ne nous servent pas de repère. Valérie, institutrice, cinquante-quatre ans, un fils de seize ans, commente ainsi le chemin de sa découverte :

« Ce garçon-là, j'ai appris à le connaître lentement, un peu étonnée, pas toujours enchantée d'ailleurs, ce n'était pas vraiment le fils que j'avais imaginé, pas du tout celui que j'attendais. Plus je l'élève, plus je le découvre et moins je le connais. Et, d'une certaine façon, plus ça m'intéresse. Quand je constate l'intimité de mes amies avec leurs filles, je vois bien ce qui me manque. Je n'ai pas de connivence avec mon fils. Nous avons des moments d'émotion, mais c'est chacun pour soi, et ça me met mal à l'aise. Il ne me laisse rien partager avec lui. Et, pourtant, il me semble que cela ne devrait pas être impossible. »

Les trentenaires se veulent aussi exigeantes envers leurs fils qu'envers leurs filles. Ils devront, les uns comme les autres, être actifs et financièrement indépendants. Pour la première fois, s'installer dans la vie, réussir, devient difficile pour les garçons aussi. Qu'elles soient inquiètes, curieuses, intéressées ou déçues, les mères de cette génération manifestent moins la peur d'une répétition. Le *ratage* ne saurait être le même puisqu'elles sont délivrées de la fascination du garçon, de la pression que les mères se devaient d'exercer sur leur fils. Il peut être autre. Il faut sans cesse y veiller. Éduquer un enfant, cela s'apprend, constamment, sans certitude.

Une autre implication reste indéniable et troublante : celle d'être la femme qui va déterminer sa vie d'homme.

La première femme d'un garçon

Que la rencontre ait été bonne ou non, la mère sera toujours la première femme de la vie de son fils. C'est une responsabilité qu'elle ne peut partager. C'est la part qui échappe au père, encore et toujours. Le pédiatre Aldo Naouri raconte comment il...

« ...choque ses patients en prétendant que nul n'épouse jamais que sa mère... parce qu'on n'a absolument pas d'autre choix... c'est sur elle seule qu'on a fabriqué la matrice toute première de ce qu'on nommera un jour, bien plus tard, l'amour. C'est sur cette matrice que s'inscriront toutes les rencontres amoureuses ultérieures jusqu'à ce que l'une d'entre elles paraisse s'y ajuster suffisamment pour être enfin investie et mériter d'être prolongée [1] ».

Les quelques exemples suivants soulignent à quel point il est difficile de s'extraire des structures inconscientes bien enracinées.

---

1. *Les Pères et les Mères*, Odile Jacob, 2004, p. 251.

Le frère du fils préféré

François, trente-sept ans, était dans une telle demande insatiable et infantile d'affection que sa compagne a cherché à comprendre. Il a fini, au bout d'un an de questions et de vie commune, par se rendre compte, ou par accepter, album de photos à l'appui, que sa mère – caissière dans son salon de coiffure, qui se posait en grande bourgeoise – était une femme perverse et dure. Elle l'accusait, lui, l'aîné timide, des bêtises qu'accumulait le cadet. Le père enlevait sa ceinture et le corrigeait solennellement pour l'incartade, pour le mauvais exemple donné à son frère, pour ne pas s'être dénoncé. François hurlait. Sa mère assistait à la punition qu'elle avait provoquée. C'est un voisin qui mit fin aux séances en menaçant les parents de les dénoncer. François a enfin compris, après avoir lu *Vipère au poing* offert par sa compagne, que sa mère, petite et grosse, mariée à un homme du même acabit, ne s'intéressait qu'au cadet, grand et mince, vraisemblablement pour les mêmes raisons que Folcoche aimait son dernier-né, engendré par un autre homme que son mari.

François n'en veut pas à sa mère. Elle avait rêvé d'une autre vie et, d'une certaine façon, il en a pitié. Il reprend ses fantasmes à elle, parlant d'elle comme d'une femme raffinée... Est-ce parce qu'il n'imagine pas qu'une enfance puisse être agréable ? Il craint d'être trop sévère ou laxiste. Il ne veut pas d'enfant. « *Même maintenant, au bout de cinq ans,* ajoute sa compagne, *j'ai constamment l'impression qu'il se méfie de moi, sauf si j'accepte de me comporter comme la maman qu'il n'a pas eue. Bardé de diplômes, il reste un petit garçon en manque d'amour maternel, qui ne conçoit pas qu'une femme puisse l'aimer.* »

Par crainte d'hypothéquer la vie amoureuse de leurs fils, des mères, comme Danielle, une secrétaire de la 2e génération, se sont efforcées de donner l'exemple de la femme avec laquelle elles aimeraient les voir vivre.

« *J'ai quitté mon mari après avoir découvert sa double vie. Blessée, humiliée, j'ai fait très attention à la façon dont je me comportais devant Jérôme alors âgé de onze ans. Je me sentais responsable de l'image de la femme que je lui donnais. Je ne voulais pas qu'à cause de mon attitude il la méprise et fasse subir à la sienne ce que son père m'avait fait subir. Je ne voulais pas qu'il risque d'épouser une mégère. Je dois reconnaître que cela m'a aidée à mieux réagir.* »

« *C'est vrai que l'on ressent comme un léger vertige à l'idée d'être la première femme de la vie de son fils.* » La mère, c'est la femme interdite, mais c'est une femme quand même, et qui va, d'une façon ou d'une autre, déterminer son destin d'homme. « *C'est inquiétant à assumer.* »

« *Jean et moi, nous nous sommes séparés quand notre fils avait dix ans. J'aimais de moins en moins, à mesure que j'en prenais conscience et qu'il se laissait aller, cette façon qu'il affichait de parler des femmes et de les traiter, sous couvert de les aimer toutes. En restant, en le laissant me malmener, j'aurais eu l'impression de cautionner sa misogynie profonde. Je ne voulais pas non plus que notre fils trouve cela normal. Je pensais que cela faisait partie de ma responsabilité pour ses relations futures avec les femmes.* »

Ce fils a maintenant vingt-trois ans et quelques relations épisodiques dont il ne parle jamais. L'enfant ressentait les attaques contre sa mère comme une offense personnelle. Cela non plus elle ne pouvait le supporter.

Martine avait détesté la façon dont sa mère, une veuve au service de ses fils, les avait privés de tout sens critique, du sens de l'effort et de celui de la responsabilité. « *Aucun de mes frères, élevés dans une dévotion et une préférence absolues, n'a su établir une relation équilibrée avec une femme.* »

La théorie de l'empreinte de Lorenz, reprise par Boris Cyrulnik, explique le coup de foudre par la reconnaissance, chez un autre, de sensations semblables à celles que l'on a engrangées pendant les six premiers mois de sa vie. Cette responsabilité effraie. Toujours curieuses de ce que disaient les autres, celles qui n'ont lu ni Lorenz ni Cyrulnik se sont déclarées « *bien contentes* » de n'en avoir rien su.

Les mères de la génération n° 3 s'inquiètent peu, dans la mesure où elles s'empressent moins autour de leurs fils que ne l'ont fait leurs aïeules : « *Nous léguerons à nos belles-filles des mecs plus habitués au partage, plus faciles à vivre ! Des mecs moins tourmentés, moins chargés.* »

Les femmes qui n'ont plus besoin d'un fils pour compenser les manques de leur propre vie ont tendance à gommer le déterminisme qu'instillaient leurs aînées dès la naissance des enfants. Elles ont compris que ce n'était plus le mariage qui comptait pour les filles puisqu'elles auront peut-être plusieurs conjoints successifs ou des années de célibat, mais les études et la profession. Elles ont également compris que les filles ne sont plus prêtes à toutes les concessions, qu'elles ne craignent pas de se retrouver seules, même si elles ont des enfants à élever. Elles ont compris que c'est avec ces filles-là que vivront leurs fils et qu'il faut les y préparer en les délivrant du poids de l'inégalité dans le couple. Cessant de grandir avec la conviction qu'ils sont un bien précieux, leurs fils seront aptes à établir avec les femmes une relation plus équilibrée, à participer eux aussi à l'égalité du couple. Ce point nébuleux où achoppe la drôle de mathématique de « l'égalité des femmes » – comme si l'on pouvait parler de l'égalité d'un seul élément – et qui tient si peu compte de l'inégalité entre les individus d'un même sexe.

Même si, dans le cadre de l'évolution de notre société de consommation, avec la nécessité d'un salaire d'appoint, le développement de ce mouvement également très économico-social que l'on a qualifié de féministe a connu quelques excès inhérents à tout militantisme, il a apaisé la relation de compensation des mères avec leurs fils. Le besoin de faire un garçon, de se consoler d'une castration afin de pallier le *« penis need »*, ont cédé le pas. Avoir un fils pour compenser ou se consoler, c'était quand même lui faire un sale cadeau !

II

UNE SÉRIE D'ÉTAPES

La longue et subtile aventure de la procréation, le miracle de la naissance, les joies et les douleurs de la parentalité sont communs aux mères qui désirent un enfant. Pourtant si, dans l'ensemble, celles de la 2e génération déclarent avoir cherché à donner la même éducation à leurs enfants, si celles de la 3e génération affirment le faire « spontanément », aucune n'évoque de la même façon les différentes étapes de leur vie de mère suivant qu'il s'agit d'un fils ou d'une fille. Même celles qui le contestent ou qui le nient, qui invoquent les divergences de personnalité, finissent par reconnaître qu'il y a « peut-être » eu des différences, et par les énumérer.

Avant la naissance

L'aventure du petit de l'homme débute dans la nuit des temps, bien avant sa conception, bien avant le désir que sa mère a de lui, bien avant la rencontre de son père et de sa mère. Elle est liée et conditionnée par le contexte historique et économique dans lequel elle se déroule.

Les gynécologues constatent que si, aux premiers temps de l'échographie, la grande majorité des mères refusaient de connaître le sexe du fœtus, comptant sur la présence du bébé dans leurs bras pour surmonter une déception éventuelle, les trentenaires veulent savoir. Il s'agit d'une légitime curiosité (l'enjeu du garçon à tout prix n'est plus le même), comme de se donner, entre autres, le choix de l'aménagement de la chambre. On peut habiller les enfants de la même façon, on peut peindre la chambre d'une fille en bleu ; on ne peint toujours pas celle des garçons en rose.

In utero, le fœtus entend la voix de sa mère. Ses gestes, ses mouvements traduisant les traits les plus marquants de son caractère, l'amour qu'elle a ressenti ou non pour lui, resteront gravés à vie dans son cerveau. C'est en grande partie cet héritage de leurs premières impressions ineffaçables qui explique que les enfants adoptés aient un jour besoin de retrouver leur mère biologique.

Même les jeunes mères qui apprennent qu'elles attendent un garçon continuent de manifester, consciemment ou non, une réaction (positive ou négative) plus forte que celles dont le souhait est exaucé par l'annonce d'une petite fille. Et il n'est anodin pour personne d'être attendu, porté, avec un sentiment particulièrement intense, de quelque ordre qu'il soit.

La petite enfance

Les femmes sont suivies régulièrement au cours de leur grossesse. Très entourées au moment de la naissance, elles se retrouvent chez elles avec un nouveau-né qu'il leur faut apprendre à connaître, parfois à accepter tel qu'il est. Le face-à-face se complique lorsque le bébé est un petit mâle.

« Je n'y comprenais rien. J'avais voulu un bébé et je me retrouvais avec un petit garçon qui hurlait sans que je sache pourquoi, qui ne respectait aucun horaire, qui n'en faisait qu'à sa tête et dont je n'osais pas trop nettoyer le zizi. D'après le pédiatre, tout était normal. Je me suis dit

que personne ne me le reprendrait, qu'il fallait donc que j'assure. Ce que j'ai fait. »

Le sexe du nouveau-né est souvent gonflé d'hormones. Surprises dans un premier temps par sa disproportion, des mères s'inquiètent à nouveau. L'objet en question va-t-il rester de bonne taille ou devenir « le tout petit zizi » dont se moqueront les copains, ou pire les copines ? Faut-il le décalotter ? Est-il plus hygiénique de le faire circoncire, ou pourquoi diable le faire ? Qu'est-ce qu'on risque de provoquer en le nettoyant ? Intimidées, certaines osent à peine y toucher.

« *Je l'ai toujours lavé et changé avec un vague malaise. Je me rappelais mes lectures de Freud et je m'inquiétais de ce que je risquais d'éveiller chez lui. Le sexe de ma fille m'était évidemment plus familier.* »

Freud parlait de la « *vive surprise* » qu'aurait eue une mère « *si on lui disait qu'elle éveille ainsi, par ses tendresses, la pulsion sexuelle de son enfant et en détermine l'intensité future* [1] ».

La plupart des jeunes mamans s'étonnent de leur embarras devant la toilette intime de leur petit garçon et s'aperçoivent que personne ne leur a appris comment faire et qu'elles n'ont pas pensé à s'en informer. « *J'y allais très doucement, en surveillant ses réactions. J'ai longtemps été mal à l'aise, ce à quoi je ne m'attendais pas du tout.* »

En revanche, d'autres, souvent parmi les plus simples, s'étonnent qu'il puisse y avoir ambiguïté : « *Un caca, c'est un caca. Entre deux derrières rouges, vous croyez qu'on a le choix ?* »... « *J'ai eu quatre enfants et, pour tous, garçon*

1. *Ma vie et la psychanalyse*, trad. de Marie Bonaparte, Gallimard, 1971.

ou fille, c'était la même chose. La tétée, les fesses nettoyées et une couche propre. Je vois pas comment on peut faire autrement. »

Une jeune mère a surpris son employée de maison d'origine philippine en train de sucer le tout petit sexe de son bébé. Rosa a expliqué que, dans son pays, on leur faisait ça pour les aider à s'endormir. La mère, qui lui reconnaissait l'art de calmer l'enfant, n'aurait jamais imaginé le recours à une telle méthode. « *Entre la violence de ma réaction et le calme de Rosa, j'ai mesuré combien nous restons perplexes face à ce petit objet.* »

À ce propos, un psychiatre me rappela qu'autrefois, en France aussi, des nourrices masturbaient les petits garçons pour les calmer.

D'après les pédiatres, les trentenaires allaitent moins longtemps que leurs grands-mères, plus longtemps que leurs mères et ne sèvrent pas plus tôt leurs filles que leurs fils. Elles ne nient pas que cette phase de symbiose soit plus « *délicieusement* » vécue avec un petit garçon, même si elles ne l'admettent pas spontanément. Celles qui affirmaient ne trouver aucune différence au plaisir de toucher un petit garçon ou une petite fille argumentaient par la suite en multipliant les exemples exclusifs. Les mères des générations précédentes, que la notion de sexualité entre une mère et son nourrisson aurait choquées, mettaient, consciemment ou non, l'intensité de leur rapport avec leurs fils sur le compte de son importance dans la fratrie.

Dans l'ensemble, elles s'attendrissent toutes, le plus souvent à leur insu, sur cette période bénie pendant laquelle elles sont tout pour leur fils, incontestées, admirées : « *Ses yeux s'illuminaient, il se tortillait de joie dans son berceau dès que j'approchais, chose que n'ont jamais faite mes filles qui pourtant me ravissaient elles aussi.* » Elles parlent de la turbulence des petits garçons, plus remuants que leurs sœurs, mais avant tout d'une véritable séduction. C'est à ce moment de leur vie qu'elles découvrent l'extraordinaire passion qu'un petit garçon peut avoir pour sa mère. « *Moi qui n'ai jamais rêvé que d'une fille... avec mon fils, c'est étrange, je ne m'y attendais pas, c'est de l'admiration et vraiment de l'amour. Un amour pur, absolu.* »

Les institutrices de maternelle racontent comment mères et petits garçons partagent une même angoisse de la séparation – une angoisse plus forte qu'entre mère et filles – et s'arrachent plus difficilement l'un à l'autre, jusqu'à ce que l'enfant ait trois ou quatre ans.

On retrouve chez cette mère de la 2e génération la pensée de Freud qu'il n'y a qu'entre une mère et son fils que l'on peut trouver cet amour inconditionnel dont nous rêvons tous et toutes.

« *La naissance de ma fille fut une grande joie, dans la logique des choses. Celle de mon fils fut une révélation. Quelle que soit la somme des inquiétudes inhérentes à toute enfance, j'ai eu jusqu'à son entrée dans l'adolescence douze ans d'un bonheur intense, sans nuage, jamais égalé.* »

La grande enfance

« *Certaines mères voudraient arrêter la pendule de la croissance et garder à jamais intacts la relation privilégiée, l'amour incomparable qui unit le petit enfant à celle qui l'a mis au monde*[1]... »

Christiane Collange

La grande enfance appelée aussi la période de latence est la phase bénie de l'entrée dans l'âge de raison, quand

1. *Moi, ta mère*, Fayard, 1985, p. 155.

le petit garçon turbulent s'apaise et qu'il n'est pas encore tourmenté par les affres de l'adolescence. De six ans à onze ans, plein de curiosité, d'amour, il parcourt un itinéraire considérable et fascinant entre le petit garçon et l'adolescent. Le bonheur fou du corps à corps entre la mère et son bébé se prolonge avec celui du petit garçon charmeur, doux, confiant, dont la singularité et la dissemblance la bouleversent.

La sexualité jouant là aussi, même si le terme gêne parfois, les mères de la 2e et encore celles de la 3e génération continuent d'être plus *éblouies* (qualificatif très souvent utilisé) par cet être différent d'elles que par leur petite fille, si aimée soit-elle.

Il est souvent plus difficile pour les mères, durant les années les plus structurantes, les plus formatrices pour l'apprentissage de la vie, de ne pas céder à leurs sourires ravageurs, d'interdire, de résister à la séduction des petits garçons, de les punir et de les faire pleurer quand un simple câlin efface tout. C'est à cette période menacée de « surprotectionnisme », néfaste à long terme, que les plus lucides situent rétrospectivement la carence éducative qu'on leur reproche et l'une des causes du manque de soumission de leurs fils à l'autorité. Elles admettent qu'elles sont plus sévères avec leurs filles.

« J'ai toujours été plus dure avec elle parce que je suis persuadée qu'elle comprend tout. Avec elle, je parle normalement. Avec mes fils, j'essaie de me faire comprendre. »

« Parce que je suis incapable de le faire pleurer, de le laisser souffrir, il est tellement attendrissant et sensible. »

« Une amie m'agaçait souvent en me reprochant de donner l'impression que j'avais peur de mon petit

garçon. C'est vrai, je le reconnais maintenant, que j'avais peur de briser sa confiance en lui, peur peut-être aussi qu'il ne m'aime plus. »

« *Parce que je sais que ça n'a aucune importance et qu'il réussira.* »

Catherine Dolto prévient, même si l'on argumente par ailleurs qu'il n'est jamais trop tard pour bien faire, que les petits garçons surprotégés par leur mère ratent une étape cruciale dans leur apprentissage de la soumission aux règles, de leur initiation à l'obéissance. Étape sans laquelle le cursus scolaire, entre autres, se révèle plus difficile pour eux. Les mères lucides reconnaissent, le plus souvent au moment de son adolescence, leur impuissance devant le petit homme qui les émerveillait, les dépaysait. Un grand nombre d'entre elles regrettent, lorsque leur fils a grandi, qu'il lui manque le sens de l'effort, celui de l'autorité et se désolent d'avoir raté *cette étape cruciale* dans leur développement.

« *Oui, on peut parler d'amour aveugle. Je ne m'en suis pas rendu compte. Je me souviens maintenant qu'on me l'a dit et répété, que j'étais trop indulgente. J'étais comme sourde. Je n'ai pas entendu. Je crois que c'était plus fort que moi.* »

« *Je me rappelle une colère intempestive qu'il a faite, à cinq ans, dans un grand magasin. Une cliente s'est écriée qu'il y avait des fessées qui se perdaient. C'est à elle que je l'ai proposée, qui faisait preuve d'une telle insensibilité face aux problèmes des enfants !* »

« *Il a onze ans. Enfance, petite enfance, j'ai tout aimé de mon fils, tout, absolument tout.* »

Ce concert de félicité ne saurait masquer la complexité de la relation. Une mère de la 2e génération se rappelle une sensation étrange : partie en voyage avec des amis sans son fils âgé de six ans, elle s'était sentie amputée de lui les premiers jours. La vraie douleur physique du manque. Au bout d'à peine quinze jours, elle l'avait presque oublié. Après une absence de trois semaines, elle s'était précipitée dans la maison de famille où elle l'avait laissé en compagnie de ses grands-parents, de tantes, de cousins et cousines.

« Quand je suis arrivée, son grand-père lui apprenait à jouer aux échecs, il m'a fait un signe, mais il n'est venu m'embrasser qu'une fois la partie terminée. Il portait les vêtements d'un cousin, était coiffé n'importe comment, je ne l'ai pas reconnu, je n'ai pas retrouvé son odeur et il m'a paru quelconque. Ce n'est que le soir, après lui avoir fait prendre un bain, l'avoir coiffé à ma façon, que j'ai eu l'impression de retrouver mon merveilleux petit garçon. Je me suis inquiétée : fallait-il qu'il soit "mon" fils, "ma chose" pour que je m'intéresse à lui ? Comme si notre relation était un amour basé sur la sensualité. »

Certains garçons sont difficiles, excités. Les mères les trouvent alors plus épuisants que leurs sœurs. Des mères se laissent déborder par un enfant agité, d'autres refusent de vivre à son rythme à lui. Celles qui le peuvent le font garder par une série de filles au pair, d'autres jonglent entre crèches, écoles, grands-parents ou le confient aux programmes de la télévision. Certaines n'ont plus que ce recours.

« Mon fils aîné de cinq ans est hyperactif et c'est infernal. Les fessées de son père le calment dix minutes, le temps des pleurs, et il recommence. Il est suivi depuis

un an déjà, mais nous ne voyons pas encore vraiment d'amélioration. Je ne peux le confier à personne. Grands-parents, tantes, amies... personne n'en veut. Je n'ose même plus me promener avec lui dans la rue. Son petit frère et sa sœur gèrent ça avec philosophie, moi beaucoup moins. Il n'y a que la télévision qui l'apaise. Je le sais, j'en abuse. »

Sans en arriver là, plusieurs mères ont avoué un même découragement.

« Quand il me fatigue, quand il est trop difficile, j'ai la certitude de faire du mauvais travail et je me demande si tout ça en vaut la peine. Et c'est toujours la présence de ma fille qui me réconforte. »

« Les petits garçons, c'est comme les chiens, il faut les élever à la campagne ou avoir un grand jardin. En appartement, ça saute partout, ça crie, c'est épuisant et bien dommage pour eux. »

Un autre problème de ces années de latence – problème revenant de façon récurrente – est celui de l'enfant qui refuse de dormir seul. Les mères ont toutes parlé, ouvertement ou à mots couverts, de cette peur nocturne de la séparation. Plus ambivalentes en ce qui concerne leurs fils, elles craignent, surtout lorsqu'elles sont seules, de faire du mal à long terme en les laissant se glisser dans leur lit au nom d'une accalmie passagère. Elles se contraignent à les chasser alors qu'elles peuvent tolérer la présence de leurs filles. Le spectre d'Œdipe rôde toujours dans la nuit. C'est ce que souligne le psychanalyste Serge Tisseron au cours d'une interview :

« Un garçon qui a une grande proximité avec sa mère va se percevoir dans une situation incestueuse et cela va

horriblement l'angoisser. Jadis, quand la mère devenait veuve, la fille cadette prenait souvent la place du père dans le lit de la mère. C'était évidemment une relation "incestuelle", pour parler comme Récamier, sans relations sexuelles, mais une vraie proximité, de chaleur corporelle, de tendresse, d'émotions... Cette relation n'était pas culpabilisante et elle pouvait continuer jusqu'à la mort de la mère. Alors qu'on n'a jamais vu un garçon prendre la place de son père dans le lit de la mère. »

Plus chapitrées que leurs aïeules, les mères de la 2e et de la 3e génération, lorsque leur fils est en cause, éprouvent un tel sentiment de culpabilité qu'elles ont du mal à en parler. Elles minimisent les faits et se rassurent lorsqu'elles découvrent que ce problème, qui relève du tabou, est fréquent, presque banal.

Les mères vivant seules avec un fils sont les plus inquiètes. Il est si miraculeux de tranquilliser un enfant, si doux de s'endormir avec un petit corps blotti contre le sien, mais la notion d'inceste les terrorise comme si, dans un lit, aucun baiser, aucun geste ne pouvait être chastes. Traumatisées à l'idée de transgresser un tabou, elles finissent presque toutes, à un moment ou à un autre, par céder.

« *Depuis le départ de son père, l'enfant voulait venir en permanence dans la chambre... et moi, après avoir maugréé : "Ça ne va pas, ça ne se fait pas, pas question" – je suis psychanalyste –, j'ai finalement cédé. Il a dormi avec moi... Jusqu'à ce que quelqu'un arrive qui s'est vraiment manifesté comme un amant, à nouveau un peu comme un rival.* »

L'enfant a regagné sa chambre. Il avait dix ans déjà.

Sauf quand le père ou l'homme de la maison s'y oppose parce qu'il tient à avoir librement des relations sexuelles avec sa femme, presque toutes les mères avouent qu'elles luttent puis capitulent, lui imposant de rester au bord du lit pour transiger, en évitant tout contact, ou l'accueillant avec un plaisir coupable.

Les mères qui cèdent guettent les séquelles annoncées tout en en redoutant celles qu'elles ignorent.

« Je comparais mon fils unique à ceux de familles nombreuses dont plusieurs enfants partagent la même chambre, ce qui leur avait parfois, mais pas toujours et pas avec tous, permis d'éluder le problème. Eh bien, il n'était ni plus ni moins odieux avec moi que les autres avec leur mère. »

Elles se rassurent quand leur fils, et c'est l'un des premiers signes annonciateurs de la puberté, cesse spontanément de venir se glisser dans le lit des parents. Certaines considèrent ce conflit comme une grande et longue souffrance peut-être inutile. Les enfants du monde entier dorment avec leurs parents. Nos petits Occidentaux n'en auraient-ils pas eux aussi besoin à une époque, comme ils ont eu besoin à une autre période, tout aussi ponctuelle, qu'on leur donne un bain, qu'on leur lise une histoire, qu'on les fasse manger ? On peut imaginer qu'un jour on reconsidère le sujet. Qu'une dédramatisation apaise les mères. Encore une fois, il est vrai que la question de l'interdiction d'entrer dans la chambre des parents est plus facilement résolue quand ceux-ci ont une vie sexuelle épanouie et entendent bien, tous les deux, la vivre librement.

L'adolescence

L'adolescence de leurs fils étant l'une des préoccupations majeures des mères actuelles, le chapitre IV lui est entièrement consacré *(Voir page 105).*

Les mères ne savent pas faire le deuil de leur petit garçon.

Les premiers symptômes de la crise d'adolescence liés à l'éveil de la sexualité s'annoncent par un recul vis-à-vis de la mère, avant de se manifester par une recherche du sexe opposé. Celle-ci n'a pas à se poser de questions sur l'opportunité des câlins, c'est lui qui y met fin. Ce recul la rassure sur la maturité de son fils, même si elle peine à faire le deuil de la relation de tendresse qui se termine. La mère ressent alors une douleur d'orpheline : son fils est toujours là, mais tout à coup distant.

« Du jour au lendemain, il n'avait pas douze ans, je n'ai plus eu le droit de le toucher. Il consent à me tendre un bout de joue pour mon anniversaire, à un retour de vacances. Il a maintenant dix-huit ans, il reste prévenant, gentil, mais ça fait six ans qu'il ne m'a pas embrassée. »

La douleur de ce sevrage brutal fut commune à beaucoup de mères ; cette réaction que les garçons ne contrôlent pas, sauf pour faire respecter cette distance, n'est pas l'apanage de nos adolescents d'aujourd'hui. Le romancier Georges-Emmanuel Clancier la décrivait déjà au début du siècle dernier.

« Pendant mon adolescence, je me suis retrouvé, c'est classique, en opposition avec ma mère. Même, je ne sais trop pourquoi, jusqu'à une sorte de rejet. Par exemple, alors que nous nous embrassions toujours tous, matin et soir, je me souviens qu'un jour elle m'a dit, j'avais douze

ans : "Alors Georges, tu ne m'embrasses plus ?" C'était vrai. Il y avait rupture, presque hostilité[1]. »

Le changement intervient de plus en plus tôt, dès onze ou douze ans, avec peu de transition et il dure des années. « *Puisque c'est leur moyen à eux de fonctionner, j'en suis restée là. J'ai attendu que ça passe. Ça fait quinze ans que j'attends !* »

Elles en souffrent, tout en le sachant indispensable, tout en prenant le manque de tendresse de leur fils à leur égard comme une marque de pudeur. Si les adolescentes exhibent volontiers leurs corps, décolletés, mini-jupes et nombrils à l'air, les garçons se cachent sous des vêtements trop grands pour eux. Ils sont plus pudiques de leur corps et dans leurs contacts, et il leur est sans doute plus facile de masquer ainsi une érection qu'ils ne contrôleraient pas ou l'angoisse de ne pas y parvenir.

De leur côté, ces fils continuent d'aimer leur mère et se protègent d'un sentiment de recul qu'ils découvrent eux aussi en les agressant, et de ce fait éprouvent beaucoup de difficultés à parler d'elle.

« *J'ai l'impression que je ne pourrais que me plaindre d'elle sans savoir vraiment pourquoi.* »

« *On voudrait bien qu'elles s'adaptent,* disait Hugo (dix-huit ans), *mais elles sont déjà construites. En fait, il faut faire semblant de les prendre au sérieux parce que finalement, c'est elles qui s'adapteront. Elles finiront par comprendre qu'on a grandi. En attendant, c'est flippant. Je discute parfois avec elle, mais c'est toujours de façon violente. Je lui dis de couper le cordon. Il faut qu'elles*

1. Marcel Bisiaux et Catherine Jajolet, *À ma mère : 50 écrivains parlent de leur mère*, Pierre Horay, 1988, p. 111.

apprennent à faire la liaison entre l'enfant et le presque adulte. »

À leur amour pour leur mère s'ajoute une agressivité mêlée au remords de l'éprouver.

Quand l'amour d'une mère devient un poids

L'enfant, disait Donald Winnicott, va d'une dépendance absolue à une dépendance relative, puis à une dépendance assumée. Quand elle est sans partage, cette dépendance est accaparante lorsque le fils est petit. Elle devient pesante au cours de l'adolescence, et c'est lui qui la trouve lourde.

C'est donc actuellement dès les onze ou douze ans de leur fils que les mères se retrouvent devant une énigme. Leur petit garçon s'enferme tout à coup dans sa chambre, ne communique plus. Même s'il écoute, le plus souvent en se faisant violence, il donne l'impression de ne rien entendre. Elles ne savent plus grand-chose de lui. Est-ce que l'on connaît moins bien un fils qu'une fille quand on est mère ? Cela semble être très souvent le cas. D'un jour à l'autre, ou presque, la sollicitude des mères les embarrasse.

« *Comment dire à vos proches : votre amour m'a fait vivre, à présent il me tue*[1] *?* »

Christian Bobin

Il est difficile et douloureux d'admettre que ce fils tant aimé, qui a eu tellement besoin de notre amour, s'en trouve tout à coup entravé. Le petit garçon puisait chez sa mère jusqu'au sentiment de son existence. L'adolescent l'écarte de son chemin avec plus ou moins

1. *Le Très-Bas*, Gallimard, 1992, p. 52.

de violence, selon la résistance qu'il rencontre, pour aller à la découverte de ses propres valeurs. Et l'amour que lui a porté sa mère, il le ressent maintenant comme une entrave. « *Elle ne comprend pas qu'on a changé et que son amour devient gênant.* »

« *L'emprise maternelle sur le garçon prend souvent une forme plus douce, masquée sous la séduction et la tendresse, c'est une emprise par un trop-plein d'attention et d'amour... Il est plus aisé et moins culpabilisant de se libérer de l'emprise d'une mère ambivalente, c'est le cas pour la fille, que de l'emprise d'une mère trop aimante, ce qui est, le plus couramment, le lot du garçon*[1]. »

Françoise Couchard,
professeur d'anthropologie psychanalytique à Paris X

Le départ

« *Je serai exclue de ton parcours. Et je l'admettrai. Parce que ce sera à sa propre mère qu'alors la mère de tes enfants recourra...* »

Une mère

Si une femme reste mère à vie et continue d'habiter ses enfants longtemps après sa mort, elle ne vit en moyenne qu'un quart de son existence avec eux. Et quand le dernier quitte la maison, après quelque vingt années de grande intensité, elle se retrouve face à la deuxième moitié de son histoire. Les cigales de la maternité, qui n'ont rien prévu pour cette longue retraite, sombrent fréquemment dans la dépression. Le départ des fils est ressenti plus fortement dans la mesure où il s'apparente à une double coupure. La mère se retrouve

1. *Emprise et violence maternelles*, Dunod, 2003, p. 66.

seule, dans une sorte de castration inconsciemment redoutée. « *L'homme quittera son père et sa mère, il trouvera femme et ils formeront une même chair.* » Pourtant, même après une adolescence conflictuelle, les filles se rapprochent presque toutes de leur mère à la naissance de leur premier enfant. « *J'ai perdu mon fils quand il a eu son fils. La naissance de son enfant nous a rapprochées, ma fille et moi.* »

Quand une fille a des problèmes avec ses enfants, c'est à sa mère qu'elle les confie. Exceptionnellement, elle peut trouver avec sa belle-mère une complicité qui lui fait défaut chez la sienne. Dans l'ensemble, les filles reconnaissent que « ... *bien que nous nous soyons souvent affrontées, ma mère est la seule personne capable d'aimer autant mes enfants que moi* ». Sauf circonstances particulières, dans notre civilisation, les « vrais » petits-enfants d'une femme sont ceux de ses filles. Le fils quitte sa mère pour vivre ailleurs avec une autre femme, avec une rivale potentielle, position que ne peut occuper le mari ou le compagnon de sa fille. « *Quand mon fils s'est marié, j'ai eu l'impression d'avoir arrosé le jardin du voisin.* »

Presque toutes les mères ont décrit leur douleur au moment du départ de leurs fils. Le récit d'Évelyne traduit un sentiment général.

« *J'ai ressenti cette douleur intense, même si elle était cachée, du fameux départ des enfants. La douleur fut plus dure pour les garçons, parce qu'on a l'impression que, si la fille prend sa liberté, ses biens, elle reste dans une relation de complicité qui peut au contraire se développer à partir du moment où elle a échappé à la maison. Les amours des filles, surtout au début, ne nous enlèvent pas grand-chose, c'est un plus dans leur vie, pas un moins dans la nôtre ; alors que les amours des garçons, je n'y comprends rien. Qu'ils soient capables d'une liaison harmonieuse prouve qu'on a bien fait son travail de mère… Et pourtant, je me suis surprise à trouver étonnant que mes fils aiment une autre femme. Le plus dur à supporter, c'est la belle-famille. Quand ma fille déjeune avec la mère de son compagnon et pas avec moi, ça m'amuse… Je n'envisage pas que cela puisse aller très loin. Ce n'est pas un enlèvement et si ça va bien, tant mieux. Quand je vois leurs belles-mères assister mes fils à différents moments de leur vie… elles prennent ma place, vraiment. Je me demande quel jeu elles jouent, alors qu'elles veulent peut-être tout simplement prouver leur affection, les aider. Je trouve ça très inconfortable. C'est curieux. Le départ des fils pose un problème. Quand ils se mettent à avoir des enfants, c'est à l'autre famille qu'ils font des petits-enfants.* »

Les mères ont l'impression que c'est leur petit garçon (beaucoup continuent d'utiliser le terme de « *bébé* ») qu'on leur enlève et que « *c'est fini* ». Elles l'ont si peu vu grandir étape par étape, puisqu'il s'est éloigné d'elle dès sa douzième année, que le choc est terrible. C'est ainsi que l'on peut comprendre comment un homme peut rester si longtemps « *le petit garçon à sa maman* ». Elle ne l'a pas vu devenir adulte.

La reprise du lien

Dans la majorité des cas, un nombre indéterminé d'années plus tard, les fils finissent par reconnaître que leurs mères se sont bien comportées. Adultes, pères à leur tour, ils ont acquis les éléments pour les comprendre. Leur regret de la peine qu'ils ont causée en repoussant la personne qui certainement les aimait le plus au monde en incite certains à des manifestations d'amour et de reconnaissance qui parfois agacent leurs compagnes.

« Quand j'étais ado, je n'ai pas vraiment eu de crise, j'étais seulement très tourmenté, je la fuyais. Elle m'écoutait aussi sérieusement que quand elle parlait avec les adultes et ça m'agaçait qu'elle prenne tout au sérieux, même ce qui ne l'était pas. Mais, en fait, j'en garde l'impression d'une grande liberté, d'un vrai soutien, si bien qu'il m'aurait semblé inconcevable de trahir sa confiance, ce que j'ai certainement fait, et j'ai maintenant toujours besoin de son avis. je ne prends pas de décision majeure sans la consulter. »

« À dix-sept ans, j'étais très renfermé. Je me méfiais des adultes en général, du lycée. Ma mère n'appréciait pas du tout cela, mais elle me laissait mon espace tout en étant là quand j'allais trop loin. Il fallait que je respecte le travail scolaire et les horaires. En dehors de ça, je n'ai le souvenir que d'une chose qu'elle m'ait interdite : aller, après le bac, jouer de la flûte dans les Andes au Pérou. Elle avait raison, l'année suivante, j'entrais en fac à Montréal. Forcer ? Je ne crois pas. Établir les limites ? Oui. Elle n'a jamais fait monter la pression. Il y avait une confiance de sa part que je sentais et que je ne voulais pas trahir. »

La confiance, c'est le mot clé, le leitmotiv des fils en crise face à leur mère. Eux qui en manquent tant ont besoin de la leur. Elles aussi en manquent bien souvent, en elles certainement, en eux parfois, mais c'est à ce prix qu'ils progressent et retrouvent, quelques années plus tard, une relation dont il leur paraissait alors vital de s'affranchir.

« Quand on est ado, on ne veut pas le montrer, mais on a vraiment peur pour notre avenir. On a toujours peur de

ne pas être à la hauteur. La violence des petits mecs de banlieue, c'est ça, c'est la peur de ne pas avoir l'air d'être un dur. L'inquiétude de nos mères nous scie. Si elles n'ont pas confiance en nous, qui va l'avoir ? »

Le jeu de la séduction dure plus longtemps entre une mère et son fils qu'entre une mère et sa fille.

Le syndrome de l'usurpation

Le problème du départ se complique quand il est différé. Vivre seuls, ils en rêvent de moins en moins. Si certains sautent courageusement le pas et quittent une vie confortable pour une chambre de bonne au sixième étage sans ascenseur, la plupart squattent l'appartement des parents ou s'attendent à ce que ceux-ci financent non seulement leurs études mais leurs indécisions et leur erratique entrée dans le monde du travail. Des parents acceptent que leurs fils vivent au domicile familial plus longtemps que cela n'a jamais été fait, comme s'ils se rendaient compte que ces derniers n'étaient pas assez forts pour affronter un monde qui ne les accueille plus en tant que privilégiés. Ils espèrent avoir encore la possibilité de remédier aux carences de leur éducation. Des jeunes gens cohabitent ainsi avec leurs parents sans partager la vie de famille. Les mères, pas toutes armées pour faire face, surtout lorsque le père est peu présent, le vivent avec un sentiment de frustration. « *Mon fils a vingt-quatre ans, il habite toujours à la maison. Il ne gagne pas encore sa vie, je n'ai pas la possibilité de lui louer même une chambre de bonne. On se croise, c'est mon plus proche voisin.* »

Certains de ces fils, ceux qui n'ont pas acquis le sens des responsabilités, sont si durs, exigeants et agressifs que leurs mères avouent qu'elles n'en peuvent plus. « *Il n'a que dix-huit ans, c'est un peu tôt, mais je rêve de lui payer un studio et d'avoir la paix chez moi. Ça fait deux ans que je le lui propose, il ne se sent pas prêt. Moi si, depuis longtemps !* »

La romancière Christiane Collange décrit la situation avec humour.

« *Le problème est que cette cohabitation qui n'a rien de juvénile repose sur un profond malentendu. Vous conservez à notre égard une mentalité infantile, alors que nous essayons désespérément de vous transformer en coéquipiers... En fait, le ras-le-bol change de camp. Ce n'est plus nous qui nous accrochons à vos baskets, mais vous qui refusez de nous lâcher les mocassins... Les jeunes ont adopté la méthode corse "conservation des avantages, du confort acquis, mais revendication d'autonomie complète, au besoin par le terrorisme*[1]". »

D'après l'Insee Première, en février 2000, le dernier bilan démographique chiffrait à 34 % les hommes entre vingt-quatre et vingt-sept ans qui habitaient encore au foyer parental, contre 20 % des femmes. Et, entre vingt-huit et trente et un ans, 14 % des hommes et 5 % des femmes[2].

Un père de cinquante-trois ans a imposé à sa femme le départ de leur fils :

« *Ce fut difficile. Je m'y suis moi-même forcé, je l'ai imposé à sa mère. J'ai littéralement poussé dehors notre fils de vingt-quatre ans. Il redoublait ses années de fac, utilisait la maison comme un hôtel sans nous tenir informés de son emploi du temps, vidait le frigo sans*

1. *Moi, ta mère*, *op. cit.*, p. 21.
2. Pascale Wattier, Olivier Picard, *Mariage, sexe et tradition*, Plon, 2002, p. 191.

faire de courses. Il a fait des petits boulots pendant un an. Puis il a repris ses études. Il a maintenant un bon métier qui l'intéresse. Il nous a avoué quelques années plus tard qu'il avait été blessé, furieux, terriblement inquiet. En même temps, il avait compris qu'il avait passé le cap. Il était devenu un adulte. »

Que, de nos jours, les ados habitent ou cohabitent plus longtemps avec leurs parents, pour diverses raisons, n'invalide pas le phénomène de rejet. Il le prolonge. Une mère, quelles que soient ses intentions, ses résolutions, parvient rarement à jeter son *« petit garçon »* dehors. Le psychanalyste Serge Tisseron, au cours d'une interview, mentionne à ce sujet un symptôme dont on parle peu chez les hommes :

« Les hommes connaissent le succès, voire la gloire, et ils ont l'impression qu'ils sont en situation d'usurpation. C'est un symptôme masculin. C'est le signe, chez des hommes qui peuvent avoir un bon niveau de culture, qu'il est toujours difficile pour un homme de savoir qu'il est en effet un homme et qu'il n'est plus un enfant. »

Si les mères ne voient pas grandir leurs fils, ceux-ci ne se voient pas grandir non plus quand aucun changement professionnel, aucun mariage ou déménagement, aucune demande familiale ou sociale ne leur indiquent qu'ils doivent franchir une étape.

III

UNE RELATION DITE TOXIQUE

Un discours bien ancré classe le duo mère-fils, particulièrement lorsque celui-ci est unique – *« cet implacable face-à-face »*, selon le pédiatre Aldo Naouri –, comme *« le plus toxique qui soit »*.

Que chaque mère, chaque fils ait une personnalité différente, une histoire singulière, n'entrent pas en compte dans ce genre d'assertion qui suppose que les mères de fils créeraient toutes et inconditionnellement les mêmes problèmes : le manque de respect de l'autorité, un refus de l'effort et des responsabilités, etc.

Les mères ne contestent ni les carences ni le danger potentiel d'un rapport de prédilection, mais elles refusent qu'on le voue a priori et systématiquement à l'échec.

L'influence de la personnalité des protagonistes

La personnalité de la mère, comme celles du fils et du père, dont on tient si peu compte dans cette prédiction de l'échec, conditionnent et déterminent aussi leur relation. Nous en citons quelques cas qui en attestent d'autant mieux qu'ils ne se ressemblent pas.

Michèle

Ingénieur, âgée de cinquante-sept ans, Michèle clame combien elle est ravie de vivre seule, tandis que son regard, sa véhémence, laissent filtrer une dure amertume. « *Ce n'est pas ce que je voulais, je n'ai pas eu un fils à quarante ans pour qu'il vive sans père.* » Elle s'est lancée à corps perdu dans le travail : horaires lourds, enfant gardé par une suite de jeunes filles dans des appartements de plus en plus grands. « *Vous voyez, je n'ai pas besoin de lui. Je suis beaucoup plus riche que lui.* » Vacances à deux solitudes au bout du monde pour être bronzés en plein hiver. Elle qui a « *tout fait* » pour son fils ne comprend pas comment il a pu se transformer en un adolescent agressif et violent. Depuis qu'il la domine physiquement, elle a peur. Peur de s'opposer à lui, peur de ses réactions. Elle ne sait jamais où il est ni avec qui il sort. Il lui ment. Elle le confronte. Il la gifle.

Thomas, âgé de dix-huit ans, est un adolescent en colère. En ce qui le concerne, sa mère ne pense en réalité qu'à elle, dominée par son amertume de femme abandonnée. Elle lui permettait rarement d'inviter ses copains, de peur qu'ils ne fassent du bruit ou qu'ils ne cassent quelque chose et elle lui faisait un chantage à la solitude dès qu'il allait chez eux.

« *Elle parle tout le temps, très vite et n'écoute personne. C'est vrai que j'ai souvent envie de lui taper dessus juste pour la faire taire. Elle est frustrée, ça l'a rendue égoïste, elle en devient raciste. Elle n'a pas refait sa vie sous prétexte qu'elle ne voulait pas me priver du peu de temps qu'elle avait à me consacrer. En fait, elle est tout simplement insupportable, personne ne veut d'elle.* »

Pas encore disposé à quitter le grand appartement pour un studio, Thomas se vante de mener leur cohabitation sur le mode égocentrique qu'elle aurait instauré et s'organise une vie à part. La trajectoire du fils unique à la fois gâté et délaissé par une femme qui brandit cette maternité comme une revanche contre une déception sentimentale est classique, nocive quand cette dernière refuse toute aide psychologique ou thérapeutique. Néanmoins, Thomas, au parcours scolaire sans faute, est inscrit en classe préparatoire pour entrer dans une grande école. « *Sa vie, ça la regarde, moi, je n'ai pas envie de gâcher la mienne.* »

Camille

Journaliste âgée de cinquante-cinq ans, Camille vit à Paris avec son fils de vingt-deux ans. Jusqu'à sa mort, quand Julien avait quinze ans, le père se manifestait peu. Elle a été, elle est toujours une mère attentive et aimante. Elle n'en a pas moins continué de mener sa propre vie sentimentale et professionnelle.

« *Julien a toujours été beau, fin, et gracile. Je me rappelle avoir été convoquée par une institutrice au jardin d'enfants, parce qu'il mettait des élastiques dans ses cheveux. Ça ne m'a pas inquiétée. J'étais convaincue que j'avais fait un garçon, un vrai qui avait le droit de jouer avec les barrettes des filles. Mon fils a toujours aimé les femmes, il n'a jamais été collé à moi. C'est un homme. Il n'y a aucun doute à ce sujet et je sais qu'il se débrouille et qu'il va se débrouiller en tant qu'homme… avec des côtés dits féminins… Je suis sûre que ça ne peut qu'enrichir ses relations avec les femmes.* »

Carla

« Tout s'est très bien passé. Je ne savais pas qu'il pouvait en être autrement. »

Artiste peintre dans une grande ville, Carla se réjouit rétrospectivement d'avoir eu, dans l'isolement de son atelier, la chance de ne pas être inquiétée par le discours ambiant. Elle avait vingt-deux ans quand son fils est né.

« Je l'ai élevé seule en toute quiétude, ignorant que cela pouvait poser des problèmes. Il n'y en a pas eu. Je n'avais pas de théories, j'ai voulu l'élever avec mon cœur. Je n'avais lu ni Françoise Dolto ni le Dr Spock ni aucun autre manuel. J'étais sidérée de constater que dès qu'un enfant avait une mauvaise note ou n'était pas invité à un anniversaire, on l'envoyait chez la psychologue scolaire. Il me semble que quand on a un problème, on doit pouvoir le régler soi-même. J'étais heureuse d'avoir ce petit garçon, de vivre à ses côtés, chacun menant harmonieusement sa vie. Il n'a jamais été l'homme de la maison. J'avais mes hommes et lui était trop occupé à être lui-même, il n'avait ni le temps ni la place pour ça. J'ai voulu lui transmettre les quelques choses auxquelles je crois, tels le travail, l'art, la sincérité, la générosité ; sinon, je le laissais libre d'être lui-même parce que ça marchait bien comme ça. Avec un autre enfant, garçon ou fille, j'aurais essayé de transmettre les mêmes choses, certainement d'une manière différente. »

Son ex-mari critiquait son style de vie, qu'il qualifiait de bohème, et la façon dont elle élevait leur fils. Elle le laissait dire, considérant que c'était son problème à lui, pas le sien. L'enfant voyait régulièrement son père en dépit de rapports tendus dans lesquels elle n'intervenait pas. Très courtisé par la gent féminine, l'adolescent vient d'obtenir le bac avec mention « Bien ». Il a une mère généreuse, confiante en lui et en elle, indépendante, dotée d'un grand sens de l'humour. Satisfaite de sa propre vie, elle n'a rien projeté sur son fils. Elle ne l'a jamais dérouté en essayant ni d'être idéale ni d'être les deux parents à la fois. Elle était sa mère et menait sa vie. Le fils était facile, bien dans sa peau, bon élève, gai, indépendant.

Marie-Françoise

« Nous avons trois fils. C'est moi qui les ai élevés. Pourtant, je ne suis vraiment devenue mère qu'avec le troisième, quand j'ai compris qu'il serait le dernier. Pour les aînés, j'étais une femme avec enfant. Je m'en occupais un peu et je les confiais à leur nurse. Mon mari voyage beaucoup, il est très souvent absent, mais sa présence dans la maison restait évidente. Elle nous a structurés. Les rares moments très intenses qu'il passait avec eux créaient certainement des liens plus forts que de constantes remarques. Très différents les uns des autres, ils ont manifesté quelques oppositions, un léger retrait de rigueur, somme toute, une adolescence paisible. Aucun n'a posé problème. Ma belle-sœur, dans un tout autre contexte, a élevé seule son fils, avec difficulté, bonheur et inquiétude. Ils s'en sont tous les deux brillamment sortis. »

Un mariage qui dure depuis trente-cinq ans, de l'argent, une jeune mère peu impliquée au début. Un père et mari peu présent mais très investi entre deux voyages. Marie-Françoise a eu une relation plus forte avec son dernier fils qui, à sa demande, est allé en pension à douze ans. Ses frères ayant quitté la maison,

son père étant souvent absent, il voulait « *couper le cordon* ». Il a gardé une belle relation avec sa mère tout en réussissant ses études.

De tels exemples indiquent qu'il y a moins de prédestination que de possibilités d'aménagement. Bien que l'on ne puisse établir de règles générales à partir de cas particuliers, on constate une absence de crise quand les mères ne se focalisent pas sur un danger potentiel. Carla, qui ignorait qu'une mère ne « représentait » pas la loi, a joué son rôle sans que cela crée de problème d'autorité. Camille s'est épuisée en vain à jouer le rôle des deux parents, mais n'a pas un instant douté de la virilité de son fils, aussi fin et gracieux soit-il. Rebelle à l'autorité des adultes, son fils ne présente aucune ambiguïté sexuelle. Marie-Françoise s'est peu occupée de ses deux aînés et n'a vraiment élevé que le dernier. Les trois garçons furent des enfants faciles et agréables. Thomas, qui réunissait plusieurs conditions d'échec, s'est rebellé contre sa mère, mais a structuré sa vie.

Les mères sont dans une situation ambiguë dès lors que leurs fils se considèrent dans une situation ambiguë. Pris entre le besoin qu'ils ont d'elles, l'amour viscéral qu'ils leur portent et la crainte d'une dépendance, ils doivent à la fois pouvoir compter sur elles et savoir qu'ils peuvent les défier. Ils se trouvent dans la difficile position de dépendre de la femme dont ils veulent le plus s'émanciper. De leur côté, elles dénouent en grande partie le problème si, comme Carla, elles ne le vivent pas sur le mode de la confrontation.

Le fils unique

« L'enfant unique rafle la mise. Il occupe toute la place. Il jouit de tout, tout de suite et tout le temps. Mais bientôt il s'aperçoit qu'il est lui-même tout pour celle qui a été tout pour lui. Il voudrait alors que la charge soit plus légère. Sans rival, il est également sans complice ni confident. »

Alain Finkielkraut

Si le fils est l'enfant rêvé, le fils unique est l'enfant star gavé de ce que la mère aurait aimé offrir à une famille plus nombreuse. Il focalise son attention en incarnant l'ensemble des relations avec les enfants qu'elle n'aura pas. Son besoin de dévouement ayant ce seul exutoire, elle court plus encore que les autres mères de fils le risque de le déposséder de la prise en charge de ses désirs, du sens de l'effort. De nos jours, que le père soit présent ou non, aucune mère ne serait censée y échapper. Marie, mère de la 2e génération, s'en méfie. Elle estime que *« même si on fait toutes des erreurs, il y a toujours des remèdes »*.

« Dès sa première année, je l'ai emmené régulièrement à la Maison Verte où l'on croisait encore Françoise Dolto, pour qu'il apprenne à être un parmi d'autres, à céder, à attendre son tour. Pendant les vacances, au cours de nos voyages, nous invitions un enfant de son âge afin qu'il mène sa vie et ne partage pas seulement la nôtre. Et moi, pour ne pas être tentée de mener la sienne, sans chercher à multiplier les dossiers, je n'ai pas cessé de travailler. Je me rends compte que j'aurais pu être inconditionnelle. Il était si passionnant, si doux, si curieux, si plein d'humour, si câlin. La résistance de mon mari pour ne pas se laisser voler sa place m'a aidée à faire entrer très tôt le monde extérieur dans ma relation avec mon fils. »

Le fils unique élevé par une mère seule lui doit tout. Et tout devoir, à qui que ce soit, c'est beaucoup, c'est souvent trop pour un adolescent. Ils ont une relation d'une telle intensité, centrée l'un sur l'autre, qu'elle est plus difficile à vivre, plus difficile à rompre. Son absolu peut durer, soutenir ou entraver.

« Ne pas regarder quand la personne qui regardait pour vous, même si le temps a passé, est encore là, ce n'est pas bien grave. Sans doute ai-je abusé de cette politique pour tout ce qui concernait les affaires du siècle, de l'accomplissement social et des grandeurs d'établissement, pour lesquelles ma pauvre mère ne pouvait rien… Et pour les affaires du destin, l'existence même de ma mère m'accordait tous les sursis. Je savais que, elle vivante, rien d'irréparable ne m'adviendrait. Sa présence sur Terre confortait mon sentiment de jeunesse, qui est une fantastique sécurité[1]. »

Orphelin de père dès sa naissance, le journaliste Paul Guilbert parle de « *la politique de l'autruche* » – « *ne pas regarder quand la personne qui regardait pour vous est encore là* » – qu'un fils peut jouer tant que sa mère est en vie : elle reste comme l'ultime recours.

Ce qu'il a vécu comme une fantastique sécurité, d'autres le vivront comme un frein, voire une contrainte.

Les frères et les sœurs relativisent entre eux. La présence de plusieurs enfants et la différence de leurs réactions à son éducation permettent à la mère de se déculpabiliser un peu si l'un d'entre eux pose un problème. L'absence de fratrie isole l'enfant avec un seul

1. Paul Guilbert, in Marie Billetdoux, *Un peu de désir sinon je meurs*, Albin Michel, 2006, p. 74.

adulte dans un duo sans relâche, à tendance obsessionnelle dans certains cas, même si l'enfant unique épargne à la mère querelles et rivalités fraternelles.

Aucune mère n'ignore que pouvoir se mesurer à un père est salutaire, constructif, dans l'ordre des choses. Et c'est ce dont toutes rêvent pour leurs fils. Le problème surgit quand elles croient devoir compenser et s'imposer comme le substitut du père. Ce n'est pas leur rôle, le leur est bien assez fort et complexe pour ne pas s'y tenir.

La promesse de l'aube

Lorsqu'elle est agréable, la relation mère-fils peut devenir dangereusement confortable. Elle offre moins de contraintes que la relation avec de futures compagnes, lesquelles exigent d'eux plus que leur mère ne l'a jamais fait et revendiquent leur part d'un espace qu'ils avaient tout à eux. Garçons sans sœur ou enfants d'une femme omniprésente qui leur a tout donné, les fils privilégiés éprouvent souvent plus de mal à donner à leur tour, à établir un rapport équilibré avec le monde féminin. Ce furent essentiellement les fils uniques qui s'inquiétèrent de *« ne trouver que des défauts aux filles »*.

Dans son roman autobiographique – *La Promesse de l'aube*, paru en 1960 –, Romain Gary décrit cette quête éternelle de la puissance de l'amour d'une mère qui rend si difficile une relation harmonieuse avec une femme qui demande le partage.

« "Y aura jamais une autre femme pour t'aimer comme elle dans la vie. Ça c'est sûr." » C'était sûr, mais je ne le savais pas. Ce fut seulement aux abords de la quarantaine que je commençai à comprendre... Avec l'amour maternel, la vie vous fait à l'aube une promesse qu'elle ne tient pas... On croit que ça existe ailleurs, que

ça peut se retrouver... Vous êtes passé à la source très tôt et vous avez tout bu... Partout où vous allez, vous portez en vous le poison des comparaisons et vous passez votre temps à attendre ce que vous avez déjà reçu[1]. »

Romain Gary

Épouses et compagnes continuent de se plaindre quand l'ombre de la mère reste imparable.

« *Une mère seule peut comprendre l'homme que je suis. Toutes les autres femmes sont des étrangères. Elles croient nous aimer et ne pensent qu'à elles.* »

François Mauriac, Genitrix, *1923*

« *Je suis toujours frappée de constater, chez les hommes que je reçois dans mon cabinet, une grande passivité affective : la plupart sont en attente, une attente souvent avide, du don des femmes. Ils éprouvent un besoin énorme d'être aimés, admirés, choyés... Tout ce que leur donnait en fait leur mère, de manière inconditionnelle. Ces hommes ont soif de maternage*[2]. »

Catherine Serrurier

Les hommes restés dépendants de leur mère gardent toute leur vie une part de comportement infantile dont celle-ci porte au départ la responsabilité. C'est à l'adulte d'élever un enfant de façon qu'il ait normalement envie de quitter le périmètre de sécurité maternel, ou de le mettre dehors s'il ne veut pas le faire.

Être une mère seule face à un fils tant aimé demande de la force, du calme, de la sérénité pour le laisser, sans

1. *La Promesse de l'aube*, Gallimard, 1960 ; coll. « Folio », 1973, p. 38.
2. Catherine Serrurier, Psychologies.com, « 3 questions à... », 2002.

être ni soutenue ni consolée, s'opposer à elle et contester son éducation. « *Avec personne entre nous pour prendre la relève ou pour faire le tampon, on finissait par se décevoir et par se détester, même si j'ai toujours beaucoup tenu à elle.* » Il lui faut aussi la modestie, l'intelligence de le laisser faire ses propres choix, même s'ils ne correspondent en rien aux espoirs qu'elle plaçait en lui. L'exclusivité de leur lien fait qu'elle également a du mal à prendre du recul, à l'accepter comme différent d'elle, comme différent de l'enfant rêvé.

Une mère seule peut pourtant, malgré les apparences, compter avec l'indulgence cachée de son fils. Même s'il affiche une hostilité dont il a besoin pour s'affranchir d'elle, il l'aime, il est prêt à pardonner, ne serait-ce que pour ne pas se couper du seul lien sur lequel il peut compter.

L'enfant qui grandit devient responsable de son comportement. La responsabilité et le pouvoir des mères s'arrête à ceux des fils, bien que le temps de la maturation, celui du passage du relais, « normalement » fluctuants, soient trop souvent âprement contestés de part et d'autre. Les lionnes, pourtant très maternelles, repoussent leurs petites et les envoient chasser pour se nourrir lorsqu'ils essayent de téter plus longtemps que la loi animale les y autorise.

L'obligation des mères à une vie privée

« *Il n'est pas bon qu'une mère ne soit qu'une mère, car elle va induire alors un rapport névrotique fragilisant avec ses enfants.* »

Françoise Dolto

Ce message-là semble avoir été entendu, suffisamment d'ailleurs pour que l'on reproche aujourd'hui aux mères de ne plus penser qu'à elles, alors qu'elles pensent *aussi* à elles, élément indispensable à l'équilibre de la relation.

« *Chez la femme, l'antagonisme entre l'érotique, le maternel et le social est particulièrement conflictuel, et cela de manière continue. Ce qui n'est pas le cas chez l'homme.* [...] *La réalisation sociale, phallique de la femme est antagoniste à celle de sa vie érotique, comme à celle de sa vie de mère. C'est le destin d'une femme que de vivre déchirée entre ces contradictions et ces antagonismes... La réalisation phallique d'une réussite sociale ne se fait pas sans un sentiment de culpabilité et d'usurpation que reconnaissent même les femmes les plus douées intellectuellement de notre génération*[1]. »

Bien que toujours imprégnées de ce dilemme, les jeunes mères sont alertées de la nécessité de vivre également leur vie de femme. Ce que finissent par reconnaître les fils eux-mêmes.

« *Vers vingt ans, quand j'ai commencé à parler de quitter la maison – je suis le dernier –, nous nous sommes aperçus que notre mère, une femme parfaite – mère de trois fils brillants, un mari banquier, des voyages, des réceptions, des domestiques, un grand appartement –, buvait en cachette. Personne n'avait remarqué qu'elle ne disait jamais "je". Elle voulait être pianiste. Elle a tout arrêté à la naissance de mon frère aîné. Mon père gagnait beaucoup d'argent en exerçant un métier qui lui plaisait. Elle faisait le reste. Tout le reste. Avoir vécu notre vie et pas la sienne, s'être transformée en fée du logis, l'a rendue dépressive.* »

---

1. *La Parentalité : défi pour le troisième millénaire*, sous la direction de Leticia Solis-Porton, PUF, coll. « Le fil rouge », 2002, p. 139 et 153.

Satisfaits que leur cadre de vie soit solide et harmonieux, ni le mari ni les trois fils n'ont vu, ou voulu voir quoi que ce soit. Pour s'organiser une vie personnelle, la mère ne peut compter que sur elle-même.

Les adolescents préfèrent que leurs mères aient une vie privée, qu'elles la mènent avec leur mari ou avec un nouvel amour. Même si, tant qu'ils ne sont pas rassurés sur la place que « l'autre » prendra dans leur vie, ils se méfient *« du bouffon qui veut me piquer ma mère »*, ils lui sont reconnaissants *« de lui permettre de leur lâcher les baskets »*.

« Quand je me suis remariée, mon fils de dix-huit ans a demandé à ses amis : "Mais qu'est-ce qui lui prend ? Je suis là !" »

Olivier l'a reconnu plus tard :

« C'est vrai, ça m'a choqué qu'elle amène un intrus à la maison, mais en fait ça m'avait rassuré qu'elle ait quelqu'un. Il était dans sa vie, pas dans la mienne. Je ne l'aimais pas, mais j'avais l'impression qu'il lui faisait du bien. »

André, trente-cinq ans, dont la mère s'est repliée sur elle-même, s'insurge contre ce qu'il nomme un transfert abusif de dépendance.

« Mon père est parti lorsque j'avais sept ans. Considérée comme dépressive, ma mère a cessé de travailler et n'a jamais cherché à reprendre un emploi. Nous avons vécu de son RMI et du peu d'argent qu'envoyait occasionnellement mon père. Elle n'a jamais refait sa vie ni affectivement ni professionnellement et s'est quotidiennement vengée sur moi de sa solitude et de sa misère, jusqu'au jour où, devenu plus grand qu'elle, je l'ai

menacée : "Tu ne me touches plus, sinon, je te rends tous tes coups un par un." J'ai constaté avec satisfaction et pitié qu'elle avait peur. J'ai compris qu'elle avait des aventures sans lendemain quand je l'ai entendue dire à une voisine qu'elle attendait ses règles avec impatience pour que ça la lave de toutes ces souillures.

Dès l'âge de douze ans, j'ai fait des petits boulots, elle prenait ce que je gagnais. Elle ne m'a jamais laissé d'argent de poche. Je ne suis jamais allé en vacances, elle était fille unique et ma grand-mère vivait déjà dans une maison de retraite.

J'en ai la responsabilité financière depuis qu'elle n'a plus le RMI, sa retraite étant insuffisante. Elle est en parfaite santé et peut vivre encore vingt-cinq ou trente ans, sinon plus. Elle m'a menacé d'un procès si je me dérobais. Elle prétend maintenant que je ne l'ai pas comprise, qu'elle m'a aimé, qu'elle m'a sacrifié sa vie. Elle a sans doute besoin d'y croire, ce n'est pas moi qu'elle pourra convaincre. J'estime qu'elle a pris une bonne assurance vie à mes dépens. Par respect du droit de l'adulte à avoir un enfant, on ne tient pas assez compte de celui de l'enfant quand ce parent-là n'a aucun moyen de s'assumer. »

Des mères de la génération n° 2, célibataires ou divorcées, disent éprouver encore des difficultés à présenter leur nouveau compagnon à leur adolescent. Beaucoup craignent son regard critique autant que de le perturber. Les trentenaires dépassent mieux ce problème depuis qu'on les encourage à avoir une vie privée en insistant sur l'intérêt qu'y trouvent leurs fils.

Les mères dont le métier assure indépendance, épanouissement et situation sociale, qui sortent et qui ne font pas de leurs fils le centre du monde, leur apprennent que la réalisation de leurs désirs est limitée par ceux des autres. Cela n'a rien de nocif, et ne les empêche pas d'aimer passionnément leurs fils.

« Je ne dis pas qu'il faille empêcher les mères d'aimer leurs petits. Je dis simplement qu'il vaut mieux que les mères aient encore quelqu'un d'autre à aimer. Si ma mère avait eu un amant, je n'aurais pas passé ma vie à mourir de soif auprès de chaque fontaine[1]*. »*

Romain Gary

Le problème est qu'on ne demande plus seulement aux mères d'avoir un amant, mais que ce qui n'est pas interdit tend à devenir obligatoire. Sans rien perdre de leurs devoirs ancestraux, les femmes peuvent, donc « doivent » travailler. Elles « doivent » rester minces, attrayantes, en couple. De nombreuses femmes intelligentes, très accomplies sur le plan intellectuel et professionnel, prennent rendez-vous chez un thérapeute ou un psychanalyste parce qu'elles souffrent comme d'un échec de ne pas sentir vie sociale, sentimentale ou familiale à l'unisson. D'autres ont évoqué, avec franchise et une certaine rancœur, le syndrome de la solitude sociale de la femme seule.

« Presque du jour au lendemain après mon divorce, après quinze ans d'une vie familiale, sociale et professionnelle intense, j'ai été rayée des listes. Mes "meilleures" amies continuent de m'inviter, mais en tête-à-tête. C'est à moi d'inviter, d'organiser les dîners, des sorties... Quand on a des enfants à la maison, la fatigue, le manque de temps, font que l'on finit par abdiquer, avec regret et... encore une fois avec culpabilité.

---

1. Romain Gary, *op. cit.*, p. 38.

Ce qui semble être une ouverture est devenu une imposition. Nous aussi nous avons envie de sortir, à défaut de refaire notre vie. Ce n'est pas si simple. À celles qui savent, qui osent, il ne reste souvent qu'Internet... et il faut du courage pour présenter à ses fils un homme rencontré sur Internet ! »

L'élargissement du cercle de famille a ses vertus. Influences extérieures et références différentes bousculent, offrent un enrichissement nécessaire, mais présentent leur lot de contraintes.

Les mères s'insurgent contre les doutes, le sentiment de culpabilité et d'irresponsabilité que l'on entretient chez elles. Mener leur propre vie ne signifie pas « penser uniquement à elles », mais penser aussi à leurs fils.

La façon dont chaque fils et chaque mère vivent leur relation est plus décisive que la forme en soi de cette relation. À comportement égal des mères, rien ne permet de prédire ce qui va se passer avec tel ou tel enfant ni expliquer pourquoi de façon certaine.

Le cliché de la mère juive

Plus que des mères dites « juives », j'ai repéré des « fils de mères juives ». Rares sont les garçons qui osent parler de leur mère avec autant d'admiration et d'amour. La mère juive a peut-être un rapport différent avec ses fils, mais eux en ont certainement un avec elle. Un cordon, ça se coupe des deux côtés et tous n'y parviennent pas, restant alors toute leur vie admiratifs, attendris, très proches, parfois jusqu'à la dépendance. De leur côté, ces mères semblent savoir mieux que les autres montrer à leurs garçons la fierté qu'elles éprouvent pour eux.

La mère juive, objet de tant d'amour et de plaisanteries, ressemble pourtant, de par son caractère excessif, exubérant et sa vénération pour les jeunes mâles, à la *mama* italienne, laquelle a eu la réputation d'avoir créé des générations d'hommes restés d'éternels enfants. Le cinéma italien des années 50 foisonnait de ces personnages irresponsables incarnés, entre autres, par Marcello Mastroianni. Pourquoi la mère juive est-elle à l'origine de tant de romans, de films, de pièces de théâtre ? Parce qu'elle est plus volubile, plus excessive que les autres ?

« Elle fiche un peu la honte à ma sœur, pas à moi. Elle est généreuse et vulnérable, adorable et invivable. Tout doit passer par elle, mais elle fait tout pour nous, elle pense à tout. Elle nous engueule toute la journée tout en étant persuadée que nous sommes les deux créatures les plus extraordinaires du monde. »

Samuel, étudiant, dix-neuf ans, estimait n'avoir jamais ni vu ni senti en quoi la sienne différait des autres mères.

« Sauf quand je suis parti pour la première fois en Grèce, à dix-sept ans : je l'avais tous les soirs au téléphone. Mes deux copains ont eu un appel pour savoir si tout allait bien et c'est tout. Elle s'inquiétait de savoir comment j'avais dormi, si j'avais bien mangé, si je ne mettais pas trop de beurre... Si je n'appelle pas, elle s'inquiète et me demande pourquoi je n'ai pas appelé. Je lui ai toujours connu cette curiosité de tous les instants, de tous nos gestes... En fait, si, c'est vrai, elle est plus présente, plus inquiète que les mères de mes copains. Je ne m'en plains pas. Je suis très complice avec elle. Quand j'arrive, je l'embrasse et, sans qu'elle me pose de questions, je lui raconte ce que j'ai fait. J'ai besoin de son aide, de son avis sur la façon dont je vais meubler mon

studio. Mon frère ne supporterait pas qu'elle s'en mêle. Elle n'essaie même pas. »

« Grâce à la mère juive, des légions de fils peuplent les cabinets des psys, enrichissent les pharmaciens en se bourrant d'antidépresseurs et encombrent les thalassos pour perdre les kilos gagnés par sa bonne cuisine mangée en famille. »

Paul Fuks, dramaturge

Elles rient entre elles de ce genre de « blagues juives » qui les agacent, à juste titre et dont il faut se méfier quand, au-delà de l'humour affectueux, elles tombent dans une forme sournoise d'antisémitisme et que le terme de « mère juive » devient synonyme de mère abusive. Elles ne se considèrent ni comme conformes à un modèle unique ni comme des caricatures. *« Mes fils ont vingt ans et plus, mais c'est vrai que je surveille encore ce qu'ils mangent, s'ils sont couverts quand il fait froid. »* À l'ère des enfants rois, elles ne sont certainement pas les seules. Refusant l'étiquette en ce qui les concerne, certaines l'utilisent volontiers pour décrire les autres.

« Elles sont très excessives dans ce qu'elles exigent. Elles veulent tout contrôler. Ce sont des mères "encapuchonnantes"... »

« Même actives, elles focalisent leur vie sur leurs enfants. La seule différence, c'est que les mères d'aujourd'hui font moins une fixation sur les fils. »

« J'en connais qui font encore le ménage chez leurs fils de trente ans et plus et qui remplissent leur frigo une fois par semaine, pour être sûres qu'ils mangent sainement. »

« C'est vrai qu'on les repère à cent mètres, évidemment par la fierté qu'elles ont de leurs fils – même si elles

exigent aussi beaucoup de leurs filles –, mais surtout par leur inquiétude. »

Les mères juives présentent cette caractéristique d'être plus inquiètes. On peut comprendre qu'elles mettent au monde des enfants plus exposés et de ce fait se révèlent plus protectrices. Le témoignage d'une mère ashkénaze souligne des différences de comportement que le cliché ignore :

« D'une part, la Shoah baigne dans l'inconscient de la mère ashkénaze plus que dans celui de la mère séfarade. La première a une vision d'identité meurtrie qu'elle va transmettre, celle d'un monde perdu ou, à la limite, d'assimilation culturelle brisée. La mère séfarade aura plutôt tendance à transmettre le vécu chaleureux, affectif, tribal qu'elle a elle-même connu. Actuellement, les angoisses de la mère séfarade portent beaucoup plus sur Israël, le retour de l'antisémitisme, la montée de l'intégrisme. Une mère ashkénaze sera un peu plus détachée parce qu'elle aura vu pire, historiquement. »

Le portrait que l'écrivain Rezvani dresse de sa mère est celui d'une femme que la vie a poussée à des comportements extrêmes. Une mère russe dont les origines juives ont marqué la vie d'un tragique absolu, qu'un homme a épousée pour la faire sortir des camps et qui est morte quand il avait neuf ans.

« Il lui avait fait un enfant, moi, puis, il était parti, nous abandonnant... Elle devait alors partir à sa recherche, le poursuivant, avec moi enfant, dans une sorte de haine frénétique... Elle m'aimait de façon cannibalesque, son amour était fou, celui d'une juive dévorante. Chaque fois qu'elle me reprenait d'une de ces pensions sans tendresse, elle se jetait littéralement sur

moi, ses baisers étaient tellement véhéments que je croyais recevoir des coups. J'étais sa seule raison de vivre, sa seule possibilité de survie. Elle voulait rattraper le temps perdu par des raccourcis de tendresse excessive, ses baisers, alors, auraient pu m'assommer[1]. »

Rezvani

Dans un tout autre contexte, les institutrices de maternelle insistent auprès des mères, de petits garçons en particulier, pour qu'elles attendent que leurs fils viennent vers elles à la sortie des classes et pour qu'elles ne se précipitent pas sur eux en les serrant dans leurs bras et les embrassant comme s'ils avaient couru les pires dangers en leur absence.

Minnie Marx a enfanté quatre fils, puis a créé les Marx Brothers pour la postérité. Volontaire, tenace, elle s'est battue toute sa vie, convaincue envers et contre tous du talent de ses fils et du fait qu'ils devaient être riches et célèbres. Elle a même inventé un rôle de muet pour son petit Adolph, particulièrement dépourvu de talent, lequel devint Harpo. « *C'est elle qui le fit pour nous. Elle fit ce miracle.* »

Feiga Chagall n'a jamais cru à la vocation de son fils. Pour le décourager, elle l'emmenait dans les musées : « *Tu vois bien, tu ne pourras jamais faire comme ça.* » Elle voulait qu'il soit comptable.

Henriette Marx ne cacha jamais à son fils combien il la décevait et en vint à lui couper les vivres. Lui avait honte du manque d'intellectualisme de sa mère et de leurs origines juives.

1. Marcel Bisiaux et Catherine Jajolet, *À ma mère : 50 écrivains parlent de leur mère*, Pierre Horay, 1980, p. 295.

Hurlante, inculte, la main leste, la mère de Woody Allen voulait que son « raté de fils » devienne pharmacien.

Pour sa mère, Marcel Proust a toujours eu quatre ans.

Ces exemples tirés du livre *Mères juives des hommes célèbres*[1] de Bruno Halioua prouvent, s'il en était besoin, qu'il y a autant de façons d'être une « mère juive » que de mères juives.

De même qu'il y a autant de façon d'être mère que d'enfants. *« J'ai eu quatre enfants*, disait Basia, *ce fut quatre enfants différents, quatre mères différentes. »*

Le face-à-face d'une mère et de son fils n'est plus implacable depuis longtemps. Le monde extérieur, et nous le verrons plus loin, entre très tôt dans cet étroit cercle de famille de plus en plus surveillé. Qualifier une situation de toxique, au lieu d'en signaler les dangers éventuels, induit une notion de fatalité qui ne peut que déresponsabiliser les mères face à un combat qui leur semble perdu d'avance.

1. Bibliophane, 2003.

IV

Les mères et l'adolescence de leurs fils

L'adolescence est l'une des phases les plus fécondes de l'existence. Une phase pendant laquelle les garçons sont vulnérables, pris dans un maelström d'émotions contradictoires, inquiets de leur avenir, obsédés par leur transformation physique, tourmentés par leur sexualité. Une phase pendant laquelle les mères souffrent des errements de leurs fils, qu'elles craignent irrémédiables et qu'on leur impute. Elles oscillent dangereusement entre un interventionnisme mal perçu, souvent violemment contesté, un laisser-faire qui leur laisse un arrière-goût de culpabilité, une conviction intime héritée des ancêtres qu'ils vont s'en tirer et le pressentiment qu'elles n'y peuvent pas grand-chose.

« Faute de père ou de modèle masculin, l'ado pense que le seul moyen de devenir un homme, c'est de s'opposer à sa mère et de ne rien faire de ce que fait une femme : ménage, cuisine, enfants. Pour résumer, puisqu'il n'a pas pu s'identifier positivement au père, il s'est identifié négativement à sa mère[1]*. »*

Valérie Colin-Maillard,
journaliste à Psychologies

1. Phrase trouvée sur Internet, citée par plusieurs femmes.

Il ne s'agit sans doute pas d'une attitude volontaire, simplement la mère en tant que femme leur apparaît comme dangereuse dans le cadre de leur processus d'identification. Ils traversent cette période pour se construire, les uns paisiblement, d'autres moins. Les mères la subissent de front et certaines s'y perdent. Des témoignages angoissés de leur part, frustrés de celle des adolescents, dépeignent une incompréhension mutuelle, une peur, une agressivité incontournable et les thèmes récurrents du machisme, d'un ostracisme social, du manque de sens de l'effort, ainsi que celui plus secret de la quête de la sexualité.

En dépit du regard critique, voire hostile, de la société et du constat quasi général que cette période est génératrice de conflits et de crises et de larmes, la situation est-elle aussi dramatique qu'elle le paraît ?

L'incompréhension

« Les douze premières années de la vie de Pierre furent une source d'enchantement et sa toute première lettre pour la fête des mères me rassura : "Maman je t'aime. Tu n'es pas si belle, mais je t'adore." Si Œdipe il y avait, il était lucide. Avec notre divorce et son entrée dans l'adolescence, l'année entre ses douze et treize ans marqua une brutale transition. Celle d'une adaptation à une vie à deux, matériellement plus difficile. Celle d'une mère tout à coup seule face à un adolescent qui rejetait le père et l'image masculine à laquelle il aurait dû s'identifier. Je souffrais d'autant plus de l'attitude de notre fils que j'entretenais à nouveau de bons rapports avec son père. Blessé, Pierre s'obstinait dans son refus, comme s'il avait une notion précise et innée du juste comportement paternel. "Tu es mon père, mais tu n'es pas un père", avait-il crié à cet homme qui répétait qu'il

était avant tout son ami, son copain. Mes journées de travail s'allongèrent, mes horaires devinrent irréguliers. La télévision et les copains prirent le pas. Il m'avait brusquement échappé et me tenait à distance. Depuis, je crois, l'apparition du premier poil, je ne l'ai jamais vu même se laver les dents.

Je n'ai pas l'impression d'avoir senti venir l'orage. La chambre de cet enfant sensible à l'ordre devint un taudis et il laissait tout traîner dans l'appartement. À l'école, il ne réussissait qu'à se mettre les professeurs à dos. Rebelle à toute manifestation d'autorité qu'il prenait pour une atteinte à sa personne, il était dans un déni systématique du monde des adultes. À la maison, j'étais sa seule cible. Il ne supportait aucune observation de ma part, aussi anodine fût-elle. On me répétait qu'il était "normal" et même "salutaire" qu'il rejette mon autorité puisque je n'étais... que sa mère chargée d'assurer le quotidien. Le père refusait d'intervenir : "Je le vois si peu, je ne suis pas là pour l'embêter." Ce fut un malaise profond. J'avais l'impression de m'agiter comme un bourdon autour de mon fils et que, dans la permanence de mes demandes et de mes observations, plus aucun mot n'avait d'importance. J'étais perdue, je cherchais moi aussi l'étendue et les limites de nos territoires respectifs.

Je pensais qu'une enfance heureuse lui donnerait des forces et je le trouvais sans combativité.

Combien de fois j'ai envié le balai des mères pygmées avec lequel elles poussaient leurs fils hors de leurs cases pour qu'ils deviennent des hommes... J'avais beaucoup lu sur les premiers pas et sur l'adolescence. La surinformation qui mène à la confusion est aussi dangereuse que peut l'être une mauvaise interprétation des textes. On me disait que le désordre de sa chambre concordait avec celui de l'adolescence et qu'il fallait laisser faire. On me conseillait d'être ferme. Entre les multiples et différentes théories souvent contradictoires, j'en trouvais toujours une qui me confortait dans mon attitude. Je lisais que l'idolâtrie était un mauvais traitement. Je retenais que l'on n'aimait jamais trop. J'avais l'impression de naviguer à tâtons face à un adolescent indéchiffrable qui n'avait plus aucun rapport avec l'enfant délicieux qu'il avait été. Mon petit garçon blond, câlin et gai était devenu un grand adolescent brun à l'œil sombre. »

À l'instar de cette mère de la 2e génération, les mères décontenancées parlent d'incompréhension face au changement brutal de leurs fils à un âge où elles les croyaient encore petits. Il est vrai que leur puberté est plus violente que celle de leurs sœurs. En quelques mois, leur flux de testostérone peut être multiplié par dix ou douze, alors que la production d'oestradiol et de progestérone s'étale sur deux ou trois ans chez les filles. Les mères se sentent le plus souvent en porte-à-faux vis-à-vis d'eux, d'elles-mêmes et du regard extérieur. Les générations précédentes n'échappaient pas aux conflits de cette phase. Celle-ci était simplement plus brève et l'écart entre le monde des parents et celui des enfants évitait bien des confrontations.

Les fils aussi ont l'impression que leur mère a changé, qu'elle ne les comprend pas, comme l'écrivait déjà Baudelaire :

« *Je crois que tu m'aimes passionnément ; avec un esprit aveugle, tu as le caractère si grand ! Moi je t'ai aimée passionnément dans mon enfance ; plus tard, sous la pression de tes injustices, je t'ai manqué de respect, comme si une injustice maternelle pouvait autoriser un manque de respect filial ; je m'en suis repenti souvent, quoique, selon mon habitude, je n'en aie rien dit. Je ne suis plus l'enfant ingrat et violent*[1]. »

Charles Baudelaire,
à l'âge de quarante ans.

Mères et fils se révoltent contre un consensus général selon lequel la partie serait « pourrie d'avance. » Ils refusent qu'il y ait prescription, même en cas d'enfance difficile ou d'enfance trop choyée, arguant que chacun peut modeler son enfance en fonction de ses forces, de sa volonté, de sa personnalité. Espérant jusqu'au bout que chacun y parviendra, ce qui arrive le plus souvent.

Le manque de repères

Certes, les adolescents d'aujourd'hui ont besoin de transgression comme ceux des générations précédentes, mais nous avons perdu quelques années d'enfance. Dès onze ou douze ans, et parfois bien avant, ils se conduisent comme leurs aînés à seize ans, beaucoup trop jeunes pour estimer les dangers et les risques de leur comportement, leurs faits et méfaits dépassant une force et une lucidité qu'ils n'ont pas eu la possibilité et le temps de développer.

Au cours d'une interview, le docteur Serge Tisseron, psychanalyste, impute cette difficulté croissante des adolescents au manque de rites dans la vie des garçons.

« *Les filles sont introduites aux différents changements par une horloge biologique qui se révèle structurante dans la mesure où elle leur donne des repères autour desquels organiser leur identité. Règles, poussée des seins, depuis toujours les filles passent le cap de la*

---

1. *Ma chère Maman..., de Baudelaire à Saint-Exupéry, des lettres d'écrivains*, Gallimard, 2002, p. 15.

puberté en devenant des femmes. Dès qu'elles ont leurs règles, elles savent qu'elles peuvent enfanter et elles se posent déjà la question de savoir comment elles élèveraient leur bébé. Elles prennent l'amour, leurs études plus au sérieux. Dans les cultures traditionnelles, la vie des garçons était, par compensation, ponctuée de rituels de passages imposés par des adultes masculins. Des passages tangibles qui s'accompagnaient en général de douleurs, d'un marquage physique, de rites de scarifications.

De tels rituels leur permettaient de savoir qu'ils intégraient la classe des adultes. Nos adolescents manquent de repères. Le dernier en date était le conseil de révision, le service militaire, puis les trois jours. C'est ainsi qu'aujourd'hui nombre d'entre eux s'inventent des rituels de passage – escalader une façade d'immeuble, boire une bouteille d'alcool en dix minutes, voler ou brûler des voitures, conduire sans permis, marcher sur la bande d'arrêt d'urgence d'une autoroute en pleine nuit, fumer du haschich... – qui leur donnent l'illusion d'être des grands. »

Le principe du manque de repères est contesté, surtout par les adolescents. Bien sûr, ils ne font plus de service militaire, repère viril très symbolique, mais entre premières érections, éjaculation, barbe, achat de rasoir, pilosité, voix qui mue, ils estiment leur puberté également jalonnée. Il est vrai cependant que les rites culturels étaient socialement, parfois physiquement très marqués et vécus comme une fête, une célébration de la fierté de grandir, de franchir une étape ainsi clairement définie.

Les lois et désarrois du monde, la société, mais aussi la technologie agissent sur le psychisme. Nos adolescents se génèrent en tant qu'hommes à partir de ce qu'on leur offre.

Le machisme

Il en va de la responsabilité de tous de prêter attention aux mots que l'on emploie et aux images qu'ils véhiculent. On continue de dire de quelqu'un qu'il *« a des couilles »* comme s'il était prouvé que le courage n'appartient qu'aux hommes. *« Les hommes sont tous des salauds »*, *« Les femmes sont toutes des putes… sauf ma mère »*, etc. Ces automatismes du langage, véritables abus de la pensée, minorent chez les êtres la responsabilité de leur conduite. Les uns se sentent disculpés : quelle honte y aurait-il à être un salaud si ce caractère est inhérent à la condition masculine ? Les autres se dispensent d'analyser la cause de ce qu'elles affirment, de se demander pourquoi elles ne rencontrent que des salauds.

Peu d'écrivains ou de journalistes luttent contre la propagation des poncifs ou se donnent pour visée d'aider les hommes à en prendre conscience.

« La montée en puissance des femmes nous a tous déstabilisés », remarque Michel Field, qui évoque ensuite *« l'incapacité des hommes à maîtriser le rapport aux femmes dans l'espace public. Comment approche-t-on une femme dans le travail ? Ces femmes qui ont leur autonomie, leur sens critique, mais qui continuent à être objets de désir ? Jusqu'où ose-t-on ? Où commence le harcèlement ?… jusqu'à dire que les jeunes gens basculent vers l'homosexualité "par peur de la rencontre avec l'altérité, la femme [1]" »*.

---

1. Michel Field, *Paris Match*, n° 2803, 6 décembre 2003.

Même un journaliste diplômé de philosophie n'échappe pas au danger des idées reçues. Il faut avoir peu circulé dans différents lieux de travail pour parler des femmes en général « dans l'espace public » en tant qu'« objets de désir ». On approche postiers, PDG, médecins ou charcutiers en fonction de leurs compétences ou de la qualité de leurs services avant tout, et lier l'homosexualité à « la peur de la rencontre avec... la femme » pérennise une notion aussi infondée que rétrograde.

Les généralisations sont des projections meurtrières, réductrices et, hélas, prégnantes. C'est souvent par ce biais que des mères des 2e et 3e générations détectent avec malaise le machisme de leurs fils, et cela dès la maternelle. L'idée qu'elles se font d'elles-mêmes et de l'éducation qu'elles leur donnent ne correspond pas à la permanence de ce travers. Chez le jeune enfant, beaucoup repose « logiquement » sur une perception visuelle. Pour le petit garçon, c'est évident, il a un sexe qui se voit, il est donc plus complet que les filles, supérieur à elles qui n'ont rien de visible. Les adolescents sont soumis à la compétition par rapport aux filles sans avoir la même maturité qu'elles, sans être convaincus de l'importance des études. Ceux qui veulent prouver leur virilité, se rassurer à moindre frais, parlent fort, provoquent.

« *Ils vont là où les filles ne vont pas,* se plaint Sylvie, vingt ans. *C'est vrai qu'en général on les écoute plus, mais ce n'est pas parce qu'ils sont plus intéressants, c'est parce qu'ils ont une plus grosse voix, qui porte mieux... Dans la rue, ou dans le métro, ils nous regardent comme un bout de chair fraîche qui passe... Ce sont des regards qui me dégoûtent, même si on a l'impression qu'ils veulent cacher qu'ils sont mal dans leur peau. La plupart du temps, ils s'expriment plus physiquement que nous. Nous sommes plus verbales et ça les exaspère.* »

Ils se montrent alors agressifs comme s'ils avaient besoin d'effrayer, d'affaiblir pour exister. Les enseignants le confirment : « *Quand ça ne va pas, ils capitulent ou jouent alors sur un autre registre, prétendu très viril, avec une perversion du terme.* »

Dès onze, douze ou treize ans, troublés par leur poussée d'hormones, ils rêvent de sexe à travers la télé, le cinéma, les BD, les jeux vidéo, à un âge où ils n'ont pas encore les moyens de leurs désirs. Les filles sont moins gauches. De plus en plus jeunes, elles copient les mannequins, se maquillent. Portant mini-jupes et pulls courts, elles exposent leur corps. Elles paraissent très libres aux garçons de leur âge qui les regardent bouche bée, sans toujours pouvoir ou oser les toucher. Par besoin de compensation, quelques-uns les agressent, les insultent, mais elles ne se laissent plus faire. Ils sont confrontés à des spectacles audiovisuels qui offrent l'image d'une supériorité de mâles qu'il leur est, dans la vie quotidienne, de plus en plus difficile à faire valoir. Ces sentiments de frustration développent une certaine agressivité à l'égard des filles et des mères, lesquelles comprennent qu'ils commencent à avoir des relations sexuelles satisfaisantes lorsqu'ils se comportent de façon moins provocatrice avec elles.

Mère d'un adolescent de dix-huit ans, la journaliste Michèle Fitoussi évoque, au cours de l'enquête, les problèmes que peut causer une remise en question non aboutie.

« Actuellement, en 2004, on découvre un machisme général des garçons de treize à quinze ans, même chez ceux qui sont élevés par des mères féministes. Il y a une régression. Je suis assez découragée. Si les garçons sont peut-être bluffés par des mères qui travaillent, ça ne les rassure pas sur ce qu'ils sont, sur ce qu'ils doivent être, d'autant plus qu'il y a de nombreuses familles dont les pères sont absents. C'est compliqué. On a beau essayer de leur donner certaines valeurs de tolérance, de respect de l'autre, de courtoisie, j'ignore comment ils vivront leurs relations. »

Une société qui véhicule une image dévalorisante de la femme porte atteinte à la formation de garçons qui prennent l'agressivité pour de la virilité et qui finissent par confondre rébellion et maturité.

Nés dans les banlieues, dans les quartiers bourgeois, Français de souche, naturalisés, immigrés, nos fils se côtoient, s'influencent, écoutent la même musique, citent les mêmes paroles. Le rap qui, pourtant, célèbre aussi les mères, scande des paroles outrageuses et misogynes. À travers les classes sociales, ils fredonnent : *« Allez viens que je roue ton corps de femelle de coups. »* Plusieurs chanteurs, dont Joey Starr, rappeur français, ont été mis en examen et condamnés pour violence envers leurs compagnes.

Le trouble des uns déstabilise aussi les autres. L'impact des médias fait que nous assistons en direct à la fureur contre l'émancipation des femmes de la part de ceux qui craignent que leurs jours de seigneurs ne soient comptés. Là où les hommes stagnent sur le plan économique, la frustration, l'anxiété se transforment en agressivité et ils se vengent sur les plus faibles : les femmes, encore plus brimées qu'eux. Séparés dès l'enfance, les deux sexes, l'un comme l'autre victimes des dérives de l'intégrisme, ont peu de chance d'apprendre à se connaître, le cloisonnement de leur vie ne laissant pas moins les pulsions sexuelles intactes. De part et d'autre, les rencontres sont faussées, frustrantes, maladroites ou violentes. C'est ainsi que l'on fabrique ce que l'anthropologue et islamologue Malek Chebel appelle « des attardés affectifs ». Des mères émigrées de la 1re ou de la 2e génération témoignent d'un grand isolement, d'une profonde détresse. Leurs fils leur échappent très tôt. Ils vivent hors de leur contrôle dans une société qui leur est étrangère. Ils ne parlent pas la même langue. Pour eux disparaît la notion de langue maternelle.

Nos fils fréquentent les mêmes écoles, suivent les mêmes programmes. Lors des manifestations encadrées et pacifiques des jeunes qui veulent s'insérer dans le monde du travail, c'est par d'autres jeunes que ceux-ci se font racketter et tabasser. Des mères retirent leurs fils des lycées locaux et les éloignent dans des écoles privées, bien qu'elles doutent de plus en plus que cette géographie de la violence soit cantonnée aux banlieues et à certaines classes sociales. Nos fils, quel que soit le quartier, écoles privées ou publiques, sont depuis quelques années, dès le collège, confrontés à la violence, au racket, à la drogue.

Dans sa *Psychanalyse des contes de fées* publiée pour la première fois en 1976 [1], Bruno Bettelheim a montré l'intégration des modèles par les contes et les comptines. Ceux qui appartiennent au passé ne changeront pas. Les garçons y resteront de valeureux princes charmants, l'unique possibilité de salut d'une belle et douce jeune fille soumise. Les hommes sont forts. Ce sont des héros. Seules les femmes sont des marâtres ou des

1. Robert Laffont, 1976, trad. de Théo Carlier ; Pocket, 1999.

sorcières. Même les ogres sont de bons gros méchants puisqu'ils gobent les enfants sans les mâcher. Les nouveaux conteurs se montrent hélas peu concernés par leur influence sur la représentation de l'identité masculine. Combien de cinéastes, et pas seulement dans les superproductions hollywoodiennes, véhiculent une image dévastatrice de l'homme ? justiciers prêts à anéantir la planète, êtres primaires, dépourvus de surmoi, dealers, proxénètes, voleurs, violeurs, assassins... Les mères doivent composer avec cet environnement réel et médiatique de violence dans lequel grandissent leurs fils.

Même les femmes qui ont souffert du machisme de leur conjoint, au point parfois de provoquer la rupture de leur couple, s'interdisent le plus souvent de corriger le travers paternel développé par leur fils, de peur de le couper encore plus de son père ou qu'on ne leur fasse un procès d'intention.

« *Il m'irrite,* se désole une mère de la génération n° 2, *mais je n'ose pas intervenir pour ne pas le monter contre son père, pour respecter sa personnalité, pour ne pas lui "couper les couilles". Quand nous prenons notre petit déjeuner sur le balcon, je lui demande d'apporter et de débarrasser son plateau. Il le prend mal, comme le faisait son père. Je me sens un peu coupable du fait que je vis seule avec lui et qu'il y a des choses que seul un père peut apprendre à son fils... Je ne sais d'ailleurs pas très bien ce que le sien lui apprend...* »

Certaines mères réagissent avec humour et se moquent du machisme de leur fils, d'autres se mettent en colère. Elles apprennent à leurs filles à ne pas se sentir concernées ni par les regards ni par les remarques agressives. C'est aussi l'attention que l'on porte aux machos qui leur permet de continuer à jouer bêtement au plus fort. De nombreuses mères le considèrent comme une simple étape dans la vie de leur fils. Il n'y a pas lieu de s'inquiéter tant que cette phase reste liée à l'immaturité du jeune garçon qui croit comporter en adulte. Une mère qui n'est pas en compétition avec le regard d'un homme un tant soit peu machiste à la maison peut plus facilement faire comprendre à son fils qu'il n'y a pas de sentiments exclusivement masculins ou féminins, que la tendresse, les larmes coexistent aussi avec la virilité. « *Là, peut-être que j'ai eu un peu d'influence sur lui en lui faisant accepter que les larmes puissent exprimer un sentiment fort chez un garçon.* »

« *Je pense que chaque sexe étant plus avancé dans son introspection, et acceptant plus aisément sa double identité psychique, il peut valoriser l'autre sexe sans danger pour sa propre image*[1]. »

Catherine Serrurier, psychothérapeute

Les ados, eux, minimisent le phénomène : « *Quand on joue aux machos, c'est entre nous. On ne l'est pas vraiment. On se plaît ou on ne se plaît pas, simplement on ne se fait plus la cour.* »

S'ils admettent que leurs conversations entre eux sont plutôt misogynes, ils assurent que ce mépris affiché disparaît dès qu'ils sont avec une fille. Dans leur monde scolaire et universitaire, ils constatent peu de discrimination. En règle générale, ils voient leur avenir avec une femme qui sera leur égale. Ils conçoivent qu'elles aussi ont un sexe, certes différent du leur.

1. Catherine Serrurier, *Ces femmes qui en font trop*, La Martinière, 2003, p. 186.

Mais il existe un autre danger, d'ordre plus social, quand, cautionnés par la dramatisation de leur statut d'adolescent, ceux qui deviennent réfractaires à toute autorité ont, au-delà de tout machisme, du mal à accepter la sanction d'une loi qu'ils croient pouvoir ignorer.

La violence

Plusieurs mères ont abordé le sujet douloureux de la violence verbale ou psychologique – menaces, chantage, dénigrement – et des sentiments de peur qu'elles ressentent devant ces enfants de taille adulte qui les dépassent largement. Trois seulement ont cité des violences physiques.

Un père, le prototype du « *soixante-huitard attardé* », a quitté la maison du jour au lendemain pour suivre une jeune femme rencontrée au cinéma. C'est à la mère « *qui l'a fait fuir* » que le fils en veut et il justifie ses incartades par le divorce de ses parents. Il avait dix ans au moment de la séparation. Petit garçon charmant, il a adopté dès l'âge de treize ans un comportement violent envers sa mère chez qui il vit. Violence verbale aussi bien que physique.

« *Dès que j'interviens, pour des vétilles, des observations banales, il hurle et me casse la figure. C'était un enfant paisible, il est devenu un adolescent violent qui ne supporte aucune remarque, aucune manifestation d'autorité. Le plus étonnant est que, de sa propre initiative, il va à la messe tous les jours. Comment vit-il cette contradiction ? Je n'en sais rien. Je ne peux pas, je n'ose pas lui parler de quoi que ce soit de peur de provoquer un conflit immédiat.*

« En désespoir de cause, je suis allée consulter pour la première et la seule fois de ma vie. Cette psychothérapeute m'a consternée. Mon fils était un monstre, elle n'avait jamais vu de cas pareil, aussi extrême, exceptionnel, et elle m'a conseillé de le laisser faire puisque c'était sa façon de s'exprimer...

Son père se refusait à toute autorité. Moi, je lui ai beaucoup donné, sans doute trop. Il considère que tout lui est dû. Il ne veut pas se faire aider puisqu'il estime que le problème vient de moi et pas de lui. »

Prise dans ce triangle implacable, cette mère n'avait plus osé se confier à quiconque. Elle fut soulagée d'apprendre qu'elle n'était pas la seule mère battue et que des pères l'étaient aussi. La trêve vient d'arriver, après cinq années d'angoisse. Le fils a lui-même demandé à être inscrit dans une école située à deux cents kilomètres de la maison.

Une infirmière de cinquante-cinq ans a supporté des années d'un cauchemar analogue.

« Je vivais comme une ombre à la maison, de peur de provoquer sa fureur. J'ai tout essayé, la compréhension, la menace d'appeler les flics. En vain. Le jour de ses dix-huit ans, je lui ai envoyé un recommandé avec accusé de réception, l'avertissant que je quittais l'appartement, que je m'installais ailleurs, que je me bornerais à assurer le minimum vital pour qu'il puisse faire ses études. Il a hurlé, m'a donné un coup de poing, je me suis enfuie. Je suis revenue au bout de deux jours et j'ai continué de raser les murs. Les coups ont cessé, pas la violence verbale. Cet élève moyen qui "peut mieux faire" a surpris tout le monde en obtenant son bac avec mention « Bien ». Il est en deuxième année de prépa HEC. Nous

n'en avons jamais parlé. Il habite toujours à la maison, ce qui m'arrange financièrement, le père m'octroyant 150 euros par mois de pension alimentaire. Ses études l'accaparent, il n'y a plus de conflit, plus de violence, rien d'autre non plus, le désert. C'est comme s'il avait eu pendant quatre ans une poussée d'hormones incontrôlable. »

« *J'ai fait le dos rond pendant quatre ans*, avoue une autre mère. *Je travaillais, je sortais, je l'évitais, je me protégeais. Il ne me frappait pas, il jetait tout ce qu'il avait sous la main en hurlant. J'ai attendu que ça passe, et c'est passé. Il ne va maintenant ni mieux ni plus mal que les fils de mes amies qui se sont démolies à essayer de garder le contrôle.* »

Bien que prêtes à se remettre en question, ces mères ont la sensation de se retrouver, quelles qu'en soient les raisons qu'elles subodorent multiples, face à des adolescents incapables de se maîtriser. Elles se demandent si l'adolescent en crise est « *contrôlable* ». « *Il était en pleine effervescence, en pleine confusion, il me donnait l'impression d'être incapable de se calmer et d'écouter.* » Certaines, qui estiment avoir tout essayé, finissent par attendre que la crise passe, en « *rasant les murs* ». Le fils de dix-sept ans qui va à la messe tous les jours se sent-il « possédé » ?

Lorsque le père s'interpose, les mères ne sont pas battues.

« *Mon mari est de nature calme. Il intervient peu et préfère laisser à chacun le temps de régler ses problèmes. Notre deuxième fils a toujours été turbulent. Il est violent depuis le début de son adolescence. Un jour de conflit à propos de son travail scolaire, il m'a jeté ses livres et ses cahiers à la tête. Quand il a vu ma joue enflée et ma lèvre tuméfiée, mon mari – ils ont la même taille – l'a emmené dans sa chambre. Je ne sais pas ce qui s'est passé. "C'est entre nous", m'a t-il dit. Notre fils n'a plus jamais recommencé. Il crie, mais il ne me touche pas. »*

Des études socio-psychologiques indiquent que 3,4 % des garçons agressent leurs parents, père et mère. Quel que soit le milieu social ou culturel, le dénominateur commun reste la défaillance du père. Certaines mères la surmontent.

« Lorsque mon fils a commencé à se montrer violent, je lui ai dit que je refusais d'être insultée, que je ne permettais à personne de me parler de cette façon, pas plus à lui qu'à d'autres, et je quittais la pièce s'il n'en tenait pas compte. Je m'enfermais dans ma chambre pour qu'il ne me voie pas pleurer. Je me rappelais cette phrase : "Et le combat cessa faute de combattant", mais nous n'avions pour ainsi dire plus aucune relation. »

La majorité des adolescents maîtrisent leur violence, mais certaines mères ressentent qu'*« elle est en eux »*, même si leur taux de testostérone n'explique pas tout.

« Un jour, il avait quatorze ans, je sais qu'il a lu la peur dans mes yeux. Je lui ai dit que, s'il me touchait, il ne me reverrait plus jamais. J'étais déterminée, en un éclair j'ai envisagé la pension, de l'envoyer chez son père, de nommer un tuteur... Comment me serais-je comportée s'il m'avait frappée ? Je n'en sais rien, il ne l'a jamais fait. »

Sans qu'il s'agisse de situations familiales ou sociales perturbantes, le face-à-face d'une mère avec son garçon rêvé, gavé d'attentions, protégé parfois jusqu'à être étouffé, tend à provoquer chez l'adolescent une rébellion teintée d'une violence proportionnelle à l'amour qu'il ressent pour cette mère trop dévouée afin de lui échapper. Elles ont honte, honte de leurs fils, honte de leur propre échec et osent rarement en parler, rarement demander de l'aide et rechercher des mots qui leur permettraient peut-être de ne pas s'enfermer dans la spirale de la violence.

Les adolescents ne s'en vantent pas entre eux. Aucun n'avait d'exemple à donner, à part le fils de Michèle qui admettait *« avoir envie de taper sur sa mère pour la faire taire »*. Aucun n'a mentionné le problème ni reconnu qu'il pouvait concerner l'un des leurs.

Les mères, qui ont compris que l'adolescence est une période d'insécurité interne, essaient de replacer l'agressivité de leur fils dans la perspective de sa maturation, comme l'indique celle-ci, de la 2e génération : *« Il faut avoir une grande générosité vis-à-vis de nos fils, suffisamment pour les laisser tracer leur propre route, parce que c'est très difficile pour eux. Il est aujourd'hui plus difficile pour un garçon d'être un garçon que pour une fille d'être une fille. »*

On les rassurera peut-être en rappelant que la partie du cerveau qui gère la responsabilité et le contrôle des pulsions n'est pas parvenue à maturité chez les adolescents. Les neurones que l'on croyait adultes à la puberté subissent en fait une grande restructuration jusqu'à vingt-cinq ans. Reste également que, si certains meurent, d'autres se reproduisent.

La notion d'adolescence, relativement récente, très étudiée, reste une donnée à durée variable. Il devient difficile de se contenter de la définition anglo-saxonne des années « *teen* » – de « *thirteen à nineteen* » – qui recoupait celle des médecins. D'après une récente publication de l'OMS, elle commence à dix ans et se termine à vingt-cinq. D'après certaines mères, elle prend fin vers trente ans ou quand ils se marient, et parfois jamais. Plus généralement : « *Entre la dernière fois où il est venu dans mes bras et la première fois où il m'a prise dans les siens.* » L'adolescence des garçons, quel qu'en soit l'âge précis, relève de la puberté, des transformations physiologiques et psychologiques qui l'accompagnent. L'adolescent, comme il le faisait bébé, apprend à connaître son corps, et le développement de sa sexualité qui rejoint celui de sa maturité est un domaine auquel la mère n'a pas accès.

La sexualité : le point faible des mères dans l'éducation des ados

Les ados parlent d'autant moins de sexualité avec leur mère que la leur les angoisse et qu'ils ont honte du moindre problème éventuel. Celles-ci n'osent pas aborder le sujet, persuadées qu'il faudrait parler de sexe et que c'est le rôle du père ou d'un homme, alors qu'il est plus important encore de parler de relations, du respect de l'autre, de la notion d'engagement, de responsabilité, et que cela, elles sauraient le faire.

« *En ce moment, il est en pleine rupture amoureuse. Rétrospectivement, je me rends compte que je l'ai élevé de mon point de vue de femme, en cherchant à prévenir tout comportement macho, papillonneur. Je connais la souffrance d'une femme qui vit avec un homme qui la méprise, et je n'avais pas envie qu'il soit un salaud. Je vois à quel point je pourrais l'aider... Bien que je doive avouer que le fait que ce soit sa copine qui ait rompu m'a étonnée. Je n'imaginais pas qu'il puisse se faire quitter. Nous ne parlons pas de sexualité mais, là, je pourrais lui expliquer ce que c'est qu'une femme. »*

À vrai dire, de quelle femme lui aurait-elle parlé ? Contraception, sida, test de paternité, la sexualité évolue dans un domaine étranger à celui de l'adolescence des mères des 1re et 2e générations. Les fils leur contestent toute compétence en la matière et cherchent conseils et information auprès de leurs pairs et dans leur univers. Cinéma, télévision, magazines, Internet, ils ont libre accès à une vaste information sur le sujet. Elles ne peuvent pas vérifier s'ils comprennent que la sexualité n'est pas un simple besoin. Elles respectent leur pudeur, elles voudraient s'assurer qu'ils se protègent. Il n'est pas sûr qu'il faille s'alarmer, il est certain qu'il ne faut pas insister.

Celles qui ne veulent pas que leur fils « *confonde sa femme avec l'ensemble de ses biens personnels* », comme le dit la romancière Stéphanie Janicot, en ont parlé avec lui avant sa puberté, espérant qu'il lui en resterait quelque chose. Très intéressés par la question quand ils étaient petits, les ados ne veulent tout à coup plus rien entendre. Aux moments des premiers émois, il est déjà trop tard, comme l'estime Sophie, une mère au foyer de la 2e génération.

« Nous avons beaucoup parlé pendant sa grande enfance, comme si je pressentais déjà qu'ensuite il serait trop tard. Il y a pourtant des choses que je voudrais lui redire. Entre autres, que les entités "les hommes" et "les femmes" n'existent pas. Qu'il y a des relations singulières, une personne différente, un nouveau monde à découvrir à chaque rencontre. Je voudrais lui parler du bonheur des relations, du sens de la responsabilité, du

respect des sentiments de l'autre. Je voudrais qu'il entende que les différentes générations, les hommes et les femmes n'ont pas à être ennemis. En a-t-il besoin ? Qu'en retiendrait-il, lui que j'exaspère si vite ? »

Au détriment d'une évaluation lucide de la juste valeur de leurs fils, les mères des générations précédentes partageaient la conviction que leurs « trésors » se faisaient piéger par les femmes. Leurs filles s'inquiètent de ce que leurs garçons, test ADN à l'appui, aient à prendre en charge une paternité qu'ils n'auraient pas souhaitée. La contraception, l'indépendance financière, le statut des femmes inverseraient la situation. Notaires et avocats le remarquent : ce sont, depuis une quinzaine d'années, les hommes qui demandent en mariage et les femmes qui demandent le divorce. On enregistre une plus grande fréquence de suicide ou de mort naturelle après un divorce ou un veuvage chez les hommes que chez les femmes. On estime que 30 % des filles nées en 1965 et après ne se marieront jamais contre 7 % dans les années 40 [1]. Continuer d'élever un garçon dans la conviction qu'il est un objet de convoitise est lui jouer un mauvais tour. Les jeunes femmes actives et indépendantes n'hésitent plus à rompre si le mariage devient contraignant.

À vingt ans, vingt-cinq ans, ils sont nombreux à vivre en couple, parfois depuis des années. Bien qu'autour d'eux certains commencent à divorcer, ils en parlent comme d'une chose qu'ils souhaitent éviter. Ils sont plus sages, comme le remarque Ngiraan, dix-sept ans :

1. Pascale Wattier, Olivier Picard, *Mariage, sexe et tradition*, Plon, 2002, p. 10.

« On est sans doute plus moraux que l'étaient nos pères. Ils pouvaient faire les fous. Le sida peut-être, la paternité... on reste dans des relations assez conservatrices. On papillonne peu. »

Différentes études et enquêtes de journalistes le confirment.

« À 64 %, les dix-huit/vingt-quatre ans sont persuadés qu'ils vivront une seule histoire d'amour, pour toujours. [...] C'est l'ambition d'une génération sage, marquée par le divorce et par le chômage des parents, et qui aspire à la stabilité sentimentale et professionnelle... Le couple stable a repris des couleurs dans l'échelle des valeurs parce qu'il est perçu comme la meilleure prévention contre le sida[1]*. »*

Le sociologue Robert Ebguy constate lui aussi que les vingt-cinq/trente ans jouent à fond le jeu du partage et de l'égalité.

« Les jeunes sont aujourd'hui les défenseurs les plus acharnés d'une fidélité absolue. 74 % des dix-huit/vingt-quatre ans et 70 % des vingt-cinq/trente-quatre ans se disent choqués si quelqu'un de leur entourage trompe son conjoint... Fidélité et intimité sentimentale sont indissociablement liées[2]*. »*

La fidélité n'est pas une vertu sociale comme le courage. Elle est à la fois un besoin et un désir, ainsi que l'explique le philosophe Alain Etchegoyen. Peur du sida ? Sagesse ? Avec l'accroissement de la longévité, elle rend la notion de continuité plus aléatoire. Les

1. *Ibidem*, p. 106.
2. *Ibidem*, p. 385.

jeunes mariés divorcent aussi. Ils veulent être fidèles. Ils le sont, parfois successivement, à plusieurs reprises.

Bien que tout ne soit pas du ressort des mères, il est de leur domaine de respecter leurs fils en respectant les pères. La reconnaissance de l'amour qu'elles ont éprouvé pour lui, même s'ils sont séparés, la qualité de l'attention qu'elle porte aux hommes, aux amis du fils et à leurs amies, font partie intégrante de l'éducation sentimentale des garçons.

Un autre aspect du comportement des adolescents d'aujourd'hui, et pour lequel elles ne nient pas leur part de responsabilité, est celui d'un défaut du sens de l'effort.

Le sens de l'effort en question

« Les adolescents d'aujourd'hui – surtout les garçons que l'on considère comme plus fragiles –, on les rend immatures plus longtemps parce qu'on leur donne moins de responsabilités, qu'on a tendance à trop les protéger et qu'on est prêt à excuser tellement de choses... Notamment le manque d'effort dans presque tous les domaines. Ce n'est pas 68, c'est après. Je vois nettement la différence entre mes grands enfants d'un premier mariage et mes deux fils de quatorze et quinze ans. On n'est plus dans un rapport de responsabilité, donc la relation n'est plus la même. Du coup, on s'ennuie avec eux, alors que ce n'était pas ennuyeux d'élever des enfants avec qui l'on pouvait avoir de vraies discussions. Évidemment, ça a un revers, on peut dire qu'on les élevait comme s'ils étaient adultes et qu'on ne préservait pas assez leur enfance, mais maintenant c'est tellement le contraire qu'on les garde enfants jusqu'à quarante ans. »

Anne, une mère de la 2e génération

C'est au moment de l'adolescence, quand leurs fils peinent à se prendre en main et qu'elles découvrent leur manque de confiance en eux, que les mères, comme cette enseignante de la 2e génération, comprennent leurs carences éducatives. Les plus lucides énoncent *a posteriori* les raisons de leur indulgence envers leurs fils : le pouvoir de séduction, la peur de casser leur confiance en eux, de briser leur virilité, la peur qu'ils ne les aiment plus, leur peine de les voir pleurer, puis la conviction invalidante qu'ils ne peuvent que les affronter, puisqu'elles sont des femmes et qu'ils doivent devenir des hommes... D'autres s'étonnent : « *Ce n'est pas l'enfant que j'ai élevé !* » Elles leur ont donné tant d'amour qu'elles ont occulté la part éducative de leur mission de mères. Cet enfant est bien celui qu'elles ont élevé, avec les meilleures intentions du monde. C'est ce que raconte Mathilde, une mère de la 2e génération.

« *De l'avoir enfin accepté autre m'a donné confiance en lui. J'ai eu alors l'impression de devenir une mère adulte. J'avais enfin compris et accepté que mon fils n'était pas le fruit de mon imaginaire, mais un être différent qui avait tout à apprendre de la vie et qui demandait plus que de l'amour. J'ai mis quinze ans à saisir ce que personne ne m'avait jamais caché. Il me parle parfois de problèmes à l'école ou d'ordre général. Ces instants sont rares, initiés par lui et relèvent de sa seule commande. Ce que je dis ou ce que je propose, continue d'être suspect. On me répète qu'il a besoin de s'opposer pour se construire. C'est contre moi qu'il peut le faire. J'accepte, je sers aussi à ça. Tant que j'avais le sentiment de ne pas être à la hauteur, j'en déduisais qu'il ne pouvait pas l'être non plus. Pourtant, même depuis cette prise de conscience, je trouve rarement les mots ou l'attitude qui convient. Ce que je crains, et là, je plaide coupable, c'est d'avoir gavé mon fils. Gavé d'attentions, d'amour, de présence. En voulant lui offrir le monde, je lui ai peut-être appris la nonchalance et le dilettantisme. "À trois ans, disait Françoise Dolto, les enfants sont saturés de leur rapport à leur mère." C'est sans doute pourquoi il m'a, un jour, demandé où j'étais pendant son enfance. Il ne conservait aucun souvenir de moi. J'ai alors pensé que je ne lui avais jamais manqué. Il digère lentement son enfance, comme le boa repu du* Petit Prince *qui ingurgite un éléphant.* »

« *Mon fils n'a jamais manqué de rien !* », « *J'ai toujours fait attention à ce qu'il ait pareil que les autres.* » Ces phrases, prononcées avec fierté par des mères à l'enfance démunie pour cause de guerre ou parce que nées avant le prodigieux bond économique issu des années 50, leur donnent des remords. Quel que soit leur niveau économico-social – ce n'est plus l'apanage des classes aisées – elles donnent beaucoup, ce qui n'a rien de répréhensible, mais avant ou sans que les fils le désirent, ce qui est plus grave. Une enfance trop protégée pèse lourdement sur ces garçons qui n'osent pas s'en détacher et prendre leur vie en main. Comme Mathilde, la majorité des mères de la 2e génération découvre combien l'insertion de leurs fils dans le monde des adultes est dure, sans rapport avec l'enfance qu'elle leur a offerte. « *Je crois que c'est le grand ratage de notre génération* », se désole Hélène.

« *Je reconnais*, avoue une autre de ces mères, *que j'ai été beaucoup trop cool dans son enfance. En général, et en ce qui concerne sa scolarité en particulier. Il me paraissait tellement génial que je me disais que, s'il ne travaillait pas, ou si ça ne l'intéressait pas, il avait sûrement raison. Donc, je ne me suis pas préoccupée de ses études. Son père et moi avions décidé de le laisser profiter de son enfance, c'est le moment le plus heureux… s'il ne veut pas faire de devoirs de vacances, qu'il n'en fasse pas. Il est tellement malin, on ne va pas l'embêter avec ça. Je sais maintenant que c'est une erreur colossale. Julien a malheureusement très vite pris ce pli de laisser-aller. Il travaille quand ça l'intéresse et, quand ça le gonfle, il ne fait rien. J'ai eu beaucoup de mal à essayer de redresser la barre, à faire acte d'autorité… Ça a été une lutte terrible. La période entre ses douze et seize ans fut un enfer. Après son bac, il s'est inscrit en fac de droit et a abandonné parce que c'était trop dur… Il a ensuite passé un an à ne rien faire. Je me sens responsable de son problème par rapport à l'effort.* »

« *Je me rappelle comment une amie avait demandé à son fils de six ans de ranger ses jouets. Ils avaient pourtant une employée à domicile. L'enfant a gémi que c'était trop dur. "C'est toi qui les as apportés dans le salon, tu dois donc pouvoir les remettre dans ta chambre." Il a commencé puis s'est mis à pleurer. Pleine de compassion, je me suis précipitée pour l'aider. Mon amie m'a arrêtée en lui disant calmement : "Pleure, mon chéri, si tu veux, peut-être que ça te permettra de mieux ranger ensuite." Elle est restée douce mais ferme. Le petit garçon a fini par tout ranger. Moi, j'ai toujours "aidé" mon fils, finissant par faire les choses à sa place, ravie de résoudre ses problèmes. Comme je le regrette maintenant !* »

Aucune mère ne regrette ce qu'elle a fait ou donné, car il ne s'agit pas de cela, mais de n'avoir rien su demander en échange. Elles déplorent d'avoir laissé leurs fils penser que tout leur était dû, que tout pouvait s'obtenir sans effort. « *Ne t'inquiète pas, mon chéri, maman est là !* », d'avoir succombé au plaisir de la toute-puissance et manqué de fermeté envers elles-mêmes. Et, parfois de s'être cachées derrière la confiance pour masquer leur déroute. L'angoisse des garçons face à la vie, leur manière à eux de se la cacher, est alors le prix fort que mères et fils paient pour une enfance que l'on a voulue sans nuage.

Un autre risque inhérent à cette situation est que les adolescents se servent de la culpabilité de leur mère comme alibi ou comme excuse. Le corps tout entier est spontanément orienté, tout au long de la vie, vers la recherche du plaisir, et les mères ne peuvent reprocher à leurs fils de chercher le leur, mais elles doivent les aider à la dépasser pour se construire. Le problème s'aggrave quand elles, qui ont offert une enfance, puis une adolescence sans projets, prennent en compte ce transfert d'impuissance et excusent, voire cautionnent, les manques et la mollesse de certains comportements dont elles se sentent aussi responsables pour avoir cédé au « *Désordre, rébellion, paresse : c'est normal, c'est ado* ». Aux États-Unis, les adolescents, y compris les fils de riches, travaillent pendant les vacances. « *Un ami américain, beaucoup plus fortuné que moi, a été sidéré que je fasse repeindre la chambre de mon fils de dix-sept ans : "Mais enfin, c'était à lui de le faire !"* » Il est vrai que, en France, les petits boulots sont rares, mal payés, peu incitatifs. Il est tout aussi vrai que les adolescents qui ont une activité, une passion, ne traînent pas toute la journée, ne se lèvent pas au milieu de l'après-midi. Qu'on les laisse se borner à saisir d'éventuelles opportunités ne les incite pas à rechercher de vrais challenges.

L'ennui semble être l'un des maux du siècle de nos ados. Ils s'en plaignent, revenus de tout sans jamais être allés très loin : « *Ça me soûle !* » On le rencontre dans les banlieues. On le retrouve chez les fils de bourgeois dont l'enfance fut soumise par leurs mères à un emploi du temps surchargé, entre les cours particuliers de dessin, de musique, d'anglais, d'équitation, de tennis et autres. Les filles qui les pratiquent « entre copines » sont plus fidèles. Les garçons qui s'y laissent inscrire s'y impliquent d'autant moins que le piano sera remplacé par le tennis ou une autre activité si « ça ne marche pas ». Cette hyperactivité pour les uns, la « télévision nounou » pour d'autres, incitent peu à un face-à-face avec soi-même. Dès les prémices de l'adolescence, quand ils peuvent refuser les cours particuliers, soulagés de disposer de temps libre, ils ne savent pas le gérer. Viennent alors les jeux vidéo, les errances entre copains, une curiosité personnelle atrophiée et peu d'énergie pour pallier un sentiment d'ennui.

Ils fuient l'entrée dans le monde adulte, la réalité concrète des études qui suppose travail, projet de carrière, et traînent, désœuvrés, angoissés, à la recherche de plaisirs faciles et immédiats. Les mères s'inquiètent et les croient déprimés. Ils sont souvent défaitistes, aussi hostiles à l'adulte que prêts à recourir à lui en cas de problème. Leur angoisse de ne pas parvenir à les résoudre par eux-mêmes se traduit alors par de l'agressivité. Ils ont du mal à prendre leur essor, comme des oisillons dont on aurait atrophié les ailes en les gardant trop longtemps dans le nid.

Les élèves et les étudiants français comptabilisent plus de jours de vacances que de cours. L'organisation de leurs loisirs finit par les préoccuper plus que celle de leurs études.

« Quand on a pris l'habitude de travailler moins d'un jour sur deux, l'entrée dans la vie active représente psychologiquement une véritable punition. Il paraît alors plus "normal" de ne rien faire que de travailler. C'est sans doute une des explications plausibles de l'instabilité professionnelle dont font preuve tant de jeunes dans le secteur privé[1]. »

Les mères qui éprouvent cette mauvaise conscience « *d'en avoir trop fait* », autant pour satisfaire leur narcissisme que pour avoir été à l'écoute des envies ou des besoins de leurs garçons, s'efforcent de redresser la barre au moment où elles sont le plus contestées. Elles veulent se persuader qu'il n'est pas trop tard. Les fils se rebellent. Le conflit devient inévitable.

« Elle est tout à coup devenue une femme que je ne connaissais pas, intolérante, étouffante, hyperinquiète de tout ce qui pouvait m'arriver. Je sais qu'elle se serait fait tuer pour moi, mais elle ne supportait pas le choix de mes activités, elle aurait voulu que je travaille tout le temps. Elle cherchait à tout contrôler, elle fouillait ma chambre, mes poches, mes e-mails. Elle se rendait et me rendait la vie impossible. »

Pris entre leur besoin d'indépendance, leur anxiété à l'idée de quitter le cocon de l'enfance et une appréhension du processus douloureux de l'adieu à un mode de vie facile et sécurisé, ils se défendent d'un sentiment d'impuissance par de l'agressivité, faute de savoir le verbaliser comme le font leurs sœurs. Ils se réfugient dans un présent qui perpétue leur enfance. La difficulté concrète des jeunes à trouver leur place dans le monde du travail

1. Christiane Collange, Fayard, 1985, p. 109.

est un problème récent qui aggrave la situation. La plupart d'entre eux s'attendent à ce que les parents – la mère y compris, même lorsqu'elle est seule – financent, comme un dû, leurs hésitations, leurs changements d'options. L'argent reste souvent le seul moyen de pression qu'elle ose rarement utiliser de peur de blesser un fils en mal d'avenir qu'elle n'estime pas responsable de ses doutes. Il faudra à ces garçons souvent quelques années pour surmonter une transition, d'autant plus pénible qu'elle est peu tonique, pour découvrir comment prendre leur vie en main à un moment où leurs mères se mettent à exiger d'eux un sens du monde adulte qu'elles ne les ont pas toujours aidés à acquérir. Agressifs, indolents, rebelles, ils déconcertent quand ils se cachent derrière le refus du dialogue pour ne pas être remis en question. Ils deviennent parfois difficiles à aimer. Eux aussi sont en plein désarroi, c'est peut-être le moment où ils ont le plus besoin d'amour, de cet amour qu'ils font mine de rejeter, dont ils ne peuvent se passer et que leur mère commence à avoir du mal à exprimer.

Le regard de la société sur les ados

« Il est difficile d'imaginer plus con, plus agressif, plus insupportable et plus haineux qu'un préadolescent, spécialement lorsqu'il est réuni avec d'autres garçons de son âge. Le préadolescent est un monstre doublé d'un imbécile, son conformisme est presque incroyable... C'est la cristallisation subite, maléfique (et imprévisible si l'on considère l'enfant) de ce qu'il y a de pire dans l'homme[1]. »

Michel Houellebecq

1. Michel Houellebecq, *Les Particules élémentaires*, Flammarion, 1998 ; J'ai lu, 2006, p. 168.

Anna Freud disait qu'il était en soi anormal d'être normal pendant l'adolescence. Les adolescents se plaignent que les adultes les considèrent globalement comme un ennui d'ordre public et non comme des êtres tourmentés à leur tour par les grandes questions de la vie. « *C'est clair que, quand on rentre dans un magasin, on a plus l'impression d'être pris pour des braqueurs que pour des clients.* » Parce qu'ils sont vêtus de la même façon, en fonction de la retombée d'un traitement médiatique réservé aux jeunes des banlieues, l'ensemble de la population tend à généraliser et à faire un amalgame entre quelques vrais délinquants et les ados en général : « *Les flics nous tutoient et s'adressent à nous comme si on était des malfrats... Quand ils voient notre adresse, ils nous laissent partir et ils nous vouvoient !* »

Le ministre de la Défense, Michèle Alliot-Marie, le reconnaît quand elle déclare : « *Trop souvent nous avons braqué la jeunesse, trop souvent nous avons laissé s'insinuer l'idée pernicieuse qu'un jeune était un délinquant en puissance*[1]. »

La méfiance des adolescents envers les adultes, leur manque de respect, sont souvent une réponse à ce qu'ils considèrent comme une provocation. Ils admirent par ailleurs assez peu une génération qui se vante de s'être battue pour une grande cause en 68 et qui ne défend finalement que ses petits intérêts. Ils refusent qu'elle les juge.

Les mères sont, de nos jours, plus perplexes que jamais quant à la meilleure manière de les aider à affronter un monde de surenchère dans lequel ils doivent être les égaux de femmes qui les dépassent souvent, tout en répondant à une attente implicite d'excellence,

---

1. *Le Journal du Dimanche*, 19 novembre 2006, p. 16.

dans un contexte de misogynie latente. Les hommes gardent leur place aux commandes du monde, mais les femmes accèdent peu à peu à tous les corps de métier. Parce qu'elles craignent, à juste titre, pour l'avenir de leurs fils, elles osent à peine exprimer leur désapprobation, aussi justifiée soit-elle. Les mots d'une mère peuvent blesser très profondément. Celles qui estiment qu'ils se fourvoient n'osent rien dire (peur latente du suicide) ou procèdent par petites touches et, lorsqu'elles les estiment insuffisantes, elles se répètent. Les ados contre-attaquent en criant plus fort pour ne pas entendre ce qui les inquiète déjà suffisamment et contre quoi ils ont du mal à lutter.

La condamnation du regard extérieur accule de surcroît les mères à une réaction qu'on leur reproche. Elles défendent leurs fils et elles protestent contre le fait que cette dérive des adolescents leur soit imputée comme si leurs fils payaient le prix de l'indépendance des femmes. Trop souvent, elles finissent par laisser faire.

L'adolescence n'est pas une « maladie à symptôme unique »

Les mères qui ont plusieurs fils le constatent tous les jours, comme le décrit cette mère médecin de la génération n° 2.

« L'aîné a toujours su se prendre en main. Il se donnait lui-même des règles et des buts. Un garçon décidé, une ligne de conduite droite. Aucun problème d'adolescence. Le second est parti très vite de la maison, il ne supportait pas l'ambiance familiale. Autant son frère était très ordonné, autant lui était bordélique. Je demandais le respect des parties communes, celui de la femme de ménage. Le cadet prétendait qu'il ne se sentait pas chez

lui avec nous, donc qu'il ne rangerait rien. Il a été très difficile à élever et il n'est pas encore sorti de ce que j'espère toujours pouvoir considérer comme une crise. Notre troisième fils et notre fille vont très bien. »

Certaines mères se rebellent contre la généralisation abusive et nocive du *« Ils sont tous comme ça »*, impliquant qu'il n'y a rien à faire.

« Une amie américaine me fit un jour remarquer que mon fils devrait être un plus à la maison, pas un poids. De quoi se mêlait-elle ? Après un moment d'agacement, j'ai pourtant fini par l'entendre. Je me suis rendu compte que je passais toujours derrière lui. Que j'avais peur d'entamer sa confiance en lui avec mes reproches. Que j'étais plus ou moins consciemment fière de son esprit de rébellion. Je décidai de cesser de souscrire à cette théorie ambiante que "les ados sont tous comme ça". Comme si l'adolescence était une maladie aux symptômes uniques, une fatalité. Non, et je le disais à mon fils : il y a mille façons de vivre son adolescence. Se satisfaire de passer tout juste dans la classe supérieure, se vider l'esprit et se priver d'énergie motrice en se gavant de feuilletons américains, jouer pendant des heures aux jeux vidéo, vivre dans des chambres poubelles, se couper du monde des adultes, n'est pas l'apanage de l'adolescence en soi, mais leur façon à eux, à lui et à de nombreux jeunes Occidentaux repus, de vivre la leur. Il m'a écoutée tranquillement : "Je comprends que tu penses ça et que tu t'inquiètes en tant que mère, mais il ne faut pas. Ce n'est pas parce que nous sommes différents de vous que nous n'avons pas nos qualités. Ce n'est pas parce que tu ne sais pas toujours ce que je fais que je ne m'intéresse à rien". »

On constate un manque de recul et de contrôle des mères face à cette crise. Leurs hésitations, leurs variations de comportement se révèlent déstructurantes quand elles hésitent entre surprotection et rejet de ce que représente l'adolescent. Plus insidieux encore : quand le fils ressent comme un abandon le constat qu'il est difficile à élever.

Sans échapper à des changements d'humeur, contestations et querelles occasionnelles, nombre d'adolescents ne posent aucun problème alarmant. D'après une enquête de l'Inserm, en 1999 à peu près 10 % des adolescents allaient mal... ce qui en laisse 90 % qui ne vont pas mal ou qui vont bien. Les plus forts, les plus à l'aise, préparent leur avenir en se lançant dans de sérieuses études ou dans des années de formation qui rassurent. À leur tour contraints d'inventer leur vie, d'autres empruntent des voies détournées, le plus souvent à tâtons, sans grande réflexion, en hésitant longuement faute de vocation ou tout simplement d'envie précise. Ils finissent par découvrir qu'ils ne peuvent échapper à la responsabilité de leur avenir, qu'ils sont maîtres de leur destin, qu'ils ne sont pas uniquement victimes, comme on cherche parfois à le leur faire croire, comme il leur est plus facile de le croire, de la « surprotection » de leur mère. Nés dans une société de consommation, pris dans un mouvement de société de l'enfant-roi, ils doivent apprendre, le plus souvent par eux-mêmes, à lutter contre leur nature et à cesser de privilégier les agréments de l'existence.

Les mères s'inquiètent moins lorsqu'elles acceptent que des modifications physiologiques entraînent un changement de comportement social et familial, qu'il est épuisant de dramatiser. Vouloir tardivement tout contrôler relève d'une gageure impossible et conduit à un jugement aussi négatif de soi-même et de l'adolescent que de tenter de le comparer à d'autres.

« Face aux satisfactions et au destin tout tracé de la maternité, l'adolescent doit découvrir son destin et il sait qu'il peut louper son coup, que l'échec est toujours possible... Rien de mythique dans tout cela. Au contraire, c'est un magma de "non-définition", l'homme porte en lui la blessure, qui ne doit pas se cicatriser, d'une identité floue à la recherche de ses contours, et surtout d'elle-même[1]. »

Franco La Cecla

La vie est faite d'échéances. Certaines très vite, d'autre de guerre lasse, les mères qui préféreraient que tout soit en ligne droite ascendante, finissent par accepter que les désirs de leurs fils diffèrent de leurs propres rêves. Elles mettent fin à l'affrontement quand elles se résolvent à « *lâcher du lest* », à ne plus se laisser influencer par le regard extérieur. Quand elles se rendent compte que quitter le cocon de l'enfance pour entrer dans le monde adulte est inquiétant, douloureux et encore plus difficile quand celle-ci a été particulièrement choyée et que le monde des adultes (chômage, précarité de l'emploi) n'est pas accueillant. Quand elles acceptent que cette peur, les reculs et les refus qu'elle englobe constituent un moment indispensable pour l'évolution de leur fils, elles constatent avec soulagement qu'elles se « *facilitent la vie et que leur fils va plutôt mieux* ».

1. *Ce qui fait un homme*, Liana Levi, 2002, trad. de Joëlle Mnouchkine, p. 118.

C'est dans l'acceptation de leur adolescent tel qu'il est, contestataire, hostile, plus ou moins brillant, qu'elles se mesurent et que eux aussi prennent à nouveau la mesure de l'amour maternel. Le « vrai amour » des mères se retrouve dans l'abnégation de ces femmes qui désirent avant tout le bonheur, l'équilibre moral et mental, l'épanouissement de leurs fils ; qui ne les élèvent pas pour les garder auprès d'elles, mais pour qu'ils les quittent un jour, pour qu'ils fassent leur vie ailleurs, pour qu'ils aiment une autre femme.

Patience, confiance et fermeté permettent de traverser cette période difficile avec plus de sérénité. Philippe Jeammet confirme lui aussi, et il faut le savoir, que l'appréhension de ces années est plus anxiogène que la réalité.

« Malgré les difficultés de toutes sortes qui peuplent l'adolescence, la majorité des adolescents va relativement bien. Ils ont même un élan, une ambition et, surtout, une capacité d'adaptation à un monde en constante mutation qui n'ont rien à envier à ceux de leurs aînés et qui font même défaut à nombre d'adultes[1]. »

Philippe Jeammet

La plupart des mères s'en réjouissent, même si elles n'osent pas l'affirmer de crainte d'être accusées d'aveuglement. *« J'ai l'impression que cette génération de garçons a pour la première fois une conscience forte de l'injustice entre hommes et femmes. J'ai confiance en eux. »*

Il était interdit d'interdire. La génération « post 68 » a prolongé l'enfance dans l'âge adulte en privilégiant le bonheur immédiat et celui de l'instant présent. Les

1. *L'Adolescence*, Solar, 2002, p. 235.

mères qui voient leurs adolescents se débattre, souffrir, errer avant d'entrer dans l'âge adulte à une date incertaine le paient d'autant plus cher qu'elles se sentent fautives. Incapables de laisser souffrir leurs petits garçons, elles n'ont pas pu, pas su tenir compte de la valeur constructrice de la souffrance.

Reconnaître les erreurs commises à une époque doit permettre à la suivante de les éviter. Cela ne consacre en rien les générations passées. Ce ne sont certainement pas les mères, toutes dévouées au service de leurs fils, qui leur donnaient le sens de l'effort. C'était social et structurel, ils entraient plus tôt, plus facilement dans le monde du travail et avaient seuls la responsabilité d'une famille.

Adolescence : le mot vient du verbe latin *adolescere*, grandir. Grandir, c'est la quête souvent douloureuse, faite de pas en avant et de recul, d'un équilibre entre la quiétude de l'enfance et l'incertitude d'un avenir qu'il faudra affronter seul. C'est apprendre à ne plus s'en remettre qu'à soi, jusqu'à devoir aider et soutenir à son tour. C'est beau, parfois grisant, mais c'est aussi très dur et angoissant, particulièrement quand les interdits fondamentaux n'ont pas plus été assimilés que les codes de l'insertion dans la société. Qu'il s'agisse, en l'occurrence, de la relation mère-fils n'exclut pas pour autant la responsabilité des pères. Par ailleurs, sous-estimer la valeur des adolescents, leur capacité de jugement, est une faute morale et une erreur tactique.

Plusieurs adolescents qui venaient de passer le permis de conduire ont dit avoir saisi le sens de la loi avec le code de la route, impératif, valable pour tous, sans transgression possible, sans recours à une intervention maternelle. En apprenant les lois de la conduite, ils ont eu le sentiment de découvrir celles de la vie, avec l'impression qu'on leur en avait un peu caché le manuel.

Les mères paraissent aussi « angoissables » qu'angoissées. Bien qu'elles aient souvent confiance en leurs fils, elles n'osent pas l'exprimer, comme si le regard extérieur leur refusait le droit de se fier à un garçon qui hésite, se plante, échoue momentanément, comme si leur loyauté ne pouvait qu'être taxée d'inconscience et de laxisme. Or cette confiance qu'ils acceptent avec scepticisme, ils en ont besoin. Les mères aussi. La focalisation des reproches sur leur carence éducative génère une réaction de défense négative. Parce qu'elles en ont assez d'être accusées, elles finissent par oublier l'intérêt de la culpabilité et combien essayer de se comprendre, se remettre en cause est essentiel, formateur et positif pour elles comme pour eux.

Le point de vue des fils

« Un fils, ça s'élève avant sa puberté. Passé cet âge, elles n'y peuvent plus grand-chose et, si elles essaient, c'est l'état de guerre. Il faut qu'elles se relaxent. Ça ne réglera pas tous les problèmes, mais ça nous facilitera la vie, et à elles aussi. On est inquiets, mais on ne va pas mal et on n'a pas envie de foutre notre vie en l'air. »

P. A., dix-sept ans

Les rares adolescents qui ont consenti à parler reconnaissent qu'ils ne sont pas mûrs, mais ils ne veulent pas être traités *« comme des gamins parce qu'elles nous prennent toujours pour des gamins »*. Ils reprochent à leurs mères de les angoisser avec leur inquiétude, avec leur impatience, qu'ils vivent comme un harcèlement plus que comme une preuve d'attention. C'est ce qu'exprime David, vingt ans.

« C'est vrai que pendant l'adolescence nous ne supportons pas grand-chose des adultes en général et de nos mères en particulier. L'adolescence est un moment dur pour elles aussi. On les agresse, on ne leur cache pas qu'on les supporte à peine. Elles ont l'impression de n'être là que pour le gîte, le couvert et l'argent de poche. Nous voulons gérer notre vie tout en ayant encore besoin d'elles sans vouloir vraiment les écouter. Le plus dur, c'est quand elles veulent donner l'impression qu'elles savent ce qui est bon pour nous. Je ne sais pas si même une mère le sait jamais, mais avec les ados, c'est fini. Nous-mêmes ne le savons pas toujours, mais maintenant, c'est à nous de le découvrir.

Qu'elles donnent leurs points de vue, oui, on l'entend, même si on râle. Qu'elles exigent que certaines règles soient respectées, on est d'accord, mais qu'elles nous laissent la responsabilité de nos études, de notre comportement, de nos erreurs aussi. Des conneries, on en fera, des mauvais copains, on en aura, des mauvaises notes également. Ça aussi, ça fait partie de notre éducation. Ma mère cherche à se justifier comme si elle voulait prouver que ce n'est pas sa faute si je me plante et elle veut organiser mon emploi du temps pour que ça ne se reproduise pas. Ça ne marche jamais. On finit par se décevoir et par se détester, même si je tiens beaucoup à elle. »

« Même depuis que j'ai mon bac, ajoute un de ses copains, *chaque fois que je sors, elle attend que je rentre et me demande "gentiment" comment ça s'est passé. C'est flippant. Je réponds de façon assez violente. Je lui dis de couper le cordon. C'est comme si elles voulaient qu'on reste leur chose et qu'on n'avait pas le droit à une vie privée. »*

« Ça me fout les boules qu'elle critique tous les jours ma façon de m'habiller, de me coiffer, de travailler. Je n'ai que dix-sept ans. Oui, mais pour moi c'est beaucoup, c'est le maximum de ma vie. J'ai déjà fait un super chemin. »

« Elles ont tendance à confondre leurs désirs avec nos besoins. La mienne [mère de la 2e génération, non juive] *oublie que j'ai vingt-sept ans. Elle continue de me donner des conseils sur tout et téléphone pour vérifier s'ils sont bien suivis, comme si elle était persuadée que, sans elle, je ne pourrais pas gérer ma vie. Quand elle vient chez moi et qu'elle constate que tout est parfaitement organisé et que tout fonctionne sans son intervention, elle a l'air désemparé. »*

« Il a fallu que je m'arrache pour qu'elle me laisse un peu tranquille. Avant, elle était plutôt cool. Maintenant, ça doit la rassurer de ne pas adapter son contrôle à mon âge, de me harceler ça lui évite de réfléchir à l'attitude qu'elle devrait vraiment avoir. Elle préfère penser que je suis toujours son petit garçon obéissant qui devrait continuer de la prendre pour le centre de sa vie. »

L'appréhension de la mère multiplie celle des fils à un moment où ils ont besoin de leur confiance, qu'elle soit fière d'eux, même s'ils n'en supportent pas les manifestations, redoutant, le plus souvent, qu'elle ne soit pas sincère.

« Elle devenait trop lourde. Je voyais bien qu'elle avait peur, qu'elle se décourageait. Elle voulait que je travaille en me faisant valoir un avenir qui ne m'intéressait pas. J'ai quitté la maison à dix-huit ans. Je l'ai à peine vue pendant les deux années qui ont suivi. Deux années d'errance, de petits boulots. J'habitais une

chambre de bonne minuscule et bordélique d'où je grimpais sur les toits. J'étais libéré et très inquiet. Elle était mortifiée que je gâche ainsi ma vie et, je pense, tout ce qu'elle avait investi en moi. Je passais de copine en copine et puis j'ai arrêté, j'en avais marre des ruptures. J'ai fini par me rendre compte que je n'avais pas grand-chose à offrir aux filles. Je me suis inscrit en fac de droit quand je me suis senti prêt à vraiment travailler. Elle m'aide financièrement pour mes études, bien qu'elle gagne peu d'argent, bien qu'elle soit très inquiète parce qu'un juge ne gagne pas beaucoup d'argent. Heureusement qu'elle a eu un fils et non une fille. Elles se seraient entretuées. »

Les fils, qui ressentent avant tout le besoin de s'affranchir de leurs mères, manquent d'autant plus de recul pour comprendre le rôle que celles-ci tiennent dans leur vie qu'ils la connaissent mal. Ils l'aiment, ils s'y intéressent peu. Aucun d'entre eux ne connaissait vraiment sa vie de jeune fille, son enfance. « *Il n'y a pas de mères dans le monde des copains* », disait François Cavanna. De plus, avec la pudeur qui reste une de leurs caractéristiques, ils trouvent indécent de parler de leurs relations. Mathurin, dix-sept ans, parents mariés, le confirme.

« On ne parle jamais de nos mères entre nous. Max par exemple n'osera jamais parce que tout est censé être parfait. Sa mère est persuadée qu'elle est une bonne mère, il le pense aussi d'une certaine façon, mais ça l'énerve qu'elle en soit si sûre. Il n'est pas d'accord avec elle sur certains points politiques et humains. Il sait qu'elle ne le supporterait pas. En fait, leurs opinions ne sont pas vraiment notre problème, sauf lorsqu'elles veulent nous les imposer parce qu'on est leur fils. C'est à

cause de la mienne que je ne lis pas. Elle m'a tellement répété qu'on ne pouvait pas vivre sans avoir lu. Elle s'inquiète de ce que va devenir Antigone si personne ne lit plus ni Sophocle ni Anouilh. »

L'explication que Sam, vingt-deux ans, parents mariés, donne de son cas est classique.

« *Entre douze et seize ans, elle me mettait des bâtons dans les roues. J'avais l'impression que ça ne lui plaisait pas que je vive ma vie en dehors de son aile. Je n'aimais pas sa surveillance constante. C'était son devoir de maman de veiller à ce que je ne rentre pas à 4 heures du matin, mais c'était trop quand elle voulait que je reste le mercredi après-midi à la maison pour faire mes devoirs sous ses yeux. J'avais l'impression qu'elle prenait le prétexte des devoirs pour me garder près d'elle. À l'époque, je trouvais ça étouffant. Aujourd'hui, je ne sais plus pourquoi je pensais ça.* »

L'adolescent est, lui aussi, un animal social inscrit dans l'histoire et façonné par les structures de la société dans laquelle il vit. La projection d'une image négative, particulièrement sur des êtres en cours de formation, alimente leur désarroi dans la mesure où elle condamne au lieu d'analyser, de comprendre, de prendre en compte, sinon de valoriser une période de gestation et de recherche susceptible d'ouvrir de nouveaux champs.

V

IL FAUT DU COURAGE AUX MÈRES POUR ÉLEVER DES FILS

« Entrer en maternité, c'est entrer en culpabilité. »
Sylviane Giampino

On ne peut parler des mères sans parler d'elles en tant que femmes. L'épanouissement des garçons est tributaire du statut des mères au sein de la famille et de la valeur que l'on reconnaît aux femmes au sein de la société. L'équilibre et l'harmonie d'une société en dépendent. « *Ne demande pas pour qui sonne le glas,* disait Hemingway, *il sonne pour toi.* »

« On nous accuse de tous leurs défauts, on cultive à grands coups de psy notre culpabilité qui sert d'excuses et d'alibis à tous leurs errements... Ce n'est pas facile de tenir la barre éducative dans une société en complète transformation, en plein délire de consommation, où toutes les valeurs prenaient un sacré coup de vieux, où tout devenait achetable et jetable à merci [1]. »
Christiane Collange

1. *Moi, ta mère*, Fayard, 1985, p. 21.

Freud comptait trois métiers impossibles : homme politique, psychanalyste, parent. Chaque époque a ses modes. L'une des nôtres est de décrier les mères et leur rapport à leurs fils que l'on prétend « fusionnel » et « superprotecteur ». Ainsi dénommée, cette relation faite avant tout d'amour, de soins et d'attention, ne peut que perturber ces derniers, en faire des êtres immatures, les mener droit à la délinquance. Nous retrouvons, et cela sert de caution, les propos de Freud, qui estimait n'avoir pas de conseils précis à donner à une mère qui lui posait la question, selon lesquels les parents ne peuvent que faire des erreurs. Actuellement, ce sont plus particulièrement les mères de fils que l'on pointe du doigt, en durcissant la situation. Les accusations systématiques et unilatérales provoquent plus une réaction de déni ou de défense que le désir ou la volonté d'une remise en question personnelle.

En réalité, on agit comme si on cherchait à punir les femmes. Elles ont voulu le contrôle des naissances, on demande donc aux mères d'assumer leurs propres erreurs, bien sûr, mais aussi les chromosomes d'aïeuls inconnus, la fuite des pères lorsque fuite il y a, les raideurs d'adaptation des individus au bouleversement des trente et quelques dernières années, la répercussion que cette évolution a sur le développement de leurs fils.

La pédiatre Edwige Antier observe que les jeunes *« appartiennent à une génération qui a été invitée par tout un courant psy à juger froidement la mère... Ils n'ont pas de mots assez durs pour critiquer l'éducation qu'ils ont reçue*[1]. »

1. *Éloge des mères*, Robert Laffont, 2001, p. 165.

L'accusation est générale : la libération des femmes détruit la famille, déstabilise les enfants. D'après les statistiques de l'INSEE, il y avait en 1999 1,5 million de mères qui, pour des raisons différentes, vivaient « seules » avec leurs enfants. Certes, mais quels critères retient-on pour généraliser la situation ? Le fils ardemment désiré d'une mère-célibataire né par fécondation *in vitro*, celui d'une femme amère, abandonnée par son mari, ne vivent pas dans le même foyer monoparental que celui dont les parents, même séparés, se partagent la garde. Celui dont la mère est au RMI et le père au chômage connaîtra, entre des parents mariés, une vie a priori moins épanouissante que le fils d'une femme cultivée, passionnée par son métier et par la vie, même si le père ne rentre pas tous les soirs à la maison. Nous pouvons d'autant moins parler de révolution que, à travers l'histoire de notre pays, mariées ou veuves, les femmes ont toujours eu la responsabilité de l'éducation des enfants. La famille biblique de référence fut déjà une famille monoparentale. Joseph n'étant qu'une ombre, Marie, la première mère porteuse de l'Histoire, a élevé seule son fils sans avoir, semble-t-il, fait preuve d'une grande autorité sur lui. Il l'appelait Femme et jamais Mère. Il est vrai qu'elle le considérait comme le fils de Dieu, et que de nombreuses mères vouent une semblable adoration à leur fils.

Coupables, forcément coupables

Des enseignants contestés, une police peu redoutée, des examens ou concours à cent contre un, le spectre du chômage, une dette publique qui obère leur avenir : « *La jeunesse qui devait porter nos espoirs cristallise nos inquiétudes, éveille nos remords. Quelle France laisserons-nous à nos enfants ? Cette question nous hante et ôte tout sens à nos engagements, dissout nos actions dans une agitation stérile*[1]. » Une planète dangereusement polluée, un monde de plus en plus divisé, la sauvagerie d'un nouvel intégrisme... personne ne s'y retrouve. C'est néanmoins la famille que la *vox populi* rend responsable des réactions désabusées des adolescents, et plus spécifiquement les mères, « destructrices » du foyer. Ce qui peut sembler vrai à une grande échelle ne l'est pas nécessairement au jour le jour, mais élever des garçons implique de toute façon une lutte constante, d'autant plus difficile à mener que l'opinion œuvre actuellement pour persuader les mères que cette lutte est d'avance condamnée et qu'elles en portent la responsabilité.

« Les pères ne posent pas souvent de problème à leur fille. C'est au contraire toujours d'eux que vient la guérison. Quand on a des problèmes, c'est que l'on n'a pas de père ou pas de père qui ait compté. Le père, c'est la santé. Sauf dans des cas très particuliers, qui sont de l'ordre de la grande, grande pathologie : par exemple, des pères qui violent leur fille. Mais, en principe, dans la construction psychique courante, les pères ne sont jamais ceux qui posent problème. Ce sont toujours les mères. Désolée de vous décevoir[2] *! »*

Catherine Mathelin, psychanalyste

Ce genre de discours récurrent, obnubilé par des règles normatives plus que contestables, est d'une grande violence. On oublie encore une fois que, de tout temps, les enfants ont été élevés dans un monde féminin où le fils était l'objet sacré du gynécée, sans que l'on

1. François de Closet, *Plus encore*, Fayard-Plon, 2006, p. 8.
2. Valérie Colin-Simard, Anne Carrière, in *Pères d'aujourd'hui, filles de demain*, 2003, p. 17.

s'attaque alors aux mères. On oublie que les plus grands criminels sont presque tous pères. Que les prisons sont pleines de petits et grands truands, de violeurs, d'escrocs, de dealers peu admirables qui enfreignent la loi partout, chez eux, devant les enfants. Et, pourtant, « *sauf dans les cas de grandes pathologies* », ce sont « *toujours les mères qui posent des problèmes* », comme si les hommes étaient à la fois de pauvres êtres impuissants entre les mains de leur femme et incapables de faillir dans le cadre de l'éducation de leurs enfants.

Notre société se montre capable de tous les excès quand il s'agit de mères élevant seules des garçons. C'est ainsi qu'en janvier 2003, à Bourg-en-Bresse, une jeune femme divorcée, mère de trois fils, est « *condamnée à un mois de prison avec sursis et à une mise à l'épreuve de trois ans de travaux d'intérêt général pour... négligence éducative sur ses deux aînés* ». Le père a eu le droit de se démettre de son autorité parentale sur les premiers-nés mineurs et verse 45 euros de pension alimentaire « *royalement attribués par le juge* » pour le plus jeune. La mère assume seule l'éducation de leurs trois fils, quitte la maison à 7 heures du matin et rentre le soir vers 18 h 30. Elle doit gagner la vie de quatre personnes, s'occuper de la maison, des devoirs, surveiller nuit et jour les trois enfants. Lorsque le fils rebelle de quatorze ans s'échappe en douce à 2 heures du matin, le procureur, à l'audience, fustige cette femme qui ose dormir pendant la nuit : « *Ce n'est plus du laxisme mais de la complicité à laisser faire*[1]. »

Que la carence en matière éducative soit établie comme la responsabilité de la mère devient un simple

1. *Le Nouvel Observateur*, 16-22 janvier 2003, p. 69, enquête de Sophie des Déserts.

fait divers, là où il aurait dû y avoir un tollé général. Nous avons tous du mal à remettre en cause le discours dominant, mais les mères en font particulièrement les frais. Les pères sont sauvés par leur absentéisme. Au moindre incident, la mère, qui est sur place, et de surcroît si elle travaille, même si elle n'a pas le choix, est désavouée. *Elle s'est voulue indépendante, elle s'est préférée à ses enfants, elle n'a pas su retenir son mari.* Famille, amis, école, voisins, les regards combinés sont assassins. *Dépassée, possessive, dévorante ou laxiste*, celle qui assume tout est blâmée de ne pas venir à bout à elle seule d'une tâche déjà difficile à endosser par deux parents.

Le médecin psychanalyste Alain Braconnier est l'un des rares professionnels à souligner la valeur de l'amour d'une mère.

« *Trop de femmes craignent les stéréotypes sociaux ou, plus directement, les reproches de leurs amies, de leur mari, de leur belle-mère, du "psy"... Dans le cadre d'une relation mère/fils, l'amour maternel incarne un idéal de l'amour et il est fondamental "pour le développement heureux des garçons"*[1]. »

« *Le plus dur au moment de son adolescence*, regrette une mère de la 2e génération, *fut sans doute le regard des autres en général, ceux de ma propre famille en particulier. Ni recours, ni soutien, ni compréhension. Tout était de ma faute. Bien que très intelligent, il se traînait d'une classe à l'autre, refusait toute fête de famille, comptait sur moi pour son argent de poche, ses sorties, ses vacances. J'avais assassiné Mozart. Comme si cet enfant n'avait été entre mes seules mains qu'une pâte molle*

1. Alain Braconnier, *Mère et Fils*, Odile Jacob, 2005, p. 16.

dont j'avais raté le modelage. J'étais responsable et coupable, tout en me demandant si l'on n'avait jamais une réelle expérience face à un être qui change tous les jours. Une bonne mère ? Une mauvaise mère ? Qu'est-ce que cela veut dire ? En fait, je ne sais pas, même s'il est certain qu'il y en a de meilleures que d'autres. Une amie, que son fils aîné désespère, a une fille formidable pour la rassurer sur son rôle de mère. Ce miroir me manque. J'ai eu cet enfant tard, en toute connaissance de cause. Je vis dans un milieu intellectuel, cultivé. J'ai eu le temps de me documenter, celui de m'y perdre, les moyens de me faire aider. "Le temps d'apprendre à vivre, il est déjà trop tard", écrivait Aragon. Je vois maintenant ce que j'aurais dû faire, mais je ne suis pas sûre que j'aurais pu agir autrement et je me demande toujours comment se serait comporté mon autre enfant si j'en avais eu deux. »

Mariées, divorcées, célibataires, les mères de la 2e génération et la plupart de leurs filles luttent contre le désarroi ou la colère. À travers les interviews, on assiste au fameux « ras-le-bol » non pas seulement des *super women*, bien que l'on s'attende toujours à les voir jouer ce rôle, mais des mères de fils, précisément. Chaque individu normalement constitué est partagé entre ses contradictions. Qu'elles soient utilisées, en l'occurrence, contre les mères de garçons, a de quoi inquiéter.

Il est vrai cependant que quand tout pèse sur elles, quand elles ne savent pas ou n'osent pas se faire aider, par ignorance ou par peur d'être mises en cause, quand elles sont fragiles, certaines mères peuvent effectivement se révéler destructrices.

Les mères divorcées

La fragilité des couples est plus difficile à vivre pour les garçons peu rassurés de se retrouver seuls avec une femme. La situation des mères et leur assurance diffèrent suivant qu'elles ont demandé ou subi le divorce, et celles qui décident de partir n'ont pas toujours eu le choix de rester. Elles en éprouvent un sentiment de ratage qui les décontenance d'autant plus qu'elles se retrouvent dans un face-à-face quotidien avec un fils le plus souvent en mal d'image paternelle ; face à ce fils dont la tendance à suivre le mouvement de dévalorisation des femmes s'accentue lorsque sa mère ne gagne pas assez d'argent pour maintenir leur niveau de vie ; face à un fils que le silence de son père bouleverse, qui s'en fait un complice aux dépens de sa mère ou qui s'évertuera à la réconforter, dans une démarche dont elle redoutera les effets nocifs sur son développement ; face à un ex-mari qui cherchera parfois à compenser sa blessure en jouant tardivement un rôle paternel souvent plus attractif que formateur.

Lorsque leur fils est marqué par l'image négative, que le père, intentionnellement ou non, donne de la mère, certaines le prennent en grippe, surtout lorsqu'il ressemble trop à l'homme qui les a abandonnées avec un clone de lui-même. Certaines réactions furent très brutales, sans équivalent semble-t-il, dans la génération des trentenaires.

Jules, trente-cinq ans, n'a pas connu son père. Sa mère l'appelait son boulet et elle lui a tellement reproché d'être *« comme ce pauvre type, comme ton salaud de père »* qu'il a fini par en faire un héros qui avait bien fait de la quitter. À dix-huit ans, il a retrouvé sa trace. *« C'est vrai qu'il fuyait les responsabilités, il était au RMI, mais il était cool. »* Sans formation et sans diplômes, la mère était caissière dans une grande surface, un boulot peu gratifiant qui leur permettait à peine de survivre. Sans parents, sans frère pour s'interposer, cette femme a laissé libre cours à cette forme de narcissisme qui devient pervers lorsqu'il est blessé. Atteint lui aussi dans son narcissisme de jeune mâle, son fils s'est opposé à elle et s'est inventé le père dont il avait besoin pour se construire et pour se détacher d'elle. Ni l'un ni l'autre ne voulant être confrontés à l'image négative qu'ils se renvoyaient mutuellement, ce fut le rejet de part et d'autre, agressif, constant, jusqu'à la fuite à son tour du fils.

Louis, trente-six ans, rapporte que sa mère l'avait coupé de son père en dénigrant ce « *salaud* », sans rien lui offrir en échange. Il venait d'avoir dix-huit ans quand une demi-sœur dont il ignorait l'existence a cherché à le connaître. Il a ainsi découvert que sa mère renvoyait le courrier que lui adressait son père.

« J'ai eu de la chance, il est génial, on a pu rattraper le coup. Il m'a même expliqué les problèmes de ma mère en me racontant son enfance et m'a appris à ne pas trop lui en vouloir. J'avais un copain dans la même situation, mais lui, son père l'a rejeté. Sa nouvelle femme et ses enfants sont des bourges. Il lui a dit qu'il était trop tard, qu'ils étaient trop différents. Mon copain a longtemps haï sa mère. »

Des femmes elles-mêmes trop privées de reconnaissance et d'amour pour savoir en donner rejettent sur leurs fils, seul représentant de la gent masculine à la maison, l'échec de leur vie sentimentale. Le cœur et l'amour-propre blessés, l'insécurité financière, l'éloignement du mari et du père, la douleur qu'en éprouvent les garçons, rendent séparations et divorces plus difficiles à supporter quand, en cas de problème, ce sont, de surcroît, elles qui doivent rendre des comptes.

Heureusement existe une solidarité entre les victimes, qui protège les filles que leurs mères dénigrent parfois comme elles le sont ou l'ont été elles-mêmes. La naissance d'un enfant mâle a aussi ceci de particulier qu'elle risque de réactualiser la relation d'une femme à son mari. Dans le rapport de séduction entre un fils et sa mère, ce petit homme peut effectivement raviver ou perturber la relation amoureuse de ses parents. C'est inscrit chaque fois que l'on entend *« Comme il lui ressemble ! Il a décidément tout de son père ! »*. Même si une fille ressemble à son père, cela n'a pas le même impact pour la mère. Le fils peut jouer le rôle de bouc émissaire ou de substitut affectif, comme le raconte Guillaume, âgé aujourd'hui de cinquante et un ans.

« Belle, éperdument amoureuse, très jeune, ma mère n'a pas admis que son mari puisse tout à coup lui en préférer une autre. J'avais six ans quand mon père est parti.

Après avoir pleuré nuit et jour sur l'ingratitude de son mari, elle a changé de registre. Elle me présenta ses amants de passage et me prit pour son confident, ce dont j'étais très fier. Elle me briefait avant chaque visite chez mon père. Il fallait que celui-ci sache combien il avait eu tort de quitter une femme aussi courtisée.

Je ressemblais tant à mon père qu'il lui était impossible de ne pas penser à lui chaque fois qu'elle me regardait. J'avais sept ou huit ans, elle me caressait dans le lit et ça me réveillait ou m'empêchait de dormir. Il paraît que je m'étais vanté auprès de ma demi-sœur qu'elle m'apprenait à embrasser les filles. C'est ma belle-mère qui a fini par s'inquiéter devant mon mutisme et mes traits tirés. J'ai vécu chez mon père. Je l'aimais, pourtant elle ne m'a pas manqué. Je n'ai pu parler de tout ça que des années plus tard, quand ma femme s'est étonnée de ma raideur devant ses caresses, comme si elles ne pouvaient qu'être honteuses ou douloureuses, et de ma gêne face à notre première petite fille que j'osais à peine toucher et dont nous étions pourtant si heureux. »

Guillaume a été secouru par sa belle-mère, elle-même mère de deux enfants, qui a accepté de braver l'opinion publique à une époque où l'on était peu à l'écoute de la parole des enfants et où l'on ne les séparait pas de leur mère. Les baisers et les caresses d'une mère à son fils ne sont pas tous chastes. Cette mère a tout confondu devant ce fils, miroir constant et douloureux de son amour perdu. Celle-ci ne fut ni poursuivie pour ce qui constituait un véritable abus sexuel, ni aidée psychologiquement. De nos jours, une mère présentant des symptômes psychiques serait plus facilement suivie. Se pensait-elle innocente ? Elle n'a rien tenté pour garder son fils auprès d'elle.

Romain Gary décrit comment la sienne entretint avec lui des relations compensatoires sur un autre plan. Elle lui confia le rôle du protecteur de la femme seule :

« *Ma mère prit l'habitude de venir se plaindre à moi chaque fois qu'à tort ou à raison, elle se sentait insultée...* [Il devait gifler la personne désignée.] *Personne n'imaginait quelle horreur j'avais moi-même de ces scènes, combien j'en souffrais et combien elles m'humiliaient... Je ne me suis jamais dérobé... Il y avait quatorze ans déjà que ma mère vivait et luttait seule, et rien ne l'enchantait plus que de se sentir "protégée", de sentir une présence virile à ses côtés*[1]. »

Dans une démarche analogue, cette mère aussi revendiquait son fils comme ce qui lui restait de l'homme dont elle était encore amoureuse.

Bien que meurtries, mais sans doute mieux structurées ou plus éduquées, les mères dans l'ensemble réagissent de mieux en mieux, et le plus souvent bien. Elles peuvent mettre des années à guérir du départ de leur mari sans pour autant confondre celui-ci avec le père de leurs enfants.

« *Elle nous disait que nous avions besoin de lui, qu'il avait besoin de nous, que c'était elle qu'il avait quittée, pas nous, et aussi qu'il avait le droit d'en aimer une autre.* »

Aujourd'hui, ce sont surtout les femmes qui partent ou qui divorcent. Quand leur avenir n'est pas en jeu, l'angoisse est moins dévastatrice, la décision plus rapide. Certains pères, par ailleurs, se veulent plus impliqués, d'autres ont plus de mal à se défiler impunément. Les mères ont compris que le besoin que leurs fils ont de leur père coïncide avec celui qu'elles ont de continuer à élever à deux un garçon mieux structuré, plus facile à vivre.

Les mères célibataires

La légalisation de la contraception a permis aux mères célibataires non seulement de choisir ou d'accepter leur maternité, mais de la revendiquer.

1. Romain Gary, *La Promesse de l'aube*, Gallimard, 1960 ; coll. « Folio », 1973, p. 46.

Soizic, soixante-trois ans, disait de son fils, né d'un amour trop furtif, qu'il lui gâchait la vie et qu'elle gâchait la sienne. Sa présence lui rappelait, signalait à tous sa honte de « fille-mère ». Aujourd'hui, elle envie les mères célibataires qui affichent leur joie. Elle avait dû cacher son fils à son patron, à ses clients et elle avait vu se restreindre le cercle de ses amis. Une semaine après avoir obtenu son permis de conduire, Yann s'est tué en voiture. Contre un platane, tout seul dans une ligne droite. Sa mère est convaincue qu'il a voulu la libérer de lui et se libérer d'elle. « *Aujourd'hui, même si on n'encourage pas les femmes à faire des enfants sans père pour les élever, notre histoire aurait été différente. Yann serait encore en vie et je n'aurais pas eu toute ma vie le sentiment d'un tel gâchis.* »

On admettait à la rigueur qu'une femme puisse vouloir une fille, une compagne, une complice, une aide, une consolation. Qu'elle se permette d'avoir un fils la rendait doublement blâmable. Elle avait fauté et elle s'arrogeait un rôle qu'elle extorquait aux hommes... les seuls habilités à éduquer des adolescents. Sans tenir compte du fait qu'elles ne déterminaient pas le sexe de leurs enfants, on leur reprochait d'avoir voulu s'offrir un substitut d'homme.

Julie, trente-sept ans, est une célibataire parisienne par deux fois brièvement mariée, mère de quatre fils qu'elle a eu de quatre pères différents. Elle tombe amoureuse, croit que c'est pour toujours, fait un enfant et puis s'en va. Elle reste en bons termes avec ses amours précédentes, ce qui crée parfois des problèmes avec le suivant. Tous finissent par s'en accommoder. Les garçons âgés de sept à dix-sept ans vivent avec elle et sont très complices. Julie est styliste dans un grand magasin. « *Si les pères ne m'aidaient pas, je n'y arriverais pas… Il y en a un qui est resté trois ans au chômage. Les autres se sont cotisés pour payer sa part. »* Dans un premier temps critiques et navrés, ses parents se sont laissé séduire par leurs petits-fils. Ils organisent anniversaires, fêtes et vacances pour cette famille multicomposée dans leur grande maison de campagne. *« On invite tout le monde. Ce n'est pas à nous de faire le choix. Ils viennent tous. »* Premier critère de réussite : les quatre fils sont de bons élèves.

Mère des temps modernes, Lola, trente-neuf ans, a un petit garçon de dix-huit mois. Elle désirait un enfant. L'ami, avec qui elle entretenait une liaison épisodique, ne l'envisageait pas en raison de la nature de leur relation. Elle s'en est expliquée.

« Ce fut ma décision. Je ne lui demandais pas de l'assumer. C'est vrai que, s'il n'avait pas voulu en entendre parler, j'aurais été très embêtée, mais pour l'enfant, pas pour moi. Moi, je le voulais. Je l'ai gardé. Et c'est Patrick, né lui-même de parents non mariés, qui a choisi de le reconnaître, sans doute parce que son père avait fait la même chose. Mon fils m'enchante. Je veille à ce qu'il soit très entouré d'hommes, son père, le mien, mon frère, des amis. Ma mère étant morte, celle de Patrick ne voulant pas en entendre parler, ce qui manque à mon fils, c'est une grand-mère. »

Que la mère de Patrick refuse la répétition de l'histoire et n'accepte pas l'existence de son petit-fils relève à la fois de son passé et de sa génération. Bien que l'opinion générale reste négative au sujet des enfants « sans père » comme s'ils étaient le fruit d'une immaculée conception, notre société de la poursuite du plaisir immédiat est devenue plus tolérante depuis qu'elle admet que chacun y cherche le sien. Ce que les autres en pensent ne regarde qu'eux, et la plupart ne savent d'ailleurs plus très bien qu'en penser. Qu'elles soient aujourd'hui libres d'avoir des amants et une vie à elles, que cela leur soit même conseillé élargit l'étroit cercle « du péché » où l'on confinait la mère et l'enfant.

Les mères célibataires ne sont plus mises au ban d'une société qui craignait de confondre aide et approbation. Leur décision est même légitimée par le récent octroi d'une aide de l'État. Leur problème n'est pas réglé, l'opprobre reste latent dans les milieux les plus traditionnels, mais *« on n'ose plus nous attaquer de front »*. Aurélia habite une petite ville. Elle est mère de deux fils de pères différents dont aucun ne partage leur vie. *« On me trouve gonflée, on me considère comme une marginale, on me laisse vivre ma vie, mais on m'épie... Je n'imagine que trop les réactions si mes fils tournaient mal. »*

La femme n'est actuellement responsable de la paternité d'un homme que quand elle la cache. Si un homme ne veut pas être père, il y va de sa responsabilité de ne pas procréer. On ne fait pas impunément l'amour à une femme en mal d'enfant. Au temps révolu des filles-mères, ce sont les fils, maintenant, qui, par le biais du test de Jeffreys (recherche en paternité demeurant en France à la discrétion des magistrats), peuvent devenir « fils-pères » et être légalement tenus de reconnaître un enfant non voulu, parce que biologiquement le leur.

Les mères qui exercent un métier

« Quand la mère est toute désignée pour endosser seule la responsabilité du bien-être et de la santé de l'enfant, dans ces conditions, il lui est moralement

difficile d'exercer une profession, sauf à passer pour une mauvaise mère[1]. »

Si l'indépendance financière de la femme est l'un des facteurs qui permet d'équilibrer les relations, d'adoucir la guerre du divorce, de faire vivre une famille monoparentale, la société continue d'essayer de garder la mère au foyer en lui faisant le reproche que son travail prive les enfants de sa disponibilité. « *Ne nous leurrons pas*, dit Aline, une étudiante de vingt ans, *dans les classes simples ou traditionnelles, ça ne bouge pas beaucoup. Mais, pour nous, pas question de nous laisser avoir. Nous sommes toute une bande à ne pas vouloir nous marier dans ces conditions-là. C'est une existence dont on n'a pas envie.* »

Les jeunes femmes qui dénoncent une « régression » « *en voyant autour de nous des copines prêtes à tout arrêter pour s'occuper des enfants* » comprennent leurs raisons, mais elles les jugent comme « *des filles peu réalistes qui ont une vision à court terme* ». Divorce certes, mais aussi montée du chômage, précarité de l'emploi, non seulement elles, mais maris et enfants, risquent de le payer très cher. Les adolescents, plus lucides, plus pragmatiques, « *à moins d'avoir une fortune personnelle* », refusent d'être les seuls pourvoyeurs du foyer. Un seul en a envisagé la possibilité : « *Si ma femme veut vraiment rester à la maison pour s'occuper des enfants, si j'en suis très amoureux et si je peux me le permettre, pourquoi pas. Mais je ne sais pas combien de temps ça pourrait durer.* »

Quelques mères attribuèrent le manque d'intérêt de leurs fils pour les études ou pour leur avenir au fait que

1. Thierry Blöss, Alain Frickey, *La Femme dans la société française*, PUF, coll. « Que sais-je ? », 2001, p. 411.

beaucoup de jeune femmes d'aujourd'hui travaillent : *« Cette génération de garçons prend tout cela moins au sérieux depuis qu'elle a compris qu'elle n'aura pas la responsabilité financière de femme et enfants. »*

La résistance sociale reste forte parmi ceux qui confondent présence des mères au foyer, sens de l'éducation en général et compétition.

« Plus le salaire de la femme est élevé, plus la revendication à l'égalité des tâches est importante. Avec l'égalité des revenus viendra le temps de la négociation permanente. Les maris auront alors définitivement perdu le pouvoir[1]. »

Il relève, encore et au jour le jour, du rôle des mères de ne pas laisser déstabiliser leurs fils et de leur prouver par leur comportement qu'ils ont, au contraire, eux aussi, tout à y gagner.

Les fils qui ont mal vécu cela de l'intérieur peuvent, comme le fait Pierre-Louis, vingt-cinq ans, sixième d'une fratrie de huit enfants, se montrer virulents.

« Dans notre génération, c'est clair, la femme qui ne travaille pas n'ose pas avouer qu'elle est quand même frustrée. Elle le fait payer en imposant ses règles pour que ça marche, en emmerdant tout le monde avec son sourire ravi, elle le paie en s'emmerdant elle-même ! »

« Si c'est le temps passé avec ses enfants et le respect de l'évolution des sexes qui comptent, ajoute l'une de ses amies, *on devrait se méfier des familles nombreuses où tout est mené* manu militari *et où les rôles sont figés, j'en*

---

1. Pascale Wattier, Olivier Picard, *Mariage, sexe et tradition*, Plon, 2002, p. 298.

sais quelque chose ! Tous les enfants doivent mener la vie des parents telle que ceux-ci ont choisi de la mener, "sinon ça n'est pas possible" ; et là, plus qu'ailleurs, les garçons ont des tâches de garçons et les filles des tâches de filles. On n'en sort pas. Je ne peux pas croire que ma mère, même si elle le nie, n'ait jamais eu envie d'exercer une profession à l'extérieur, moins contraignante que celle de mère de famille nombreuse où, même avec une femme de ménage, c'est du répétitif, vingt-quatre heures sur vingt-quatre, sept jours sur sept, d'une année sur l'autre. »

Les femmes restent tiraillées entre leur désir d'une réalisation professionnelle et leur rôle de parent, et désormais leurs hésitations impliquent d'autant plus les fils qu'elles irritent les filles.

« Mes parents rentraient tard, ma mère parfois pas du tout quand elle était en tournage. C'est vrai que j'aurais aimé plus de présence parentale, mais honnêtement, je ne peux pas dire que j'en aie souffert et nous étions, mon frère et moi, fiers des métiers de nos parents. Une mère à la maison, ce peut être lourd aussi quand elle supervise et organise constamment votre vie. Je voudrais être présente pour mes enfants, mais aussi les laisser libres de mener leur vie. Je ne voudrais pas non plus les sacrifier à mon travail, mais je sais aussi que je veux exercer un métier et que nous en aurons tous probablement besoin. J'espère, et il faudra que je choisisse un mari en conséquence, qu'il y a moyen de concilier harmonieusement les deux. »

On déprécie actuellement les femmes qui n'ont pas de métier tout en cumulant les griefs contre les professionnelles qui « déstabilisent » leurs fils en usurpant la représentation paternelle. C'est ainsi qu'un père peut s'inquiéter à l'idée que son fils supporte mal de le voir repasser : « *Il a perdu ses repères, il ne sait plus qui est sa mère*[1]. » Comme si le repassage était génétiquement féminin !

On fustige les femmes qui revendiquent la contraception, qui veulent des enfants, l'amour et la réalisation de soi, nonobstant le fait que les hommes ont toujours cumulé carrière, amours et famille. Métier et fils : on les soupçonne d'usurpation de phallus. On les accuse de vouloir tout mener de front tout en leur imposant de le faire : la femme qui travaille ne peut rien négliger. Elle doit rester séduisante tout en continuant d'assumer maison et enfants. L'uniformité des comportements sociaux renforce, le plus souvent à l'insu des uns et des autres, des attitudes potentiellement différentes. Elle induit à un manque de solidarité qui conduit même des femmes à s'en mêler.

« *Quelle orientation principale donner à sa vie, particulièrement quand on est une femme et une mère ? Renoncer complètement à l'homme en soi qui veut agir ou créer ? Ou bien faire comme si la femme en soi n'existait pas pour singer en tout les comportements masculins*[2] *?* »

Cette citation de psychothérapeute a choqué certaines mères en tant que consolidation d'une différence inacceptable des sexes. Le nouveau-né, garçon ou fille, crie pour respirer, avale pour se nourrir. Chercher à faire triompher la pulsion de vie, créer, peindre,

1. *Le Nouvel Observateur*, 27 mai-2 juin 2004, « Où vont les hommes ? », p. 10.
2. Catherine Serrurier, *Ces femmes qui en font trop*, La Martinière, 2003, p. 143.

construire, soigner, enseigner, écrire, coudre ou autre… ce n'est pas singer l'homme. C'est s'inscrire dans l'humanité. Les mères de fils doivent lutter contre ce contexte pervers de dévalorisation qui les atteint eux aussi.

Nicole, trente-sept ans, et son mari sont tous deux dessinateurs, avec des salaires équivalents. Sans doute parce que c'est elle qui s'absente, ou qui emporte du travail chez elle lorsque les enfants sont malades, son mari déclara au cours d'un dîner qu'elle faisait du graphisme comme les femmes d'autrefois faisaient de la broderie.

« *Nos invités ont ri de cette boutade. J'étais fatiguée et sans doute agacée d'avoir préparé le dîner seule, je les ai tous plantés, les enfants pas couchés, les amis, le mari, le dîner. J'ai marché dans les rues et j'ai pris une chambre à l'hôtel. Je suis rentrée le lendemain en sortant du bureau. La goutte d'eau fut de voir mon fils de quinze ans rire de la prétendue plaisanterie de son père. Je refuse de laisser perpétuer ce genre de comportement. Mon mari s'est excusé, sincèrement je crois. Il ne s'était pas rendu compte de la monstruosité de sa "boutade".* »

Les femmes, qui estiment « normal » de s'absenter du bureau quand la santé des enfants le réclame, ne peuvent espérer aucune reconnaissance puisqu'elles ne font « que leur devoir ». Elles peuvent, en revanche, s'attendre à une dévalorisation de leur conception du travail puisque ce sont elles qui s'interrompent pour soigner une otite. Il ne s'agit pas d'abandonner un enfant malade, mais il faudrait que, comme dans les pays nordiques, le père ou la mère puissent, à tour de rôle et indifféremment, s'en charger. Les mères, sinon, continuent d'élever leurs fils dans un schéma confortable pour eux mais inadapté à leur future vie de couple.

Le mariage, considéré comme un facteur de stabilisation professionnelle pour un homme, continue de pénaliser la carrière des épouses décrétées moins fiables parce que moins disponibles. On leur conseille d'attendre six mois – de préférence dix-huit ou, mieux, trois ans sinon plus – après la naissance de chaque enfant avant de reprendre une activité professionnelle afin de n'en léser aucun. On les y incite en prétendant que patrons et employeurs patienteront en leur absence, tout en sachant qu'ils justifient ainsi les différences de salaires et le fait qu'elles soient si peu nombreuses, à diplômes égaux ou supérieurs, à siéger dans les conseils d'administration. Les mères de la 3e génération en font toujours la pénible expérience. « *Quand je suis rentrée de mon deuxième congé de maternité, bien qu'étant l'une des meilleures avocates de la firme et des plus qualifiées, j'ai dû me battre pour qu'on cesse de me confier les dossiers les moins importants.* »

Les mères se doivent encore de valoriser leur statut professionnel et de prouver qu'il ne met en péril ni la place de l'homme dans la famille, ni celle de la famille dans la société, ni l'avenir de leurs fils.

« *Lorsque mon fils de treize ans a déclaré que, si j'étais nommée chef, c'est que mon magasin devait être de la daube, j'ai bondi.* »

Constance, trente-sept ans, chef de rayon dans un grand magasin, n'a pas pu lui faire préciser si c'était d'elle qu'il parlait ou si ce qu'il prétendait n'être qu'une simple « vanne » s'adressait à la gent féminine dans son ensemble.

« *Je ne comprenais pas. Son père et moi avons un métier qui nous plaît et nous partageons les tâches à la maison. Benjamin et sa sœur ont leur liste de responsabilités. Son père s'est moqué de lui. Sa sœur l'a insulté. Moi, j'ai eu l'impression de revenir trente ans en arrière. Je le savais, mais ce jour-là, j'ai vraiment compris que la partie n'était pas gagnée. »*

Ce sont elles, encore une fois, qui chaque jour demandent, protestent, grondent. La quotidienneté de leur présence et la répétition de leurs interventions déprécient leur discours. C'est ainsi que l'on peut interpréter la réaction de Benjamin. Il concevait mal comment sa mère pouvait obtenir de ses employés ce qu'elle n'obtenait que si difficilement de lui.

« Depuis le début des années 80, le modèle dominant marqué par la division du travail dans les familles, où l'homme était le pourvoyeur principal des ressources et la femme chargée du travail domestique, est progressivement remplacé par un modèle consacrant l'avènement d'une famille "association", où les deux conjoints travaillent[1]. »

Les hommes de la 3e génération estiment que le travail des femmes a élargi leur place à la maison. « *Le blues du mâle français mal à l'aise face à la prise d'autonomie des femmes...* » repris par certains journaux et décrit dans *Le Monde* du 5 février 2005 par Jean-Michel Normand les concerne peu.

Il ne va bientôt plus être possible de dévaloriser les professions dans lesquelles les femmes excellent pour la simple et imparable raison qu'elles investissent petit à petit tous les corps de métier. Stéphanie, trente ans, est chirurgien cardiaque. Avec son mari rhumatologue, ils s'organisent et délèguent ensemble : on ne peut amener

1. Thierry Blöss, Alain Frickey, *op. cit.*, p. 97.

patients ou malades cardiaques à la maison. Tous deux travaillent dans un hôpital. Leur problème est celui de financer crèche (au prorata des salaires) ou employée à domicile. On imagine mal que leur fils puisse avoir un jour une conception dévalorisée de la femme.

Dans un pays qui se veut égalitaire, et qui l'est formidablement comparé au reste du monde, il appartient encore aux femmes de faire admettre que le dit « problème » de leur carrière relève avant tout d'un manque d'implication réelle des hommes dans la vie de famille. Obtenir que leurs maris ou compagnons y occupent leur place est une condition indispensable pour aider leurs fils à trouver la leur.

Plus nous descendons vers le sud et plus nous constatons de résistance aux changements. Il a suffi d'une génération à nos voisins du Nord pour que le mouvement féministe, parti de chez eux sans tête de file, renverse la situation. Il y a encore seulement trente ans, comme le rappelle l'une d'elles, les Suédoises étaient presque toutes mères au foyer :

« *Il n'y a aujourd'hui aucun pays au monde où l'on voit autant d'hommes avec des poussettes, des courses, des couches. Ils passent l'aspirateur, repassent. Tout est d'autant plus moitié-moitié que nous n'avons pas d'employées de maison. Ce n'est pas dans la mentalité égalitaire, socialiste du pays que d'avoir des domestiques. Hommes et femmes exercent un métier, ont droit à un an de congé parental et ils le prennent l'un après l'autre. On trouve logique et normal que, tour à tour, le père ou la mère s'absente pour s'occuper des enfants malades. Il s'agit moins d'égalité que de complémentarité. Nous disposons de nombreuses crèches de très bonne qualité, peu chères. Chaque enfant a une place garantie dès sa naissance. »*

Le sujet du travail des mères se révéla obsessionnel au cours des interviews, à une époque où presque toutes exercent une profession, par besoin personnel, par nécessité financière. La concilier avec les enfants demeure chez nous leur préoccupation et trop souvent leur responsabilité. Contrairement aux Suédoises, les femmes françaises continuent d'avoir la charge des enfants en bas âge, au point de mettre leur carrière en jeu. Le gouvernement fait preuve de peu de suivi politique responsable en la matière. En 2001, plus de 4 500 enfants n'avaient, à Paris, aucune structure d'accueil officielle. Les modes de garde n'ont pas encore intégré les nouveaux équilibres. La création de crèches reste un combat de premier ordre à mener par tous ceux qui expriment un réel désir d'obtenir la parité dans le travail. La relation mère-fils en dépend aussi.

« Quand on éduque un homme, on éduque un individu. Quand on éduque une femme, on éduque ses enfants, donc la nation. »

Nkomeshye Mukamambo, chef du peuple Soli

Mariées, divorcées, célibataires, les femmes sont de plus en plus nombreuses à être convaincues que suivre des études, gagner leur vie en exerçant un métier qui leur plaît, est le meilleur des exemples d'équilibre et de valorisation de la personnalité pour leurs fils. *« Je travaille énormément, je lui ai prêté plus d'attention que de temps. Je n'ai aucun regret de lui avoir donné l'exemple d'une femme épanouie qui gagne sa vie. »*

Ce que l'on appelle « le travail des femmes » comme s'il n'y avait que deux façons, l'une masculine, l'autre féminine, d'être professionnel, reste conçu de façon curieuse. On accepte que les mères travaillent par nécessité, on leur reproche de le faire par choix. Les femmes des générations précédentes devaient suivre une conduite dictée à l'avance. On se rappelle la honte du père de Simone de Beauvoir quand sa fille décida de passer l'agrégation et de travailler, la lutte de Françoise Dolto pour devenir médecin. Hommes et femmes de la 3e génération sont les premiers à trouver que c'est « *évidemment et normalement* » par le travail des femmes que s'établit l'égalité et l'harmonie du couple et de la société. Celles qui exercent un métier qui leur convient rendent un grand service à leurs fils. Quand elles sont fières d'elles-mêmes, elles ne se laissent pas dénigrer. Elles ne craignent pas de les mettre à leur place, pas à celle qu'ils occupaient jadis en naissant, mais à celle qu'ils vont devoir se forger.

VI

LES MÈRES, LES PROFESSIONNELS ET LA « PSY » SAUVAGE

« Nos grands-mères avaient cette chance d'ignorer combien il est impossible à une mère d'élever des garçons ! »

La psychanalyste Sylviane Giampino répète que, au cours des cinquante dernières années, on a développé un tel champ de connaissances sur les enfants, qu'aucune mère, quel que soit son niveau d'information, de disponibilité, de moyens financiers, ne peut l'appliquer.

Si de nombreuses mères ont puisé et puisent avec bonheur dans des livres et des manuels de différentes obédiences, celles de fils s'estiment, dans le quotidien, plus déconcertées et agressées que comprises et aidées.

« Objet de toutes les projections imaginaires, des plus haïssables aux plus fusionnelles, la mère, au sens kleinien, n'avait plus aucune réalité anthropologique. Bon ou mauvais objet, elle était appréhendée de façon subjective comme un lieu de fantasmes inconscients et comme une source de destruction[1]. »

1. Élisabeth Roudinesco, *La Famille en désordre*, Fayard, 2002, p. 132.

Les femmes du XXe siècle qui se sont battues pour faire reconnaître leurs droits s'insurgent contre un discours – qualifié globalement de « psy » pour regrouper des disciplines mal identifiées – dès lors qu'il continue, comme au XIXe, de les considérer en tant que moitiés incomplètes de l'homme que le manque de phallus rendrait agressives, revanchardes et castratrices.

Les défaillances d'un lien social

La Seconde Guerre mondiale marqua une « rupture vive » entre deux générations, concrétisée par le rejet de la tradition orale immédiate. La découverte insidieuse du rôle de la France sous l'Occupation, de la collaboration, de l'épuration, a suscité un malaise, un rejet d'un passé dont on avait honte, une montée de l'individualisme qui incita les jeunes mères à s'en affranchir en cherchant conseil ailleurs. La transmission des faits et gestes, un rapport de connivence vécu au quotidien avec les ascendants informait et rassurait d'une génération à l'autre. Cette confiance, cette « réassurance » de la chose dédramatisée par ceux qui l'avaient vécue et surmontée disparaissaient tout à coup. Plus qu'une cause, mai 68 fut un symptôme de cet abandon des valeurs familiales classiques. Notre réorganisation vitale et architecturale ne nous permettait plus de vivre dans la proximité immédiate de nos ascendants. Le jeunisme de notre société ajoute au facteur de séparation. La ségrégation des jeunes avec les jeunes, des vieux avec les vieux, casse la circulation de la parole. Celle-ci reste transmise dans la petite enfance, puis se heurte très vite à un rejet de ces paroles formatrices qui instauraient des reconnaissances de filiations, de conseils, que nous avons perdus et que ne reçoivent plus nos adolescents.

Après le déni de ce qui s'appelle l'expérience, des mères désorientées se sont tournées vers les personnalités fortes de la psychanalyse qui mettaient leurs connaissances et leur talent au service de l'éducation des enfants, du bien-être ou du « mieux »-être des adultes. Elles ont dévoré les grands classiques avec intérêt. Les mères de fils, plus inquiètes et plus inquiétées, particulièrement en cas de démission du père, ont surtout consulté des auteurs de moindre envergure, accumulant avis contradictoires et potentiel d'erreurs d'interprétation.

La discipline fit alors face à une explosion de la demande qui la pervertit.

« Tout se passe comme si on venait demander à la psychiatrie de pallier les défaillances d'un lien social qui se délite... En nous appelant partout, on dénature la psy en la diluant dans le champ social[1]. »

À l'origine pas plus incompétentes que d'autres, celles qui se noient dans les lectures « psy » deviennent incapables d'écouter leur intuition. Leur perte de confiance en elles, en ce qui relevait de leur intuition, est venue directement de cette façon d'avoir nommé ou plutôt « normé » l'infinité des faux pas et des erreurs possibles. En conséquence, elles sont nombreuses à se méfier et à se priver d'un recours, de repères susceptibles de les aider.

1. Hervé Bokobza (président du Comité scientifique des états généraux de la psychiatrie française), *Le Monde*, samedi 7 juin 2003.

La « psy » sauvage

Dans l'ensemble moins concernées par un travail à faire sur elles-mêmes dans l'intimité d'un cabinet de consultation qu'en quête de conseils d'éducation ponctuels, souvent notés comme une recette de cuisine, elles multiplient la lecture d'ouvrages dont auteurs et éditeurs accélèrent la publication. Comme dans la fable *Le Meunier, son Fils et l'Âne*, elles deviennent incompétentes à force d'écouter les conseils éclairés des uns et ceux de profanes qui se veulent éclairés. Elles se laissent déborder *« jusqu'à en perdre le sens commun »* par ce que Freud qualifiait déjà de « psy sauvage ».

Les mères, à qui il n'est censé manquer aucun élément pour savoir comment élever des enfants, sont donc jugées responsables des maux qu'elles n'ont pas prévenus ou soignés à temps, comme s'il suffisait de savoir pour bien faire. Comme si le rapport d'une mère à son fils n'était pas conditionné par une gestion collective, tributaire de son environnement social économique et culturel. Les unes après les autres, elles dénoncent ce que les trentenaires finissent par trouver invalidant.

« Il faut dire la vérité aux enfants, mais il ne faut pas porter atteinte à l'image du père ni à celle de l'enseignant... Si vous restez à la maison, vous le couvez, si vous travaillez, vous êtes une égoïste... Puisque, d'une façon ou d'une autre, à un moment quelconque, un fils va faire des bêtises, on est assurée d'être toujours en faute et immédiatement tous dirigés vers un "psy".

Pour moi, les psy, c'est comme ces algues qui au début apportent de l'oxygène et puis qui envahissent le lit des rivières et étouffent tout. »

une retoucheuse en banlieue parisienne

Le terme de « psy » traduit un dévoiement du message psychanalytique que des non-initiés utilisent sans discernement. Enseignants, amis, familles, collègues, chacun a lu ou entendu dire quelque chose et se sent autorisé à assigner consignes et directives, déroutant les mères par une suite de conseils clichés d'autant plus offensifs et culpabilisants qu'ils sont souvent mal compris et rarement adaptés.

Aux professionnels s'est ajoutée une foule de gens qui « se croyaient faits pour être analystes » comme le déplorait Françoise Dolto, discréditant la profession, entretenant la confusion et le désarroi de mères plus ou moins éclairées, avides de conseils, décontenancées de ne pas pouvoir les mettre tous en pratique. Les prises de position de professionnels patentés, qui s'inquiètent de cette dérive dans des ouvrages de haute expertise, sont étouffées par celles de personnes moins qualifiées qui se croient autorisées à dispenser la bonne parole, sans grand souci de l'histoire personnelle de chacun.

Inceste, complexe d'Œdipe, surprotection... Confrontées à une multiplication d'avertissements vagues, de conseils contradictoires, les mères de garçons de la génération n° 2 se retrouvent sans cesse « *comme logiquement* » incriminées.

« *Nous avons trois fils*, se confie une mère de soixante-cinq ans, *secrétaire à la retraite. Notre cadet est entré en analyse il y a vingt-cinq ans à la suite, dit-il, d'une série d'échecs sentimentaux. Il voulait comprendre. Il allait certainement mal, mais on ne voit pas en quoi il va mieux. Il en est à son sixième ou septième psy. Il nous a avoué que l'un d'eux l'avait "renvoyé". Pourtant il arrive constamment avec des griefs différents dont je suis toujours la cause : j'étais déçue parce qu'il n'était pas une fille, il m'a gênée parce qu'il arrivait trop tôt après mon deuxième enfant, je me suis désintéressée de lui parce qu'il était le troisième, je l'ai trop couvé parce que c'était le petit dernier, etc. Je fus ensuite considérée comme une mère abusive. Depuis quelque temps, il paraît que je suis foncièrement perverse sous mes dehors de mère admirable.*

J'en ai été désemparée pendant des années, persuadée que je n'avais pas compris celui-là. À la demande de ses frères aînés et avec leur soutien, je ne m'y prête plus. Mon mari (enseignant à la retraite) refusait depuis longtemps que l'on participe au statut de victime que, selon lui, se forgeait notre fils et qu'il considère comme un moyen de culpabiliser son entourage et moi en particulier. »

Le dévoiement de la parole « psy » provient également du fait que certaines mères, et particulièrement celles de garçons parce que plus anxieuses, ont du mal à accepter de se remettre en question devant témoin. Elles se contentent de lire. Elles interprètent alors à leur façon, espèrent des solutions miracles et s'attendent sans plus de lumière à une excellence dont peu de gens seraient capables.

Ces mères réagissent également contre le sentiment qu'on leur sape, et qu'on sape chez leurs fils, toute volonté de résilience. Notre société n'apprécie pas les contrariétés, les crises, et encourage peu l'idée qu'on puisse, comme en atteste Boris Cyrulnik, les résoudre seul.

« *Un jour ou l'autre un trauma se transforme en souvenir. Si on le fait revenir sans cesse, si on le rumine, on ne pourra que l'amplifier et se rendre prisonnier du passé. Alors que se protéger d'une réalité agressante et puiser dans l'imaginaire quelques raisons de la transformer constitue un mécanisme de défense résilient*[1]. »

On ne peut changer ni de mère ni de passé. On peut modifier le regard que l'on porte sur l'un comme sur l'autre. Un regard adulte, c'est un regard sorti de l'enfance et capable d'oublier ses rancœurs pour entrer dans le domaine de la compréhension. Il ne s'agit pas d'absoudre à tout prix ni de pardonner l'impardonnable, mais de comprendre et d'apprendre à faire avec, ou à dépasser.

« Fuir la réalité ou s'y soumettre sont deux mécanismes de défense toxique. Alors que se protéger d'une réalité agressante et puiser dans l'imaginaire quelques raisons de la transformer, constitue un mécanisme de défense résiliente[2]. »

Tant qu'un fils, tant qu'un homme continuent d'accuser leur mère, de penser légitime de le faire, ils resteront en état de dépendance psychique, prouvant, quel que soit leur âge, qu'ils n'ont pas atteint le stade adulte.

La colère des mères de la 3e génération

Témoins du malaise de leurs mères prises entre différents enseignements et incapables de reconnaître leurs contradictions, elles les ont vues s'évertuer à concilier métier, divorces, influences extérieures, essayer d'obéir aux règles et consignes définissant leur rôle sous peine d'être de mauvaises mères. Mères à leur tour, elles

1. *Le Murmure des fantômes*, Odile Jacob, 2003, p. 143.
2. *Ibid.*

veulent éviter ce chemin de croix, parfois ulcérées comme le fut Alice, une bibliothécaire lyonnaise de trente-trois ans.

« Ne m'en parlez plus ! La psychologue de l'école m'a convoquée pour me dire que mon fils était indiscipliné parce qu'il ne voyait pas assez son père et qu'il était trop livré à lui-même. Je ne peux pas me permettre de m'absenter une demi-journée du bureau pour entendre quelqu'un résumer une situation évidente sans offrir de solution. J'ai traîné mon fils chez un psy. Il y est allé deux fois et puis il a refusé. "Il est ouf le mec, il me demande toujours comment je vais, comme s'il ne savait pas qu'un enfant ne va pas bien quand son père le quitte !" L'institutrice a marqué sa réprobation, le psy a capitulé avec un air de blâme, tout en me laissant sa porte ouverte pour le moment "inéluctable" où j'aurais un grand besoin d'aide.

Dès l'année suivante, César s'était habitué à son nouveau mode de vie fractionné entre son père et moi, il avait changé d'institutrice et tout est rentré dans l'ordre, aussi normalement que possible. En attendant, j'en ai passé des nuits blanches mais, pour rien au monde, je serais allée en "consulter" un autre. »

Une jeune mère, à qui famille et amis reprochaient de couver son fils unique, se rappelle avoir pleuré des nuits entières jusqu'à ce qu'elle repère une phrase du Dr Hudson.

« Dans Tout se joue avant six ans, *il a écrit qu'on élevait ses enfants pour en faire des êtres équilibrés et pas pour faire plaisir aux voisins. J'ai enfin, et avec quel bonheur, compris que je voulais être une mère parfaite qui devait plaire à tout le monde. J'oscillais comme un*

roseau à droite et à gauche en fonction des personnes avec qui je me trouvais. Je devenais folle et je rendais mon fils fou. Maintenant, quand on me reproche quelque chose, je réponds : "Oui, j'entends bien ton point de vue." J'essaie d'y réfléchir tranquillement ou je laisse tomber. »

Pendant sa grossesse, Olivia, trente-deux ans, assistante de production, avait consulté plusieurs ouvrages sur les bébés et sur l'éducation des enfants.

« *Je les ai trouvés assez pervers, sauf celui de Cohen-Solal. Lorsque Valentin est né, je voulais le nourrir, mais ça ne marchait pas. À la maternité, je fus confrontée à des intégristes de l'allaitement et à une "psy" de je ne sais quelle branche qui me reprochaient de stresser mon bébé. J'étais effondrée, convaincue d'être une mauvaise mère incapable d'empêcher son petit garçon de hurler. En sortant, j'ai filé chez le Dr Cohen-Solal. J'étais tellement désespérée qu'il m'a donné un rendez-vous sur-le-champ. Je n'avais tout simplement pas assez de lait et mon bébé crevait de faim. Nous sommes passés à une alimentation mixte et j'ai, dès mon retour chez moi, jeté tous les autres livres et manuels. Maintenant, je me fais confiance.*

Nous avons une amie qui a passé son enfance à la DASS. Elle manque de références et elle veut bien faire. Le nez dans les bouquins, elle se fait constamment des nœuds à l'estomac. Dès qu'elle parle de ce qu'elle a lu, elle pleure parce que ça ne marche pas toujours. Elle est persuadée d'être une très mauvaise mère et elle va le devenir si elle ne fiche pas tout ça à la poubelle. »

« *Mes trois garçons ont fait des bêtises comme tous les gosses et ils ont passé le cap. Ils étaient jeunes, ils n'étaient pas malades, ce n'était pas la peine d'aller voir quelqu'un comme on nous le recommandait tout le temps. Nos mères et grands-mères s'en sont bien passé... »*

(Une charcutière en province)

Ces mères disent aussi leur exaspération de constater combien le comportement des professionnels change quand les pères assistent aussi aux rendez-vous. « *Ils sont moins agressifs, moins péremptoires.* » Comme si leur participation aux séances rééquilibrait les rapports de force en jeu.

Au cours de cette enquête, une seule mère a mentionné, implicitement et avec agacement, le célèbre complexe d'Œdipe.

« *Il paraît que c'est incontournable, on me dit que je me cache la vérité, et pourtant je n'ai jamais rien senti d'ambigu ni de sexuel entre mes fils et moi. C'était des garçons, bien sûr, mais avant tout des enfants, des petits enfants. Ce fut une vraie passion, une tendresse charnelle comme avec ma fille et ils ont manifesté un même besoin des câlins de leur père.* »

Des anthropologues ayant étudié des sociétés où la paternité est assumée par des oncles, par d'autres personnes que le père, on peut se demander pourquoi, envers et contre tout, la nôtre cherche à imposer une conception ponctuelle et circonstanciée des rapports de filiation. Des générations d'hommes et de femmes, admiratives à juste titre du père de la psychanalyse, finissent parfois par dénaturer la pensée du grand homme en l'instaurant, hors contexte, comme une vérité universelle applicable à la lettre. Nombre de ceux qui admirent Freud se méfient de la rigidité de ses adeptes.

Les mères, les fils et l'homosexualité

« Contrairement à Freud, plus tolérant au sujet de l'homosexualité, certains de ses disciples, dont Ernest Jones, allaient jusqu'à refuser le droit d'être psychanalystes à ces êtres coupables d'un crime répugnant[1]. »

« Crime » ? Maladie ? Perversion ? Hérédité ? Préférence ? Simple bisexualité naturelle ? Personne ne savait de quoi il s'agissait. On ne sait toujours pas. La seule chose dont « on » était sûr, c'était que les mères en étaient la cause. Ces accusations ne tenaient pas compte des facteurs culturels ; dans la Grèce antique, par exemple, l'homosexualité était une chose naturelle. Elles négligeaient également le fait qu'elles étaient portées par des hommes qui cherchaient à s'en disculper.

Les psychologues Olga Silverstein et Beth Rashbaum décrivent les mères américaines comme… *« élevées dans la terreur d'être un danger pour leurs fils… Elles sont convaincues qu'elles sont nocives pour eux et que seuls les pères – n'importe quels pères – sont valables*[2]. » Dans leur crainte que leurs garçons soient « contaminés » par leur féminité, certaines se censurent et briment toute émotivité chez leurs fils, finissant par élever des handicapés sentimentaux. En France également, nous brandissons cette menace venant de temps qui ne sont plus les nôtres, nonobstant les millions de garçons élevés sans père qui ne furent pas et qui ne sont pas homosexuels.

1. Élisabeth Roudinesco, *op. cit.*, p. 224.
2. Olga Silverstein, Beth Rashbaum, *The Courage to Raise Good Men*, Penguins Books, 1994, p. 19.

Il n'est pas question de bâcler ce vaste sujet, seulement de souligner de nouveau, à la requête de ceux qui ont voulu en parler et par la diversité contradictoire de leur situation, qu'on en sait toujours trop peu pour « accuser » quiconque.

Le récit de Claude

Bien qu'il m'ait semblé souhaitable d'éliminer les récits relevant de la pathologie, je cite ce cri parce qu'il est moins exceptionnel qu'il le paraît. La misère des hommes change, pas le mal qu'elle leur fait. Claude a quarante-cinq ans. Le temps n'a rien adouci. Il s'exprime avec un profond ressentiment.

« *Ma mère s'est mariée à vingt-deux ans, toujours vierge parce qu'elle faisait encore pipi au lit. Mon père voulait faire des enfants pour prouver qu'il n'était pas homosexuel. Ils ont eu deux fils coup sur coup, puis ils ont tout arrêté. Pour être sûr de ne plus avoir à l'honorer, mon père ne se lavait pas. Il était sale. Très sale. Ma mère a été maltraitée par son père qui voulait un fils et qui lui répétait qu'elle ne serait jamais qu'une putain comme sa mère. Profondément malheureuse, ma grand-mère ne pouvait rien contre son mari, un être brutal et grossier. Il exigea, à une époque où les vêtements n'étaient pas mixtes, que sa fille soit habillée comme un garçon jusqu'à l'âge de dix ans. Ma mère, qui au contraire ne voulait pas de fils, s'est vengée sur moi, l'aîné. Elle m'a appelé Claude et m'a habillé en fille jusqu'à ce qu'une institutrice réagisse enfin. J'avais six ans. Je me rappelle que tous les matins, dès mon arrivée à la maternelle, je me cachais dans le couloir sous les vêtements des autres pour ne pas que l'on voie mon manteau avec un nœud devant. Je me souviens de mon premier jouet, le seul que j'aie eu pendant longtemps : sa poupée d'enfance qu'elle me faisait habiller et coiffer. Mon père lui a acheté une machine à tricoter quand j'avais douze ans. Elle n'a jamais voulu s'en servir. C'est moi qui confectionnais les pulls de toute la famille. Elle a ensuite acheté une machine à coudre pour que je fasse ourlets, retouches, rideaux et housses de fauteuils.*

Vendeuse de chaussures, elle se proclamait créatrice de mode en copiant des modèles dans des magazines. Elle a toujours été jalouse des gens intelligents ou cultivés dont elle se moquait. Et, puisqu'elle se prétendait "créatrice", elle se transformait en pot de peinture ambulant. Tous les matins, elle se pomponnait en s'admirant : "Vos copains sont moches parce que leur mère est laide. Vous avez de la chance d'avoir une mère aussi belle." Pendant ce temps, mon père lavait la vaisselle de la veille, mon petit frère l'essuyait. Dès cinq ou six ans, je balayais la maison et le magasin avant d'aller à l'école. Elle ridiculisait nos amis, même en photo. Nous ne pouvions avoir aucun copain. Elle a toute sa vie entretenu la haine entre sa famille et celle de mon père. Ma pauvre grand-mère avait interdiction de venir nous voir, alors qu'elle habitait la même ville que nous. Ma mère l'accusait de venir les espionner, quand elle passait au loin à vélo pour apercevoir ses petits-enfants.

Les voisins savaient qu'on se faisait dérouiller sans arrêt. Ils nous entendaient hurler. Personne n'a jamais rien dit. Comme sa mère, mon petit frère a fait pipi au lit très tard. Mon père le fouettait avec un martinet toutes les nuits à la demande de sa femme qui en avait marre de laver les draps.

Quand j'ai été très malade, elle m'a soigné tout en répétant qu'elle aurait préféré que je meure pour ne pas m'avoir sur le dos. Elle se touchait le ventre avec dégoût,

"Quand je pense qu'il y a treize ans, j'avais ça dans le ventre !" J'avais gagné un peu d'argent en faisant des travaux de couture ou du tricot pour des voisins. Elle me l'a volé et s'est justifiée : "Tu ne crois pas qu'on allait te soigner gratuitement !"

Ils ont toujours tout nié, sa névrose, l'homosexualité de mon père qui me masturbait la nuit. Elle le savait parfaitement et se gardait bien d'intervenir. Ça devait l'arranger puisqu'ils ne se touchaient plus. "Si Dieu existait, je ne serais pas aussi malheureuse", nous répétait-elle.

Elle pissait les fesses dans l'évier. Sinon, elle ne fermait jamais la porte des toilettes. Elle sortait, la culotte sous les genoux, et s'essuyait devant nous sans aucune pudeur.

J'ai fini par lui dire qu'elle était une malade mentale, qu'elle devait se faire soigner. Ils gagnaient bien leur vie et auraient pu le faire, mais il n'y avait aucune remise en question possible. Elle était profondément perturbée sur le plan psychique et en même temps convaincue de sa supériorité.

Parce qu'elle critiquait les moindres gestes et les moindres choix de sa femme, mon frère a fini par la virer et ne l'a plus jamais revue. Ses petits-enfants, dès cinq et six ans, ont demandé à une psychologue scolaire à ne plus aller chez leurs grands-parents qu'ils trouvaient trop méchants. Ma mère se moquait de leurs parents devant eux et répétait à sa petite-fille ce que son père lui avait dit : "Tu seras une putain comme ta mère."

La nuit, je rêvais que je leur tranchais la gorge. Mon frère avait douze ans quand il leur a crié qu'un jour il les tuerait. Elle était allée déposer une main courante au commissariat. "Si vous nous trouvez morts, vous saurez qui c'est." »

L'histoire de Claude ne prouve rien en ce qui le concerne, même si elle apparaît comme un cas classique « d'homosexualisation ». Il n'aimait ni ne respectait pas plus la femme en sa mère que l'homme en son père. Parce que son frère n'est pas homosexuel, son homosexualité reste un fait, son destin, son mystère.

Ce que Claude voulait raconter, c'est son enfance de petit garçon face à une mère profondément perturbée, qui refusait de faire le moindre travail sur elle-même qui lui aurait permis d'interrompre la transmission d'un passé pathologique. Tant qu'un être ferme les yeux sur ses problèmes, tant qu'il reste convaincu de sa bonne conduite, rien ne peut évoluer. Le processus de refoulement, le refus d'analyser le mal qui leur a été fait conduisent certaines femmes à, volontairement ou non, le faire subir à leur tour.

Claude voulait également dénoncer l'absence d'intervention des adultes, témoins directs ou indirects de scènes odieuses. Le couple était connu dans cette petite ville de province, les enfants portaient des traces de coups, mais personne, aucun cœur de mère, n'est jamais venu au secours des deux petits garçons. Nos aînés n'interféraient pas : refus de jouer au justicier, vieux fond de pudeur, volonté de ne pas s'en mêler. Il reste parfois difficile de dénoncer une mère dont on ne connaît pas l'histoire, mais la notion de santé mentale, la protection de l'enfant ont fait des progrès. De nos jours, un enseignant, un voisin même, pourrait plus facilement prendre cette mère à part, lui conseiller de « consulter », lui communiquer des adresses, sinon l'avertir qu'en cas de récidive il se sentirait tenu de prévenir les services sociaux, à défaut de la police.

Le droit d'ingérence humanitaire est valable là aussi. Il est également devenu un devoir.

Le récit de Jeanne

Jeanne est âgée de quarante-sept ans. Née dans un port de pêche en Bretagne, elle est architecte à Paris.

« *J'ai passé mon enfance dans une famille où les hommes étaient en mer et mon jeune frère le joyau absolu des femmes. Je voulais un garçon, je l'ai eu. Nous étions ravis, son père et moi. Notre bébé était doux et calme. Il s'amusait tranquillement dans son coin et nous le trouvions absolument charmant. À dix-huit mois, au cours du premier été passé avec ses cousins et ses cousines, il s'est précipité vers les jeux des filles. Lorsqu'il se trouvait dans un univers de garçons, il tournait en rond au milieu des voitures, des pistolets et des soldats, triste, désemparé, comme blessé. Dès qu'il a commencé à s'exprimer, il a demandé des poupées. Il les peignait, les habillait. Nous en avons parlé avec un psy qui nous a conseillé de ne pas le contrarier et d'attendre pour voir comment tout cela allait évoluer. Nous étions d'accord, nous ne voulions ni brutaliser notre fils ni le rendre malheureux. Nous lui avons donc offert les poupées qu'il réclamait, mais aussi un bateau de pêche, une ferme et des animaux... Il n'était attiré que par les poupées et réclamait des accessoires. J'avoue que, de temps en temps, on hésitait. On avait envie de le secouer un peu en nous disant qu'il en avait peut-être besoin et puis, parce qu'on voulait qu'il soit heureux, on respectait ses choix.*

Mon mari et moi nous sommes séparés quand Nicolas avait quatre ans. Nous sommes restés en excellents termes et nous l'avons élevé ensemble. Même si, au niveau des responsabilités quotidiennes, je prenais les décisions mineures seule, j'ai toujours eu l'impression d'être accompagnée, avec une discrétion et une connivence absolues. Je travaille beaucoup, j'aime mon métier et je suis appelée à me déplacer. Quand il ne voulait pas rester seul avec la personne qui le gardait, Nicolas allait chez son père et sa belle-mère qui habitent tout près. Il passait ses vacances chez ses différents grands-parents où il retrouvait oncles, tantes, cousins et cousines et où j'allais le rejoindre.

Nous avons tous les trois consulté des psys régulièrement. Nos premières séances eurent lieu avec une femme. Elle recevait l'enfant, puis nous indiquait la date du prochain rendez-vous. Elle nous laissait seuls, sans un mot, face à notre angoisse, à notre souffrance, seuls devant notre problème, car c'en était un à l'époque, il y a plus de quinze ans. Seuls face aux remarques, aux conseils, aux reproches des autres, alors que l'on faisait ce que l'on pouvait avec ce que l'on avait. À la troisième séance, devant notre insistance, elle a fini par nous conseiller de nous disputer devant l'enfant. Chose que nous n'avions jamais faite en dix ans de vie commune. D'après elle, l'enfant ne pouvait pas comprendre une séparation sans conflit et cela le perturbait. Étant donné qu'il avait quatre ans lorsque nous nous sommes séparés, étant donné qu'il semblait être né homosexuel, nous avions du mal à comprendre que notre entente ait pu le perturber dans ce domaine. Nous lui avions bien expliqué que nous nous aimions beaucoup, mais que nous préférions ne plus vivre ensemble parce que nous n'avions plus les mêmes goûts, pas les mêmes horaires. Nous sommes allés voir un autre psy qui nous a conseillé de faire au mieux de ce que nous étions capables de supporter. Je me sentais capable de tout supporter, sauf de rendre mon fils malheureux par mon intolérance ou par mon incapacité à gérer la situation. Ce furent quand même des années de souffrance. Heureusement, il nous a toujours parlé librement, aussi bien à son père qu'à moi. De lui-même, incapable de mettre des mots sur ce qui se passait dans son corps, il me racontait ses séances chez le psy. Vers douze ans, il a voulu arrêter. "Je vais très bien, je ne suis pas fou." Nous avons alors mis des mots sur son homosexualité. Il a eu des moments difficiles avec les copains. Il a cherché à être un garçon-garçon. Il y a très vite renoncé. Il me parlait de sa sexualité, souvent brutalement, crûment. Je n'étais pas toujours prête. Il n'a pas eu de crise d'adolescence classique, mais une crise de sexualité. Il a une forte personnalité, mais ce n'est pas un rebelle et il a toujours entretenu des relations calmes et joyeuses avec ses amis. Nous avons eu des frictions parce que je lui imposais une régularité dans le travail scolaire et parce que je suis une maniaque de l'ordre, mais c'est resté très anodin.

Le plus dur pour moi fut l'époque où il se cherchait. Entre douze et dix-huit ans, il m'était très douloureux de me demander comment il allait apparaître, quelle mimique, quelle démarche il allait adopter. Parfois il entrait comme juché sur des talons aiguilles. Je ne savais jamais de quelle manière il allait se comporter. Il se cherchait dans ses attitudes, dans chacun de ses gestes.

Le regard des autres, je m'en fous, c'est l'équilibre de mon fils qui m'intéresse, pourtant ils sont durs ces regards consternés, accusateurs... Et je savais que c'était moi que l'on accusait. Au mieux, on a l'impression que notre entourage nous croit aveugle et qu'il ne sait pas comment nous mettre au courant. J'ai à nouveau un homme dans ma vie depuis quinze ans. J'ai eu mal au début parce que lui aussi estimait que c'était de ma faute, que je l'avais cherché en quittant son père... Il faisait un dur raccourci de ma souffrance. Je pleurais en cachette. Heureusement nous ne vivions pas ensemble.

Son incompréhension provenait évidemment de son histoire familiale. Son propre père, le dernier fils d'une tripotée de garçons, avait été élevé et habillé comme une fille jusqu'à l'âge de huit ans et il en est resté perturbé toute sa vie. Nous n'étions pas dans ce cas de figure.

Mes beaux-parents nous ont convoqués un jour pour nous demander ce que nous comptions faire. Nous ne comptions rien faire. Nous aimions notre enfant comme il était et nous avions décidé de le laisser vivre sa vie. Ils ne nous en ont plus parlé. Ils le voient heureux, cela leur suffit. Aucun membre de ma famille n'a jamais prononcé un mot à ce sujet. Mes parents aiment tellement leur petit-fils que je ne suis pas sûre qu'ils aient assez de recul pour avoir remarqué quoi que ce soit. Que son petit-fils soit homosexuel ne viendrait, j'en suis convaincue, jamais à l'idée de ma mère. »

Nicolas, âgé maintenant de vingt-trois ans, est un jeune homme fin, gracile, fluide. C'est un être épanoui, enthousiaste, un artiste. On ne peut s'empêcher de penser aux adolescents qui expriment leur virilité avec une brusquerie que l'on encourage en la trouvant plus dans la norme que la douceur. Nicolas aura épargné à sa mère les agressions banales de certains adolescents. Il a eu la chance, qui reste assez rare dans n'importe quel cas de figure, d'être aimé et respecté dans sa singularité. En ce qui le concerne, il n'y a jamais eu d'ambiguïté. Ses toutes premières expériences furent bonnes, uniquement avec des garçons. Il se demande simplement pourquoi « *ça lui est tombé dessus* ». Il ne voulait pas être différent, il veut être lui-même. Il envisage de faire une série de tests pour essayer de comprendre, mais il sait qu'il aura du mal à trouver une réponse.

Aucun antécédent connu dans les deux familles. Pas de rupture dans sa relation à son père. Aucun abus ou traumatisme sexuel. Une enfance très entourée. Pas d'attachement exclusif à une mère aimante, mais passionnée par son métier et amoureuse de son compagnon. Le récit de Jeanne ne nous éclaire pas non plus sur les racines de l'homosexualité. Il nous dissuade seulement d'incriminer la responsabilité de la mère.

Aucune étude scientifique convaincante n'a pu établir ni la part du déterminisme biologique ni celle du déterminisme culturel ou éducatif dans l'homosexualité. L'American Psychiatric Association a reconnu, en 1981, qu'elle ne relevait pas d'un trouble psychique. Françoise Dolto disait que n'est pas homosexuel qui veut et que, si un homme ou une femme l'est, c'est qu'il ne lui a pas été possible de faire autrement. Les mères de garçons homosexuels ou qui expriment leur féminité furent néanmoins décrétées coupables face à un type de sexualité que l'on réprouvait. Elles en restent encore les premières soupçonnées.

Les filles de la 3e génération s'émeuvent moins de ce qui a bouleversé leurs mères. Elles les ont vues malmenées jusqu'à être accusées de l'autisme de leurs enfants, et elles n'ont pas l'intention de se laisser faire. L'avenir étant plus incertain que jamais, elles ont compris qu'elles ne maîtriseraient pas celui de leurs enfants. Si leur fils doit être homosexuel, il le sera, quoi qu'elles en pensent, ça ne l'empêchera pas d'être plus ou moins heureux que les autres, d'avoir à prendre sa vie en main, de s'assumer. Poètes, écrivains, couturiers, les premiers à « sortir du placard », l'ont fait avec un brio salvateur qui a ouvert la route à une acceptation de destins différents.

Une adaptation nécessaire

Personne ne conteste que les découvertes de grands thérapeutes pour enfants comme Donald Winnicott et Françoise Dolto soient riches d'enseignement et aient considérablement et particulièrement modifié le rapport de la mère à ses fils. En cas de problème, l'accès à un recours professionnel dans les écoles est de nos jours facilité. La présence de psychologues compétents (le problème est qu'ils sont trop brièvement formés : un an tout au plus de spécialisation) a parfois tranquillisé, aidé celles qui partent du principe qu'elles ne peuvent pas, qu'elles ne savent pas tout voir, tout faire. « *La nôtre est rassurante. Les mères sortent regonflées de son bureau* », dit l'une d'elles dont le fils n'était plus considéré comme un cancre à vie mais comme un enfant qui traversait une passe difficile.

Éclatée, décomposée, sans cesse recomposée, cellulaire ou monoparentale, la structure de la famille s'est considérablement modifiée. Le regard du grand public s'adapte mal à cette évidence et s'entête à désigner une coupable. L'application de schémas théoriques par des béotiens représente un réel danger. Un état de fait enregistré par la sociologue Dominique Mehl, chercheuse au CNRS, et mère de deux enfants :

« *Les places du père et de la mère, assignées par la psychanalyse, ne correspondent pas à celles que s'attribuent les jeunes parents. On constate un vrai décalage entre les théories dominantes, normatives et la vie quotidienne de la dernière génération de parents. Le milieu psy reste, à quelques exceptions près, assez imperméable à l'évolution de la société... Indifférents, oublieux des changements de mentalités suscités par les transformations du statut de la femme et de la famille*[1]. »

En l'occurrence, même si les jeunes couples ont tendance à jeter l'éponge un peu vite, ils se parlent plus. La notion de thérapie familiale a fait son chemin. Les conjoints en conflit essaient de comprendre, consultent plus volontiers des médiateurs. C'est l'un des acquis de la vulgarisation du discours analytique que les erreurs, même celles des autres, puissent être acceptées comme inhérentes à tout individu et que l'on n'a plus (légalement au moins) à diviser les couples entre ceux qui ont tort et ceux qui ont raison.

À une époque où une avalanche de manuels a ajouté à leur peur de faire mal celle de faire du mal, Marcel Rufo, psychiatre et père de famille, rassure les mères en leur signalant combien il est tout aussi difficile pour des professionnels de jongler entre la théorie et la pratique dans le domaine périlleux de l'affectif. Les parents professionnels rencontrent eux aussi les mêmes problèmes.

« *Ils n'ont pas de capacité particulière à interpréter ce qui est du registre de l'affectif. Tout le travail des pédopsychiatres, c'est d'essayer de travailler dans l'affectivité sans y mettre la leur. Mais ils sont infoutus de le faire quand il s'agit de leurs enfants. Ils sont dedans*[2]. »

Marcel Rufo

Dans un ouvrage paru en 2005, le médecin psychanalyste Alain Braconnier constate l'opprobre dont elles sont victimes et prône l'amour des mères pour leurs fils.

1. *La Bonne Parole*, La Martinière, 2003.
2. Valérie Colin-Simard, *Pères d'aujourd'hui, filles de demain*, Anne Carrière, 2003, p. 246.

« Pour ma part, et contrairement à certaines idées reçues, je défends l'idée que l'amour d'une mère est source de bienfaits pour son fils. Certes, certaines peuvent étouffer leur garçon, mais cela m'apparaît beaucoup plus rare qu'on ne l'a dit... et, parfois, écrit. Mon expérience de thérapeute m'a amené au contraire à rencontrer beaucoup plus de mamans qui avaient peur de trop aimer leur fils que de mères étouffantes et fusionnelles[1]*. »*

Alain Braconnier

Ce n'est pas la psychanalyse que les mères mettent en cause – parce que le psychanalyste ne sait pas, il cherche – c'est tout ce qui a surgi autour. Ce sont tous ces gens qui « savent », qui disent qu'il faut faire comme si ou comme ça, sinon ça ne marchera pas, qui les irritent parce que le niveau d'inquiétude qu'ils génèrent invalide la confiance qu'elles devraient avoir en elles.

Les mères de fils récusent la dureté et l'intransigeance de ceux qui s'autorisent à les juger et à les condamner à travers le prisme déformant d'une interprétation approximative. Elles apprennent à décrypter le danger des formules générales appliquées à la lettre dès lors qu'elles ont compris que la psychanalyse est à l'opposé du conseil. Qu'il ne s'agit pas de prescription, d'injonction moralisante, mais d'une écoute précise, ponctuelle, neutre, qui ne laisse jamais penser que quelqu'un ait la clé de toutes les clés. Et, s'il n'y a pas de recette miracle, qu'elles se rassurent : on ne saurait les désavouer pour ne pas l'avoir trouvée.

---

1. *Mère et Fils*, Odile Jacob, 2005, p. 13.

VII

MÈRES, FILS, PÈRES

« En l'absence de père, le fils devient la représentation du phallus, celle du rêve incarné de la mère... Une femme souffrant de castration ne peut apporter à son enfant mâle de quoi construire sa virilité... Elle ne peut que le castrer à son tour, l'utiliser comme une compensation, comme un substitut, en faire un homosexuel, un être incapable de contrôler ses pulsions, devenir son esclave, ou haïr en lui l'image de l'homme qui lui a fait défaut... »

Cette déclaration, plusieurs fois dénoncée dans son intention, fut citée littéralement par une mère au chômage de la 2e génération. Révoltée par son contenu, elle l'avait recopiée dans son agenda sans en noter la référence. Ce genre d'affirmation particulièrement violente est, hélas, fréquemment repris et utilisé, absolvant pères et fils, terrorisant les mères et les impliquant sans rémission, nonobstant le fait qu'elles le veulent rarement ainsi et que la vie de millions de fils adultes prouve qu'il peut tout à fait en être autrement.

« Le bagage héréditaire de votre enfant est défini à partir du moment où vous avez choisi son père. »

Donald Winnicott

La responsabilité de la mère commence avec le choix du conjoint ou du partenaire.

« *Il circule en ce moment dans notre monde des âmes décidément si peu aptes à transmettre le bonheur que c'est à nous, un par un, d'un lit à l'autre, dès ce soir, qu'il revient d'avoir le discernement, la dureté et la détermination de ne pas leur accorder de descendance*[1]. »

Raphaëlle Billetdoux

Des femmes l'oublient quand, attirées par un homme ou un autre, elles confondent l'amant et le père comme le décrivait Basia « *tombée amoureuse de deux hommes très différents qui se sont amusés avec leurs enfants jusqu'à ce qu'ils aient dix ans et qui s'en sont éloignés dès que ceux-ci ont commencé à manifester leur volonté* ».

Les pères démissionnaires

La génération n° 2 qui a érigé des barricades contre l'autorité fut emportée par son mouvement libertaire. Le vieux principe freudien selon lequel « *le père c'est la loi, la mère c'est la tendresse* » – constatation de l'organisation de la famille à l'époque – perdit son sens : hommes et femmes se mirent à braver ensemble l'ordre social, prêts à réorganiser le monde, et commencèrent, jeans et T-shirts à l'appui, à admettre la bisexualité des êtres que Freud a toujours reconnue. Pour les unes comme pour les autres, ce fut l'époque de la désobéissance à la loi. Cette génération-là, hostile au principe de la famille patriarcale, s'est, particulièrement en matière d'éducation, coupée de celle de ses parents. Elle était convaincue de mieux savoir comment élever les enfants dans la mouvance des temps présents. Elle a cherché, en

1. *Mélanie dans un vent terrible*, Grasset, 1994, p. 70.

passant par le dialogue, une autre façon d'exercer son autorité, ou décrété qu'elle la refusait. Laissant néanmoins les femmes assumer la responsabilité du foyer, la plupart des hommes, quittant ou non les lieux, ont rejeté le rôle du *pater familias* sans mettre une autre structure en place.

Dans un roman autobiographique, Dan Franck, l'un des porte-parole des pères de la génération post 68, revendique son hostilité à toute manifestation d'autorité.

« Le Pap'... ne rechigne pas quand Victor lui demande un mot d'absence bidon pour un cours qu'il a séché... Il ne sévit ni ne punit jamais. Il ne s'accorde pas la légitimité nécessaire...

... Le rapport de l'expert-psychiatre indique chez le père un dégoût pathologique de l'autorité qui le conduit à nier toute fonction répressive dans l'éducation de ses enfants[1]*... »*

Le juge accorda au Pap' la garde de ses deux fils adolescents séduits par la liberté dont ils jouissaient chez lui, la mère plus stricte obtenant un droit de visite.

Les fils de la génération des barricades sont très conscients et peu admiratifs des carences de leur père, comme l'exprime judicieusement l'un d'eux : *« Son irresponsabilité règle pour lui le problème de son autorité. »* Plusieurs d'entre eux racontèrent comment leur père, voulant être leur copain, les incitait à transgresser les règles, jouant d'une complicité masculine avec eux au détriment du lycée et des mères.

Ou bien, ayant été eux-mêmes des rebelles, ils sont fiers que leurs fils le deviennent à leur tour. Parce que

1. *Les Enfants*, Grasset, 2003, p. 259.

c'est tentant et plus facile, ceux-ci s'emparent de cette autorisation implicite de contester l'autorité de leur mère. Les quelques pères de la génération n° 2 qui assistent aux réunions des parents et professeurs affrontent le regard des enseignants. Ces derniers finissent à leur tour par exiger que les devoirs soient faits avant d'accorder une permission de sortie.

Annick, cinquante ans, horticultrice en Bretagne, se révolte contre l'absolution donnée aux pères, comme s'ils ne pouvaient jamais, en rien, en tant qu'hommes, nuire à leurs fils.

« *Persuadé qu'une enfance heureuse était le meilleur atout dans la vie, mon mari voulait que notre fils profite de la sienne. Je pensais qu'il fallait en même temps que nous l'aidions à se construire en lui apprenant à connaître et à respecter les lois de la vie. Cela impliquait un minimum de contraintes – devoirs, télé, repas – sur lesquelles nous nous affrontions constamment. Notre fils a suivi le chemin de la facilité et les conseils de son père. Il a vingt-trois ans, il traîne d'une fac à une autre. Après une adolescence difficile, essentiellement en butte contre moi, il retrouve avec son père la complicité des motos et des voitures. C'est à moi qu'on reproche une relation "fusionnelle" et une "surprotection".* »

Après les deux guerres mondiales qui marquèrent leur enfance même s'ils ne les ont pas vécues, rendre leurs enfants heureux fut le credo des parents de la 2e génération, au risque de les priver ainsi de perspective à long terme. Les mères voulaient aussi qu'ils puisent des forces dans un présent radieux, mais plus anxieuses de l'avenir de leurs fils, plus impliquées dans leur quotidien, dans une réalité faite de contraintes par rapport à leur santé, à leur sécurité, à leur scolarité, elles s'employaient à ce qu'ils apprennent à faire face. Elles s'insurgent quand le père se garde d'intervenir et critique ouvertement l'éducation de sa femme, comme l'écrit la romancière Marie Billetdoux :

« Il a été dit par vous que le résultat de mon éducation sur Augustin est lamentable. Augustin a entendu ces mots. Moi aussi. On ne peut prôner comme vous le faites que les femmes soient autonomes, responsables... et, en privé, saper le travail qu'elles ont accepté de faire à votre place... Je demande à n'être ni insultée ni condamnée devant lui dans mes actes, dans ce que je suis... au cours de ces quelques heures hebdomadaires où, tout à coup, vous nous jouez les grands chefs, les monsieur je-sais-tout, au mépris de la vie de tous les jours [1]*... »*

Tout aussi délicate à gérer pour une mère, la préférence du père pour le fils est une autre forme de sabotage. Elle voudrait intervenir, mais elle se fait rabrouer et interdire le monde des hommes et, là encore, elle n'ose pas couper ce lien entre le fils et le père. De surcroît, c'est elle qui subit la réaction de souffrance de la sœur, quand sœur il y a. Souvent plus câlin envers sa mère et soutenu par l'attention que lui porte son père, le petit garçon se révèle plus facile à aimer que la fille qui refuse d'être consolée d'une carence qu'elle accréditerait ainsi. Peinée et blessée dans sa sensibilité et dans son narcissisme par le manque d'intérêt de son père, celle-ci provoque sa mère, comme l'explique Caroline, trente-cinq ans, agent immobilière dans un village de province.

« Mon mari est d'origine méditerranéenne. Le garçon est tout pour lui. La naissance de notre fille fut terrible.

1. *Un peu de désir sinon je meurs*, Albin Michel, 2006, p. 85.

Il passait devant elle sans même la regarder. Il prétendait qu'il ne pouvait pas aimer deux enfants. En fait, sa fille ne l'intéressait pas. Elle doit se coucher à 9 heures, quand son frère, qui a deux ans de plus, peut jouer jusqu'à minuit à des jeux vidéo avec son père. Elle reste en retrait, s'enferme dans sa chambre et me fait payer l'attitude de son père. Elle refuse de m'aider alors que son frère se précipite ou devance mes appels. Elle repousse toute tentative de complicité de ma part et elle me rejette dans le rôle de la mère qui n'aime que son fils. »

Pour toutes ces raisons, et parce qu'elle-même se sentait sous-estimée, Caroline a demandé le divorce. Il est évident que la petite fille fuyait toute identification possible avec une femme que l'homme de la maison maltraitait également.

Ils se sentent perdus, ces hommes privilégiés par leurs mères, par la société, puis mariés dans le cadre d'une revendication égalitaire dont ils doivent découvrir le code. Qu'ils doivent apprendre à être un père différent de celui que fut le leur, à une époque confuse pour eux aussi, ne facilite pas non plus le rôle de leurs femmes.

Tous les pères de cette 2e génération ne furent pas, ne sont pas démissionnaires. Ils sont finalement très nombreux à s'être donné beaucoup de mal pour essayer de bien faire dans un contexte qui ne leur était pas toujours favorable, et où eux aussi avaient des comptes à rendre.

En ce qui les concerne également, on a simplifié une situation complexe dans une définition refuge et réductrice qui a installé ceux qui perpétuaient un modèle patriarcal devenu archaïque dans une sorte de confort moral… la libération des femmes les écrasant, ils n'y pouvaient rien, ils en étaient victimes.

Une grande solitude

« Un père, c'est quelqu'un qui représente autre chose que lui-même en face de son enfant, et qui croit à ce qu'il représente : la loi, la raison, l'expérience. La société. Une mère ne représente rien en face de son enfant. Elle n'est pas en face de lui mais autour, dedans, partout[1]. »

Christian Bobin

Bien que notre histoire de la famille soit marquée par l'absence du père, les mères de la génération n° 2 s'en plaignent pour la première fois. Phobiques ou non de la maternité, les pères ont toujours eu la possibilité de fuir, de « lâcher » femmes et enfants, ou de laisser à leur paternité le temps de s'éveiller. Les mères n'ont pas cette possibilité de rester en retrait, et si la maternité peut devenir conflictuelle, c'est justement quand elles ne peuvent pas la fuir.

Les fils y sont sensibles eux aussi. Ils estiment vivre sous un « *faux patriarcat* » quand la mère essaie de maintenir seule l'autorité du père. Ils décrivent « *l'espèce de flegme* » du père, les cris de la mère « *qui nous énerve tous quand elle prend un ton sévère* ».

« Personne n'est dupe quand elle dit qu'elle va lui en parler puisqu'il n'intervient jamais. »

« Elle est teigneuse. Dès qu'il y a un problème, mon père est toujours brandi comme une menace, même s'il ne fait rien. »

« C'est avec elle qu'on s'engueule, les conneries, on les fait en son absence. Le père se défile et c'est elle qui répare. »

« Les mères héritent du mauvais rôle dans l'histoire. Elles travaillent, nous élèvent, se collent les devoirs, les

1. *Le Très-Bas*, Gallimard, 1992, p. 22.

maladies, les coups de gueule et, pendant ce temps, notre père est un copain, on déconne. »

Certes ces pères apprennent à leurs fils à pêcher à la ligne, à faire de la moto, du sport, la cuisine parfois. Qu'ils débarrassent, rangent, le non au quotidien incombe toujours aux mères au risque d'en perdre son efficacité. Même lorsqu'ils sont d'accord sur les points principaux : politesse, respect des autres, travail scolaire, ces pères n'interviennent, et les mères le déplorent, que lorsqu'ils ne veulent pas être dérangés. *« Il se préoccupait moins de leur éducation que de son confort personnel. Moi j'étais là, avec eux, contre eux, fatigue ou non, que ça me plaise ou non, que j'aie autre chose à faire ou non. »*

Présents ou absents, responsables ou irresponsables, les pères existent et, qu'on le conteste ou non, les mères veulent qu'ils tiennent leur rôle. Notre histoire de la famille est trop structurée, depuis trop longtemps, autour du chef de famille, de l'héritage, de la transmission du nom, de la loi qu'il représente, pour que personne n'en fasse impunément l'économie. Leur fuite et leur manque d'implication relèvent de leur responsabilité, même si quelques-uns se sentent cautionnés par cette propension à critiquer les mères.

L'image du père

Comme si la reconnaissance des droits de l'un ne pouvait être vécue que comme la défaite de l'autre, des acquis importants pour tous, socialement et économiquement inévitables, sont présentés dans une perspective de conflit : *« La femme émascule l'homme, brise l'image du père. »*

« En 1970, avec la suppression de l'expression "chef de famille", la notion même de puissance paternelle est définitivement retranchée de la loi. Désormais, le père partage avec la mère le pouvoir sur l'enfant... Et ses anciennes prérogatives sont pratiquement réduites à néant. On parle alors de "coparentalité". [...] *Enfin, en 1975, avec (en France) la législation de l'avortement, les femmes arrachent à la domination masculine la maîtrise complète de la procréation*[1]. »

Si justes soient les propos d'Élisabeth Roudinesco, directrice des recherches à Paris-VII et historienne de la psychanalyse, la *vox populi* n'en retient qu'un aspect négatif... Les bienfaits de la coparentalité se traduisent par une dénonciation de la disparition des *prérogatives qui reviennent aux hommes et de leurs privilèges.* Médias et différents professionnels s'émeuvent de la débâcle des pères au cours des vingt-cinq dernières années. Ils s'apitoient devant le désarroi des hommes face à la perte des traditions, oubliant que ce sont eux qui ont mené et qui mènent encore guerres et révolutions. Ils les considèrent comme une génération de pauvres créatures soumises à leur mère, à leur femme, incapables de prendre leurs responsabilités.

Les mères faisaient la loi au quotidien, sans aide mais sans contestation, sans que les hommes se plaignent jamais d'un empiétement de prérogative, comme en témoigne cette mère de la 1re génération.

« Je voulais des fils, c'était culturel. J'en ai eu deux. Leur père avait vingt ans de plus que moi. Je l'admirais, mais je me suis très vite aperçue qu'il était incapable d'éduquer des enfants. Il n'a jamais donné un biberon,

1. *La Famille en désordre*, Fayard, 2002, p. 128.

ne s'est jamais levé la nuit, ne les a jamais langés. J'étais déchirée entre ses principes libertaires, anarchiques et le fait que c'était moi qui faisais tout. Je ne pouvais pas laisser le gosse seul sur le balcon à un an, même s'il me conseillait de le laisser apprendre la liberté… Ses propos, en matière d'éducation, restaient théoriques. J'ai vécu cela sans amertume, j'avais pris l'habitude de voir les femmes s'occuper des enfants et les pères ne s'y intéresser que plus tard. »

Le plus destructeur pour les fils d'aujourd'hui, et le plus dérangeant pour les mères, est peut-être moins l'absence de père que l'image négative que certains s'ingénient à offrir d'eux-mêmes. Le père de jadis vivait ses amours contingentes hors de la famille. S'il multipliait les aventures ou entretenait maîtresses et « bâtards » éventuels, ses enfants « légitimes » n'en savaient rien. Soit il était à la guerre et c'était un héros que les fils et la nation idéalisaient, soit il rapportait, d'un travail un peu mystérieux, de quoi faire vivre toute la famille. Il était le chef du foyer, il représentait la loi, le sacré du social. « *Votre père arrive…* » Cela suffisait. Les choses entraient dans l'ordre, même si la mère contrôlait tout dans la maison derrière une façade de soumission. De nos jours, trop de pères étalent les fluctuations de leur vie sentimentale sans pudeur, ou peinent à assumer le ou les foyers qu'ils fondent l'un après l'autre, mariage ou non, quand ils ne les laissent pas successivement tomber. Les adolescents qui ne respectent pas les adultes ont souvent un père difficile à admirer.

Une technicienne de surface bordelaise, de la 2e génération, raconte comment son mari a été si souvent renvoyé de ses différents emplois qu'il n'avait plus droit au chômage. Si elle s'en était séparée comme elle le souhaitait, il aurait été à la rue. Elle craignait que ce ne fût insupportable pour leur fils Arthur alors âgé de onze ans.

« Il disparaissait, revenait quand il était à court d'argent. Il racontait ses virées à notre fils, lui montrait les photos de ses conquêtes. Il était beau, gai, charmeur. À vingt ans, j'avais occulté le reste. J'ai assumé, mais je ne me sens pas responsable de l'image qu'il donne à notre fils. J'en suis seulement effondrée. Arthur a maintenant seize ans, il rejette le monde des adultes en bloc. Je ne vois pas comment tout cela pourrait lui donner l'envie de se battre pour en devenir un à son tour… si c'est à ça qu'ils ressemblent… »

Les mères dont les fils se fabriquent un père de légende aimeraient qu'on leur indique comment les aider à accepter une autre présence masculine, ce que demande Mireille, une informaticienne vosgienne de quarante-deux ans.

« Il a bien fallu que j'explique à Simon que nous n'avions plus d'argent, que je devais rembourser des emprunts cosignés avec son père et que je ne savais pas où il était. Qu'est-ce qu'on fait quand notre enfant se construit l'histoire d'un père qui va revenir couronné de gloire et les poches pleines et qui l'empêche d'accepter quelqu'un d'autre ? J'aime mon fils, j'aime mon compagnon, mais la solution qui marche, je ne l'ai pas trouvée. Soyons franc, le mec qui m'a plu il y a dix ans n'aurait pas dû avoir d'enfant. Moi non plus, en tout cas pas avec lui. Mais j'assume. Mon plus grand souhait serait que ce père qui manque à tous ses devoirs ne barre pas l'accès de son fils à un autre homme. Comment faire ? Que dire ? Je n'en sais rien, et nous souffrons tous les trois. »

Parce qu'elles les veulent heureux, les femmes admettent que dénigrer le père porte atteinte à la masculinité de leurs fils. Et, quoi qu'« on » en dise, elles sont de plus en plus nombreuses à chercher à s'en abstenir en leur présence. Elles ont également compris qu'elles se dévalorisent elles-mêmes en dépréciant leur choix fait un jour de cet homme-là. Quand elles n'ont rien de positif à dire, et les fils leur en sont reconnaissants, elles choisissent de se taire. *« J'avais vu, je savais, mais j'ai apprécié que ma mère ne dise rien contre lui. On en a parlé des années plus tard, quand je lui ai posé des questions et que j'étais capable d'entendre les réponses. »*

Leurs fils ont besoin d'autorité. Les mères le savent et elles connaissent la procédure : les informer des règles de la famille, des lois de la société, veiller à ce qu'elles soient respectées. Cela paraît si simple que leurs revers les tourmentent – *« Je dors bien, sauf quand j'ai un problème avec mon fils »* –, quand elles échouent par manque d'autorité naturelle, parce qu'on leur répète qu'elles n'y ont pas droit, parce que les personnalités sont multiples et le domaine de l'affectif bien nébuleux.

Une femme ne saurait élever un garçon

Sans père et sans parole, le titre du livre de Didier Dumas[1], a provoqué des réactions consternées de la part des mères de la génération n° 2 et indigné celles de la 3e génération. *« Le père c'est le nom, le père c'est le non »* également. Elles protestent contre les jeux de mots que l'on systématise en règle. Une règle, disent-elles, qui ne tient pas compte des pères copains, encore moins de ceux qui, au contraire, ont coupé la parole à leurs enfants, muets de honte ou de terreur.

1. Hachette Littérature, 1999.

L'absence du père pèse autant à la mère qu'au fils et, si l'un d'eux essaie de pallier cette absence, on se charge de lui rappeler qu'il n'en est pas question.

« Les psychologues et les psychiatres qui ont écouté et soigné de jeunes délinquants estiment que l'adolescent sans père – qu'il se rebelle devant le contrôle étouffant de sa mère qui ne lui permet pas d'exercer l'impulsivité propre à son sexe, ou qu'il soit peu surveillé et livré à lui-même – ne parvient pas au contrôle de soi... S'il n'a pas de père exerçant son autorité pour limiter ses impulsions, éveiller son sens de la culpabilité et son désir de réparation, il sera incapable de réfréner ses pulsions et la satisfaction immédiate du désir[1]. »

Évelyne Sullerot, sociologue et féministe

Les mères « *qui prennent de plein fouet l'absence du père* » se désespèrent quand on les assure de leur impuissance face à leurs fils, quand on les maintient dans la hantise de fils qui resteront carencés, quoi qu'elles fassent. Évelyne Sullerot publie une liste des effets préjudiciables du manque de père sur les garçons « *qui n'ont pas reçu de paternage adéquat* », liste établie par le psychanalyste américain Henry Biller. Ce genre de liste est d'autant plus terrible que, sans être faux, il paraît sans appel, comme si tous les cas se confondaient en un seul schéma :

– *À l'adolescence, ils nagent dans la confusion par rapport à leur comportement sexuel et présentent souvent une certaine féminisation* ;
– *ils manquent de confiance en eux* ;

1. *Quels pères ? Quels fils ?*, Fayard, 1992 ; Le Livre de Poche, 1995, p. 240 et 250.

– ils éprouvent des difficultés à assumer les valeurs morales, à prendre des responsabilités, à développer le sens du devoir ainsi que leurs obligations envers autrui ;

– cette absence de limites se manifestera aussi bien par la difficulté à obéir et à respecter une autorité que par la difficulté à exercer leur autorité ;

– ils sont plus souvent homosexuels que les fils qui ont eu un père présent ;

– ils sont plus susceptibles de développer des problèmes psychologiques qui, au pire, peuvent les conduire à l'alcoolisme, la toxicomanie, voire à la délinquance.

L'individuel étant plus fort, plus intéressant, plus vrai que le général, ils sont pourtant nombreux, les garçons accomplis – autant que l'on puisse l'être – sans qu'aucun père leur ait montré le chemin. Jean-Pierre, cinquante-trois ans, « *joyeusement* » marié depuis vingt-deux ans, père de deux enfants, en offre un exemple – « *un parmi tant d'autres* », précise-t-il.

« *Sur mes fiches, à l'école, j'écrivais "père décédé". Élevé par ma mère et par ma grand-mère (mon grand-père est mort quand j'avais quatre ans), fils sans père, je le suis. Sans parole, certainement pas. J'ai passé une agrégation puis un doctorat. J'enseigne en fac.*

Enfant, j'étais à l'affût de la composition de la famille de mes copains. Les plus perturbés étaient ceux qui avaient un père à problème ou pas à la hauteur. Je n'aurais jamais osé désobéir à ma mère ou l'inquiéter comme le faisaient certains de mes copains dont les parents étaient mariés. En fonction de ses qualités à elle (institutrice et peintre), je pensais avoir un père du même acabit. Juste après mon bac, j'ai fait irruption chez lui sans le prévenir, par besoin, par curiosité. Je voulais lui dire : "Papa, je suis ton fils." Je n'ai pas pu. Je me suis trouvé sur le perron d'un pavillon de banlieue, face à un mec chauve aux traits mous, bedonnant. Rien à voir avec ma famille où nous sommes grands et relativement beaux. Nous avons échangé trois phrases. Je suis parti. Je ne l'ai jamais revu. »

Il avait imaginé son géniteur digne de sa mère qui n'en parlait pas. Elle-même l'avait si peu connu. Dix-sept ans, un flirt qu'elle avait pris pour de l'amour, sa douleur et sa honte à elle, sa fuite à lui. « *Et puis*, dit-elle, *le bonheur d'avoir non pas simplement un fils, mais ce fils-là.* »

Affirmer que les mères font les pères, c'est nier aux hommes leur libre arbitre. C'est prêter aux femmes un pouvoir quasi magique qu'elles n'ont pas et une structure qui fait défaut à bon nombre d'entre elles. Les fils eux-mêmes ne sont ni malléables à volonté ni privés de discernement. Ils se protègent, s'adaptent. Ils savent aussi chercher ailleurs.

Les garçons qui ne connaissent pas leur père, qui ne l'ont jamais vu parce qu'il est en prison, parce qu'il a disparu, parce qu'on ignore qui il est, s'approprient un père ou son image en fonction de leurs besoins. Une absence totale, le manque d'image paternelle peut prendre une forme dévastatrice quand toute structure manque par ailleurs. Dès neuf ou dix ans, ils tendent à se fabriquer un père tout-puissant, mi-Rambo, mi-Terminator. Fils putatifs de Superman, ils sont incapables de se plier à la moindre discipline. Ils se pensent au-dessus des lois et n'acceptent aucune sanction, aucune remarque, aucun reproche. À dix-sept ans, ils sont prêts à mourir au nom du premier fanatisme qui les encadrera. Ils perdent contact avec la réalité. Aux pères le symbolique, aux mères le réel. Elles sont démunies. Comment lutter contre un fantôme ?

Une mère ne façonne pas, ou certainement pas pour longtemps, l'image du père dans la tête ou le cœur de ses fils. Ce serait compter sans leur résistance, sans leur besoin de se raconter leur vie. Quant à eux, les pères, comme tout être humain doué de raison, sont responsables de leur comportement. Par leur présence comme par leur absence, avec leurs qualités et leurs défauts, ils sont les garants de l'image qu'ils donnent d'eux-mêmes. Les fils, de leur côté, réagissent plus en fonction de leur personnalité que par souci d'obéissance à leur mère. Elles-mêmes protestent quand leurs ex-maris les accusent de leur aliéner leurs fils. Ils y parviennent très bien tout seuls. La récente loi sur la garde partagée, réclamée également par des pères, prend ce problème en compte.

Les mères préfèrent élever leurs enfants à deux

Elles trouvent plus agréable et souvent plus efficace de partager les responsabilités, tout en reconnaissant qu'il est parfois plus facile d'être seule aux commandes. Ne pas être contestée, ne pas avoir de comptes à rendre évite les interférences, les négociations, le « parasitage » conjugal, les renvois d'images de culpabilité.

« Ce qu'il y a de pire, dans l'éducation des fils surtout – puisqu'en tant que femme, on n'est pas censée savoir faire –, c'est quand l'interférence du père oblige à ne pas être soi-même, dans la mesure où on se sent tenue de rendre compte de l'image de mère que l'on renvoie à son mari. »

Les témoignages à ce sujet indiquent donc un autre décalage entre le discours individuel et le discours officiel. Les mères de la génération n° 2 souhaitent que l'éducation de leurs fils soit gérée à deux. Elles sont prêtes « *à s'accrocher à une présence qui flotte dans la maison* », même si leurs fils se moquent d'elles lorsqu'elles brandissent la menace d'un père de toute façon peu concerné ou quêtent un avis qu'il ne veut pas donner. « *Elle essaie de nous faire croire que c'est un excellent père et qu'il s'occupe beaucoup de nous, alors qu'il ne sait même pas dans quelle classe on est et que, les rares fois où il mange avec nous, il nous demande de nous taire pour écouter la télé.* » La seule femme résolument hostile aux hommes rencontrée au cours de cette enquête n'a jamais séparé son fils de son père. « *Les mecs sont atroces. Ils sont comme ça. Même maintenant. Ils ont peur et ils fuient. Moi, j'ai peur de tout, mais je fais face. Ce que je pense de mon ex ne regarde que moi. Mon fils a besoin de son père et c'est très important pour lui, pour moi aussi, qu'ils se voient.* »

Même si l'alchimie est parfois problématique quand les personnalités diffèrent, les mères le regrettent quand elle échoue.

« *Mon fils est né quinze ans après que l'on m'eut déclarée stérile. Un miracle pour moi, une crainte pour mon mari que je l'abandonne au profit du bébé. Pourtant c'était d'un amour différent qu'il s'agissait, l'un ne remplaçait pas l'autre, au contraire. J'étais enceinte de notre enfant, de nos deux histoires, de notre avenir à tous les trois. Dans une perspective très ludique, Antoine prônait l'éducation au nom du plaisir et aimait s'amuser avec son enfant, à ses heures et en ses termes. Il avait une autorité naturelle, parfois redoutable au bureau, qu'il n'a jamais exercée en tant que père. Fille d'enseignants, je croyais à une transmission naturelle des règles et des lois. J'allais m'apercevoir que, en matière d'éducation et surtout quand il s'agit de son propre fils, connaître les règles et savoir les appliquer sont deux choses différentes et fonction des deux parents.*

Nous nous sommes vite affrontés sur les principes d'éducation. Il me paraissait égocentrique quand il écartait de nous ce bébé qui, moi, ne me dérangeait jamais. Je n'ai reconnu que beaucoup plus tard, et pourtant je savais l'importance de la triangulation symbolique imposée par le père, qu'il jouait son rôle d'homme, refusant de voir sa place de mari et d'amant envahie par un petit être qui en aurait pâti lui aussi.

Pour éviter que cet enfant intelligent et beau de surcroît ne devienne fou entre un père imprévisible et une mère en extase, nous avons très vite pris la décision de le laisser partir pour quelques heures, puis en week-end et en vacances, chez des tantes, cousins ou amis proches. Au début, je me sentais littéralement déchirée lorsque mon lumineux petit bonhomme s'éloignait en riant. Mais je savais déjà – et Antoine surtout le savait – que c'était la seule façon de le laisser tomber et se relever sans que je me précipite, de le laisser apprendre à ne pas être toujours préféré, à partager. Je me rends compte que j'aurais pu être fusionnelle. Il était si doux, si curieux, si drôle, si câlin.

À la mort de mon mari, Dylan avait quinze ans, je lui ai expliqué que son père me l'avait confié. Que je n'élevais pas mon fils, mais notre fils. Il sait qu'il porte et qu'il perpétue le nom d'un homme dont il est garant et que ce qu'il fera restera lié à l'homme que fut son père.

Nous n'avons pas pu, en devenant parents, déposer tout le bagage hérité de nos ancêtres avec ou contre lequel nous nous étions construits et nous avons dû faire avec la société dans laquelle notre enfant grandissait.

J'avais du mal à accepter que mon fils se contente d'être un élève moyen, alors qu'Antoine voulait que le sien profite avant tout de son enfance. Je regrette que son père et moi nous soyons opposés alors que nous avions deux points de vue, deux apports différents qui, avec plus d'humour et moins d'inquiétude, auraient pu et dû être merveilleusement complémentaires. »

« *J'ai mis quinze ans à découvrir ce que l'on ne m'avait jamais caché* », ajoute Mathilde, cette mère de la 2e génération. Enseignante, elle qui n'en ignorait ni le bien-fondé ni la nécessité, s'étonne encore de n'avoir saisi que trop tard le fonctionnement, dans l'acceptation des différences de points de vue, du rôle « conjoint » du père et de la mère. Le père non plus ne l'avait pas compris.

« *Chaque fois qu'on trouve l'homme en panne en tant que père, il y a toujours derrière – ou devant – une femme qui ne veut pas le laisser passer, qui ne veut pas qu'il soit père autant qu'elle-même est mère*[1]. »

Christiane Olivier

Les mères de la 1re génération s'insurgent contre cette déclaration tout en additionnant les exemples vécus. Celles de la 2e génération la récusent comme « *une attaque et une charge supplémentaires* ». Celles de la 3e la qualifient de « *dangereuse, nulle et rétrograde* ».

L'exclusion des pères ne fut pas l'œuvre des femmes. Ce n'est pas par hasard qu'ils ne commençaient jadis à s'intéresser à leurs enfants qu'à partir de leur septième anniversaire. Leur statut symbolique préconisé par Freud puis Lacan les a coupés de la nurserie où, leur affirmait-on, ils n'avaient pas leur place.

1. *Petit livre à l'usage des pères*, Fayard, 1999, p. 96.

Les mères regrettent les désaccords qui, sur le plan éducatif, peuvent les opposer aux pères, ainsi que toute carence paternelle éventuelle. Elles se révèlent plus soucieuses qu'on ne le prétend de la façon dont, de près ou de loin, le père exerce son autorité, ne serait-ce que parce qu'elles en ont besoin.

Claire, mère de la 2e génération, regrette le départ du père, la douleur de leur fils et son rejet de l'adulte qui, estime-t-il, l'a trahi.

« *Dans un premier temps, après notre divorce, j'ai apprécié la simplification des rapports avec mon fils. Les consignes diverses cessèrent d'être un enjeu où chacun s'inscrivait en rival. Très vite, cette position devint d'autant plus lourde que Thomas s'était coupé de son père. En voulant être le copain de son fils, celui-ci n'endossait pas sa place généalogique. Ce père qui était un père à sa façon lui a manqué. Le père éblouissant de son enfance. Le père qu'il aurait voulu qu'il soit. Le père qu'il ne l'a pas laissé être.* »

Avec le développement des e-mails et des portables, les plus jeunes, si tributaires soient-ils de leur mère, peuvent, même dans le cas d'une situation conflictuelle, communiquer librement avec leur père. Ils ont en fait tendance à protester contre leur mère quand elle les oblige à maintenir des liens suivis alors qu'ils préféreraient des rendez-vous choisis, à date variable.

« *Mon père la trompait tout le temps*, raconte Bruno, vingt-deux ans, *les meufs téléphonaient même à la maison. Ça n'avait plus de sens qu'ils vivent ensemble. Elle a viré son mari, mais elle insiste pour que je voie régulièrement mon père. Je trouve ça top qu'elle n'ait jamais confondu les deux, même s'il s'est bien foutu d'elle comme de moi, mais ce déjeuner tous les mercredis, ça me gonfle.* »

Tout au début de la vie, le placenta est composé de cellules maternelles et paternelles. Logiques et pragmatiques, les mères saines d'esprit ne veulent ni prendre la responsabilité d'amputer leur fils d'une moitié de lui-même, ni assumer sans partage l'éducation d'un enfant mal dans sa peau.

Les mariages sont, de nos jours, fondés sur un amour à durée variable dont la survie dépend. Les épouses, qui exercent des métiers analogues à ceux de leur mari, ne disposent pas de plus de temps libre que lui. Elles ont besoin du partage, qu'elles estiment légitime et nécessaire, de la charge parentale et domestique. Si elles ne l'obtiennent pas, si elles cumulent les priorités, elles partent. Il ne s'agit pas de chantage, mais d'un équilibre vital. Il ne s'agit plus seulement de droit comme le revendiquaient leurs mères, mais de bonheur. Les nouveaux pères qui s'impliquent davantage à la maison, auprès des enfants, dès leur naissance, dès le projet d'enfant, le reconnaissent. À leurs dires, à ceux de leurs compagnes, les rôles ne se désexualisent pas, ils s'harmonisent. Nécessairement. Le père devient un être quotidien et réel qui ne perd rien de sa virilité en s'occupant de ses enfants, qui donnera envie à son fils de devenir un homme complet à son tour.

Depuis vingt-cinq ans, les lois concernant les droits des femmes, ceux des pères et ceux des enfants ont évolué. La notion des droits de l'enfant, reconnue depuis les années 70, implique une modification du rôle des parents. L'homme ne peut plus se désinvestir impunément de ses enfants. Ceux qui ont pris leur fils dans leurs bras, qui ont découvert qu'il pouvait se passer tant de choses entre eux dès sa naissance, conservent un lien très fort en cas de divorce et ne les laissent pas tomber au moment de l'adolescence. Leur père n'y pensait pas parce que leur propre père ne s'était jamais occupé d'eux, ou parce qu'il avait commencé trop tard. Il semble que l'on relègue maintenant dans le passé l'immaturité et la légèreté (si légendaires qu'elles ne choquaient pas) de pères qui, enfants eux-mêmes, restaient le « petit garçon à sa maman » et ne pouvaient se charger de ceux qu'ils engendraient.

Par ailleurs, les pères ont appris à être fiers de leurs filles qui souvent font les mêmes études qu'eux et parfois les dépassent dans leur profession. Ils sont d'autant moins dans la nécessité d'avoir un fils que les filles peuvent maintenant perpétuer légalement leur nom. Leurs femmes n'ont plus peur de les décevoir. Elles n'ont plus à conditionner leurs fils.

La colère des mères de la 3e génération

« L'homme européen semble ne plus savoir à quoi sert un père dans la construction de l'enfant[1]. *»*

Didier Dumas, psychanalyste d'enfants

Les nouveaux parents protestent avec véhémence. Les pères qui ont découvert que l'on pouvait parler à un bébé sont bouleversés de constater la reconnaissance et le besoin que les nourrissons ont d'eux, même si les partisans de la répartition stéréotypée entre le rôle de la mère fusionnelle et du père séparateur et législateur continuent de sévir.

1. *Sans père et sans parole*, Hachette Littérature, 1999, p. 177.

« Les pères qui ne savent se comporter avec leurs enfants que comme des mères sont souvent plus destructeurs que ceux qui les abandonnent[1]. »

Didier Dumas

Les pères qui s'occupent de leurs enfants, de leurs bébés, s'y prennent comme ils savent le faire et comme ils sont, c'est-à-dire en tant qu'hommes. Et, comme le remarque le pédopsychiatre Marcel Rufo, il n'y a qu'eux qui lancent leurs enfants en l'air. Que certains se sentent humiliés de changer un bébé relève de leur propre pathologie, pas de leurs gènes.

Leurs compagnes se révoltent contre « *ce genre de bêtises qui tend à déstabiliser les mecs au moment où ils découvrent enfin combien c'est super de s'occuper des enfants et des tout-petits* ».

Une mère de cinquante-sept ans raconte son émerveillement devant le spectacle de jeunes couples qui écoutaient un concert de rue en soirée.

« C'était émouvant et beau de regarder les petits enfants fatigués, les bébés endormis, passer des bras de leur mère à ceux de leur père. On voyait, à la douceur de leur regard, combien ces hommes étaient heureux de les tenir contre eux, fiers de les sentir confiants et apaisés. Des amis hommes les caressaient au passage, leur parlaient, les prenaient à leur tour dans les bras, sur leurs épaules. C'était une faune plutôt branchée qui avait certainement les moyens de s'offrir des baby-sitters mais qui ne l'avait pas choisi. Quelle sensualité, quel plaisir. J'ai vraiment vu, c'était comme palpable, que les

1. *Op. cit.*, p. 174.

hommes avaient découvert le regard admirateur et confiant des enfants, les bras tendus vers eux, le plaisir d'un petit corps blotti contre le leur, et qu'ils n'accepteraient pas d'en être privés. »

Sourde et aveugle, la résistance se veut implacable.

« *Quand le père materne au lieu de paterner, peut-on dire qu'il y a absence de père ? Oui, car il y a alors deux mères, et non plus un père et une mère. Ce sont deux fonctions complètement différentes.* »

Cette déclaration de la psychanalyste Catherine Madelin implique une déviance génétique chez les hommes qui s'occupent de leurs enfants. Les trentenaires s'indignent, comme le fait cette jeune femme mère d'un fils de trois ans :

« *C'est nul de dire un truc pareil. Qu'est-ce qu'ils cherchent, ces types ? Pour une fois que nous avons une génération de mecs concernés, intelligents, à l'écoute, qui aiment exprimer leur douceur... Olivier s'occupe du bébé depuis sa naissance. Nous l'avons fait à deux et nous l'avons attendu à deux. Nous travaillons tous les deux et nous partageons les couches, les réveils en pleine nuit, les biberons, la lessive, les courses. Notre fils a autant besoin de son père que de moi et, ce qu'il préfère, c'est nous avoir tous les deux avec lui. Le père, la mère, ce n'est ni la même personne ni la même façon. Nous avons d'ailleurs des urgences et des priorités différentes et l'enfant le sait. Il ne nous appelle pas indifféremment... Il a très vite compris à qui s'adresser et pourquoi.* »

Les femmes au foyer étaient soupçonnées de chercher à justifier leur dépendance par une activité constante.

On leur reprochait de ne céder aucune de leurs prérogatives, de vouloir se rendre indispensables en ne laissant pas d'initiative aux maris. Sans doute, mais rien de cela ne se faisait sans la complicité des hommes. On reproche maintenant aux femmes qui exercent un métier d'usurper leur rôle de pourvoyeur, de *« décapiter »* leurs maris tout en s'attendant à ce qu'ils prennent part à la marche de la maison. On les accuse même de vouloir se débarrasser d'eux, comme l'indique la journaliste Tessa Ivascu.

« Sociologues, démographes, pédiatres, juristes constatent, inquiets, la "débâcle", voire la "décapitation" des pères, tandis que se profile l'avènement de la famille monoparentale, dirigée par une "mère-père" qui estime n'avoir plus besoin d'eux[1]*. »*

Une tendance normative et nostalgique cherche à rétablir l'ordre familial bousculé par l'évolution de la société. Ces intégristes de la famille traditionnelle s'évertuent à perpétuer l'image conservatrice du père/autorité/finances et de la mère/tendresse et foyer, comme si c'était là un modèle indépassable, sans tenir compte de l'impossibilité ou de l'opportunité d'un retour en arrière, et comme s'il s'agissait d'une vérité unique, inaliénable, inconditionnelle.

Les mères de fils doivent continuer de lutter contre ces images qui les mettent en cause qui sont enracinées dans une tradition et une organisation de la famille devenues archaïques. Tout ce qui ne ressemble pas à ce qui reste « la norme » est proscrit, comme si le passé était idéal, comme si la famille traditionnelle n'avait jamais été source de dissensions et de ferments névrotiques. Notre

1. *Marie-Claire*, avril 1992.

imaginaire étant nourri de cette image mythique de l'homme chef de famille et de la femme au foyer, le hiatus entre l'archétype et le discours actuel ne sera surmonté qu'au prix d'un effort de part et d'autre aussi conscient que constant. Sylvie, vingt ans, le déplore : *« Ce n'est pas gagné. »*

« Pour nos soirées d'étudiants, ce sont les filles qui préparent tout. Parfois, un garçon ou deux passent la tête dans la cuisine et proposent de donner un coup de main, comme s'il ne s'agissait que de ça… Quand j'entends ma mère me parler de féminisme, de leur lutte, j'ai l'impression qu'il y a une régression, et même pire, un désir de régression.

C'est vrai que c'est plus confortable de reproduire un modèle, donc de couver un peu son copain, de s'en occuper. Quelque part les deux y trouvent une valorisation, la femme est celle qui guérit, l'autre celui qui se fait soigner, les deux peuvent s'y complaire. Même les plus convaincus doivent faire un effort pour s'extraire de la ligne de conduite du retour de la mère au foyer, mais c'est, et de plus en plus, pratiquer la politique de l'autruche face à l'avenir. À moins d'être nés dans une famille riche, il est si difficile d'acquérir et de garder un emploi, qu'on se demande comment une femme, même une professionnelle, peut espérer retrouver un vrai boulot après une interruption de plusieurs années. »

Il est vrai que quelques mères de la 3e génération, ébranlées par la persistance des assauts, ou en fonction de leur personnalité, se demandent si elles ne devraient pas, à leur tour, céder à une certaine pression ambiante et rester à la maison. Mais la tendance semble plus conforme aux impératifs de notre société : deux salaires et un partenariat.

Les nouveaux pères trouvent leur place

Un imprimeur, dont les bureaux sont au rez-de-chaussée, et qui s'occupe des trois enfants en l'absence de sa femme hôtesse de l'air, l'atteste.

« Ma femme voulait recommencer à travailler. Elle n'est plus sur long-courrier, mais elle repart. Nous avons discuté de son envie, de l'intérêt d'un deuxième salaire, de mon investissement. J'étais d'accord pour prendre la relève. Nous avons une employée de maison à temps complet, mais c'est moi qui accompagne les enfants à l'école, supervise les devoirs, gère les loisirs, les maladies. J'y prends un vrai plaisir. À aucun moment je ne me sens ni féminisé ni la mère, et eux, deux garçons et une fille, ne paraissent pas perturbés le moins du monde. Lorsque leur mère rentre, ils sont ravis de nous avoir tous les deux à la maison. Ils ont avec elle une relation différente de celle qu'ils ont avec moi. Ils acceptent sans nous le reprocher que nous ayons aussi envie d'être seuls. À quatorze, onze et neuf ans, ils vivent leur vie, rassurés de constater que leur cadre est solide et fonctionne bien. »

Internet fourmille de forums de discussion à ce sujet, indiquant que pères et mères de la 3e génération prennent l'éducation très au sérieux, ce qui ne peut qu'assouplir la dyade mère-fils en évitant la nostalgie d'un retour en arrière dans un contexte qui ne s'y prête plus.

France, quarante et un ans, a deux fils avec dix-sept ans d'écart. Elle a constaté cette évolution à l'intérieur même de son couple. Bien qu'elle soit enseignante au même titre que son mari, celui-ci n'a jamais touché à leur premier enfant.

« En mon absence, il aspergeait sa couche de déodorant plutôt que de la changer. C'était infect. Les bébés, pour lui, c'était le domaine des femmes et, comme les autres pères, il n'a commencé à s'intéresser à notre aîné que lorsque celui-ci a eu six ou sept ans. En revanche, il a pris notre cadet en charge dès sa naissance. Il en a éprouvé un tel bonheur qu'il regrette de ne pas avoir découvert plus tôt cette façon d'être père. »

Les « nouveaux parents » se considèrent comme interchangeables quand il s'agit de répondre aux besoins incontournables des petits. L'une est la mère, l'autre est le père. L'une est une femme. L'autre est un homme. Même s'ils font les mêmes choses, ils ne les font pas de la même façon. Il n'y a pas d'ambiguïté non plus pour les enfants nés de la génération n° 3 qui ne connaissent pas le schéma traditionnel de la mère qui soigne et du père qui gronde, comme s'en étonne Adrien, quinze ans.

« Je voudrais que l'on m'explique et que l'on me prouve en quoi un petit garçon serait perturbé quand son père le prend dans ses bras pour le consoler ou le soigner ? »

« En regardant fonctionner les jeunes couples aujourd'hui, on ne peut pas dire qui représente la loi. Ma petite fille me dit indifféremment que maman ou papa ne veut pas. Quand elle fait une bêtise, l'un ou l'autre intervient. S'il y a une répartition, elle n'est pas évidente. On ne voit pas non plus cette exclusivité du câlin de la mère. Même si je me rends compte que le rapport de la mère à ses fils est encore puissant, fondamental. Beaucoup plus que le rapport entre le père et le fils, entre la mère et sa fille. »

Si les femmes sont génétiquement programmées pour porter les enfants et les allaiter, les soins que réclame un nourrisson n'ont pas de sexe. Le père qui s'occupe de ses enfants ne les « materne » pas. Cette expression réductrice trahit un manque de souplesse, une volonté de ne pas reconnaître que les choses et les gens bougent. Un père qui s'occupe de ses enfants, un père qui se bat pour en partager la garde, pour les suivre dans leur quotidien, est un homme, un père à part entière et, si l'on a besoin d'une image parallèle, c'est un homme qui, sans connotation péjorative, « paterne ». Aucun n'a l'impression d'être une mère bis, mais la conviction d'offrir l'image d'une virilité plus complète à leurs fils, rompant ainsi la chaîne de fabrication « d'attardés affectifs ». Les couples qui s'harmonisent ainsi n'en parlent ni en termes de rivalité ni de duel où chacun jouerait au plus fort, mais comme d'un facteur d'épanouissement familial. Les mères sont soulagées. Leurs fils seront plus faciles à élever, ils auront toutes les chances de devenir des adultes mieux équilibrés, de meilleurs époux, de meilleurs pères à leur tour.

La publicité entérine cette évolution. Les premières photos d'hommes torse nu, peau contre peau avec des nourrissons ou de tout jeunes enfants, ont à peine dix ans. La première pub de cet ordre, en tout cas la plus citée, fut celle de Candia. Candia, c'est le lait. Or le lait c'est le symbole de la maternité, et pourtant, ces photos d'un homme très viril, jeune et beau, portant un bébé dans ses bras ont séduit et fait école.

Les jeunes couples, pour qui le partage « semble » automatique, évaluent le degré de participation à l'éducation des enfants à 50/50, 40/60, 30/70 ? Ils plaisantent, et reconnaissent que la répartition n'est pas toujours équitable. Elles l'estiment à 50/50. Peut-être le souhaitent-elles si fort qu'elles voudraient que cela soit entendu. Il faut sans doute attendre une autre génération pour que s'accomplisse l'équilibre amorcé il y a quarante ans, d'un partage égal des responsabilités dans un couple.

Le consensus n'est pas automatique. La souplesse qu'il implique s'apprend et se découvre, propre à chacun. L'atavisme de l'homme qui préfère changer de vie sans avoir à se soucier de la précédente, les réflexes égocentriques n'ont pas disparu. L'acceptation que l'on avait de ces comportements comme inhérents à la condition masculine s'est modifiée. La première association de pères divorcés réclamant leurs enfants a été créée hier. La loi sur la garde alternée vient d'être votée. La bataille n'est pas gagnée ni une fois pour toutes ni une fois pour tous, mais le courant est inversé.

Les mères insistent sur le fait que le droit des femmes n'a pas restreint celui des pères, mais que, au contraire, en clarifiant la paternité, il l'a remise en question et l'a valorisée. Les acquis existent. Les hommes et les femmes qui se les partagent découvrent avec bonheur qu'il y a une place pour chacun. Une place à la fois interchangeable et spécifique, respectueuse des personnalités en jeu. Les femmes indépendantes qui élèvent à deux des enfants conçus à deux ne se trouvent plus dans l'urgence d'avoir un fils, de le privilégier, de menacer à nouveau l'équilibre et l'harmonie entre les sexes.

Les pères apprennent à jongler à leur tour avec les horaires, le métier, les enfants, leurs maladies et celles de la baby-sitter, mais ils partagent aussi le bonheur de relations profondes avec leurs enfants. L'équilibre des garçons, celui de la famille, la santé collective ne repose plus seulement sur les mères. Un pédiatre le constate :

« Actuellement deux pères sur trois sont présents dans le service de consultations pour nourrissons. Les pères d'aujourd'hui osent s'occuper du développement de leurs enfants. Ils sont de meilleurs pères. »

Dans le magazine *Elle*, la journaliste Marie Guyot recueillait les propos du Dr Strouk, obstétricien à la maternité des Lilas. Lui aussi constatait « *une énorme évolution* ». Une nouvelle façon d'être père, une nouvelle façon d'être mère, un grand sentiment de sécurité pour les enfants.

« En 68, les pères voulaient accoucher eux-mêmes leurs bébés et désertaient quelques mois plus tard. Aujourd'hui, ils sont beaucoup plus responsabilisés... Les grands débats du féminisme semblent dépassés. Les couples sont beaucoup moins dans le conflit qu'avant. Les pères veulent s'occuper de leurs enfants[1]. »

La relation d'un père à son fils est également multidimensionnelle et intergénérationnelle. Culturellement, idéologiquement, affectivement, dans le vécu de l'homme comme dans son imaginaire, elle est trop complexe pour être réduite à une simple décision de la mère. Bien sûr, la paternité dépend aussi des femmes, mais jamais sans la complicité des hommes. Les pères, dits « nouveaux » parce que différents, ont découvert leurs enfants. Ils ne jouent plus à être celui de leurs compagnes, et ils trouvent la relation bien plus intéressante. Ils partagent avec leurs compagnes la joie et la force du lien émotionnel que créent les heures passées à s'occuper conjointement de l'enfant voulu ensemble. Les mères n'ont aucune intention ni de s'en priver ni d'en priver leurs garçons. Elles n'y ont aucun intérêt.

1. *Elle*, 10 mars 2003.

Il appartient aux hommes, qui ont mené le monde et les révolutions, de ne pas accepter de se faire traiter comme de grands enfants désemparés devant le changement de la vie, de ne pas jouer aux victimes.

Au-delà du décalage entre le débat officiel et le combat quotidien des individus, à travers un appel à la solidarité entre hommes et femmes, cette enquête confirme que, portée par un mouvement général, toute lutte collective et politique doit être reprise au niveau personnel, au jour le jour. C'est l'effort constant qu'il reste à faire aux mères. Un effort difficile tant que l'on continuera de saper leur autorité face à leurs fils et qu'on les incitera à nouveau à rester à la maison, bien que l'esprit de sacrifice de la mère entièrement dévouée à sa famille et tributaire de la réussite de ses fils soit désormais suspect.

Ce qui leur reste à apprendre, c'est au contraire à moins s'investir dans une relation où chacun trouve ce dont il a besoin. Ce n'est pas à elles de la gérer. Ce n'est pas à elles d'en pallier les carences éventuelles. Elles doivent laisser à leurs maris, à leurs compagnons la responsabilité de leur comportement de pères, qu'elles le contestent ou non. Il s'agit de leur faire confiance. De faire confiance à leurs fils. Et de le leur prouver.

VIII

LES MÈRES, LES FILS ET L'AUTORITÉ

Depuis que Freud, en se fondant sur son expérience de fils et de médecin, a constaté qu'à son époque le père incarnait l'autorité et la mère la tendresse, on a figé ces paroles et les rôles qu'elles définissent. Le suivi inconditionnel de cette déclaration (alors que Freud précisait toujours qu'il était dans le doute) a compliqué la vie des mères et dérouté les pères, déstabilisant des générations de fils. Nous retrouvons ainsi les mères en position d'usurpatrice d'un rôle dont peu de pères se réclament. Comme si l'autorité n'était pas affaire de personnalité, comme si elle n'était pas tributaire de l'interaction des hommes, des femmes, du monde et de notre société.

Une crise de l'autorité

« On n'impose plus. On expose. Au risque de vous embrouiller. Au risque de ne plus rien maîtriser... Quand j'étais petite, les choses étaient plus claires. C'était comme ci et pas comme ça... Ma génération s'interroge sans cesse sur son rôle de parents. Les nôtres n'avaient pas ces scrupules[1]. »

1. Michèle Fitoussi, *Lettre à mon fils*, Calmann-Lévy, 1991, p. 79 et 14.

Au cours d'un entretien, sans mettre en cause l'une plus que l'autre, une psychiatre et psychanalyste déclare avoir constaté, « *depuis dix à quinze ans, un grave manque d'autorité des parents, un manque de structure des personnalités, une recrudescence des consultations pour des problèmes d'énurésie (ou incontinence d'origine psychologique), de troubles scolaires, de névroses, chez les garçons comme chez les filles.* »

Elle a, de même, remarqué, aussi bien en consultation médico-psycho-pédagogique qu'au sein de sa clientèle libérale, « *une évolution des pathologies, des psychoses plus lourdes* ».

« *L'ado qui refuse l'autorité, celle du père comme celle de la mère, est un phénomène nouveau. Oui, il y a une recrudescence de la violence, et dès la maternelle. On voit des gosses de trois ou quatre ans qui sont de vraies terreurs et qui seront de futurs malades mentaux si leurs structures sociales restent défaillantes. Les mères qui ont peur de leurs fils, la violence des adolescentes sont des faits relativement nouveaux. Beaucoup de choses passent dans l'action, pas dans la réflexion. La société évolue, les parents démissionnent vite. Il y a les copains, la télé, le goût des choses faciles, des plaisirs immédiats. La drogue, la consommation, la vente qui incite à la violence... Ces comportements excessifs ont toujours existé, mais ils sont nettement plus nombreux qu'avant.* »

Le constat clé de ce médecin que « *beaucoup de choses passent dans l'action, pas dans la réflexion* » s'accorde avec celui de différents professionnels : les pathologies dues à une carence de l'autorité ont augmenté depuis une quinzaine d'années, les mères voient leurs fils en phase avec des problèmes qu'elles n'ont pas connus tels la drogue à l'intérieur du lycée, le racket, l'irrespect des enseignants. « *Par comparaison avec mon fils aîné, j'avais l'impression qu'il y a seulement quinze ans, on était sur des rails.* »

Le sociologue Louis Roussel explique le débordement des parents par les enfants, même très jeunes, comme issu…

« *… d'un immense basculement intervenu entre 1950 et 1970 : on a alors assisté à un déplacement des attentes collectives de la sphère publique vers le privé… (l'inverse étant également vrai). De là a découlé la tentation de faire en sorte qu'il n'y ait ni conflit, ni tension avec les enfants. La famille est devenue une sorte de démocratie ; à l'obéissance, on a substitué la négociation*[1]. »

Cette époque, personne ne l'ignore, reste celle où les formes traditionnelles de relations familiales furent battues en brèche. Hommes et femmes se trouvèrent ainsi démunis, à la recherche de repères qu'ils combattirent en les contredisant avant de les remplacer par la négociation, dans le cadre de la quête du bien-être des enfants, tout autant que de celui des adultes.

Nathalie, psychanalyste de la génération n° 2, fait, de son côté, référence à une trop grande proximité avec nos enfants, à une sollicitation permanente des adultes pour les enfants, « *et c'est encore plus vrai pour les garçons* ».

« *Au moment où les* Antimémoires *sont sortis, Lacan a clos une journée sur les psychoses de l'enfance en invoquant un curé que Malraux cite au début de son livre : "Ce que la confession m'a appris, c'est qu'il n'y a pas de*

1. *L'Histoire* n° 262, février 2002, propos recueillis par Séverine Nickel, in *L'Enfance oubliée*, Odile Jacob, 2001.

grandes personnes." Je pense que Lacan en a fait vraiment un truc de l'époque pour dire combien c'est le siècle de l'enfant... avec l'irresponsabilité qui va de pair. »

Françoise Dolto dénonçait déjà la non-intervention en matière éducative « *comme l'un des problèmes de notre génération* ». L'important n'est pas de désigner *la* coupable, mais de chercher des solutions, de trouver un nouvel équilibre entre l'autorité, l'épanouissement du fils, le rôle de chacun des parents. En contestant que la mère puisse représenter la loi, en lui reprochant de ne pas le faire ou de le faire au risque de déstabiliser les hommes, on paralyse sa possibilité d'action face à ses fils et, avec une certaine perversité, on s'empare de son échec pour prouver le bien-fondé de ces accusations.

Les enfants des générations précédentes n'étaient pas associés aux discussions de leurs parents, à leur pensée, obligés de faire semblant de comprendre des choses qui leur échappaient. Les uns comme les autres, en optant pour l'option éducative de la valorisation des enfants, de solliciter leur avis alors que le choix est une responsabilité d'adulte, pères et mères d'aujourd'hui leur volent en quelque sorte une part de leur enfance. Est-ce l'une des raisons pour lesquelles ceux-ci compensent ce manque en la prolongeant ?

Le discours maternel est porteur d'interdits, d'injonctions, de restrictions. Les mères ont l'impression d'avoir à dire non constamment. Elles qui ont « éduqué » leur petit garçon pour lui apprendre à manger, à être propre, poli, qui affrontent l'adolescent pour qu'il assiste aux cours, fasse ses devoirs, ne sorte pas pendant la semaine, respecte un minimum de règles sociales et familiales, qui ont, le plus souvent, l'impression d'agir au quotidien comme un adjudant, comprennent mal qu'on les taxe de laxisme quand le père, resté au-dessus de la mêlée, est censé représenter une loi qu'il impose peu, voire pas du tout.

À la recherche d'une définition de l'autorité

Quand elles sont perplexes en ce qui concerne le sens du mot et de l'acte, les mères fluctuent de façon déstabilisante entre répression et laxisme, confondent autorité et autoritarisme, comme s'il n'y avait pas de conduite intermédiaire ou positive. La récurrence de certains signaux finit par déterminer, en additionnant les repères négatifs les plus souvent cités, une définition de leur manque d'autorité, manque dont elles n'avaient pas toujours conscience :

1. *Répéter toujours la même chose sans se faire entendre et avoir l'impression de harceler leurs fils.*
2. *Se sentir obligée de négocier, ou de promettre des récompenses pour des gestes aussi normaux que ranger leur chambre, faire leurs devoirs, aider à la maison, déjeuner chez leurs grands-parents.*
3. *Finir par faire les choses à leur place.*
4. *Leur chercher constamment des excuses.*
5. *Réparer leurs bêtises.*
6. *Les menacer de sanctions sans les appliquer.*
7. *Ne pas oser les provoquer parce qu'on a peur d'eux (de leurs réactions, qu'ils ne nous aiment plus, de casser leur confiance en eux).*
8. *Avoir envie de capituler et le faire.*
9. *Avoir l'impression de ne plus les aimer.*
10. *Avoir la certitude d'avoir échoué.*

Le plus curieux est qu'il en manquait une définition positive. Qu'elles l'admettent ou que leurs propos les trahissent, les mères reconnaissent leurs difficultés personnelles et leur part de responsabilité dans cette défaillance. Elles conviennent, avec plus ou moins de spontanéité, que leurs garçons les enchantent et que, tant qu'ils ne mettent pas leur vie en danger, rien ne les dérange. *« Je me rappelle ce jour où un ami, à qui nous rendions visite, a demandé qu'on fasse taire le petit con qui hurlait. J'étais à côté, c'était le mien, je n'avais rien entendu. »*

Entre le petit garçon et sa mère, il s'agit souvent d'un tel amour que celle-ci manque de recul, de lucidité. Nigraan prétend que la sienne ne s'est pas aperçue qu'il était noir avant son adolescence.

« J'habitais une ville de fachos, je me battais tous les jours. J'ai réagi en devenant raciste et en me demandant si j'avais vraiment envie d'avoir une mère blanche. Quand on est métis, les autres ne voient que le Noir, ma mère ne voyait que son fils. Il y a eu un vrai décalage entre nous quand elle s'est finalement rendu compte qu'elle avait un fils de couleur que l'on considérait comme un émigré. »

Au moment où leur fils prend ses distances, elles le découvrent tel qu'il est, différent de leur projection, et elles réagissent en multipliant les exigences, en croyant qu'il faut sévir pour qu'il reste conforme à l'enfant rêvé. La frustration réciproque, le conflit s'installent, comme en témoigne une mère de la 2e génération.

« Il avait douze ans lorsque j'ai essayé de le faire travailler pour lutter contre son récent désinvestissement scolaire. Une amie psychiatre m'avait alors dit que tout ce que je ferai à ce sujet en tant que mère ne servirait à rien. J'avais jugé cette réaction défaitiste, je me suis obstinée, puis j'ai capitulé. Nous passions plus de temps à

nous affronter qu'à réviser les cours. J'ai repensé à cette phrase lorsque j'ai entendu ce fils, avec qui j'avais vu, lu, entendu, visité, senti, tant de choses, parcouru tant de pays pendant douze ans, dire : "Le seul truc que j'ai appris de ma mère, c'est à faire pipi sans bruit." »

Tiraillées entre les exigences de leur fils et leurs incertitudes à elles, elles cherchent alors à tabler sur une maturité qu'elles lui imputent, et tentent à nouveau la négociation.

« *Tout ne doit pas se régler par la négociation. C'est encourager chez l'enfant la tentation, innée chez lui, de la toute-puissance... C'est nier une chose absolument essentielle dans l'espèce humaine : le respect de la différence entre les générations. Ni le père ni la mère n'ont le droit de faire des lois. Ils ne peuvent que transmettre celles qui existent*[1]*...* »

Elles s'y essaient pourtant afin de « *respecter sa personnalité et d'avoir l'air compréhensives* ». Elles finissent souvent par chercher à imposer des règles. Les fils jouent et pâtissent de leur confusion. Même s'ils en ont besoin, ce n'est pas eux qui leur indiqueront la place qu'elles doivent occuper. « *Mon fils me l'a dit plusieurs fois sans que, je l'avoue, je comprenne très bien en quoi :* « *"Écoute-toi, tu réagis comme une ado !"* »

Des mères de la 2e génération disent avoir utilisé le principe du code de la route. La notion de stop ou de feu rouge, impératif et valable pour tous sous peine de danger ou de sanction, leur permettait de neutraliser leurs demandes. « *Ça, on ne peut pas, mon chéri, c'est un feu rouge.* » Il ne s'agissait plus pour leurs fils d'obéir à

1. *L'Histoire* n° 262, *op. cit.*

une femme, ou de faire plaisir à leur mère, mais de se soumettre à une loi valable pour tous. À *la* loi.

Les mères, l'autorité et le quotidien

Ni autoritaires ni laxistes, celles qui préfèrent les câlins n'apprécient pas de se battre contre leurs fils parce que personne d'autre ne s'oppose à eux. D'une part, elles doivent se faire violence ou exercer avec maladresse un art qui n'est pas inné, de l'autre, à l'aune de leur désarroi, elles mesurent celui de leur fils qu'elles tendent à excuser d'autant plus quand leur père ne s'occupe pas d'eux. Il leur est douloureux de penser que leurs garçons puissent en retenir l'impression qu'ils n'en valent pas la peine. Elles qui les veulent forts craignent d'ajouter à ce sentiment d'infériorité. Elles n'ont pas l'autorité naturelle des hommes à la stature imposante, à la voix grave. Afin de compenser par rapport à ces garçons qui les dépassent en force et en taille, elles crient et exigent. « *À partir de là, c'est foutu*, dit Benjamin, treize ans. *Avec leurs voix pointues, elles sont assez ridicules.* »

« Même si elle est formellement juste, une mère a souvent une énorme difficulté à exercer son autorité sur un garçon, parce qu'elle prend vite une forme agressive, alors que le père a rarement besoin d'avoir l'air autoritaire. »

Thierry, un père de la 2e génération

« *Je me suis rendu compte de quelque chose d'injuste et d'inévitable*, dit une mère divorcée de la 2e génération, *quand mon fils était en vacances chez mes parents. Je voyais mon père demander quelque chose à Lucas, ou le lui interdire en une phrase, alors que moi j'aurais mis trois jours à l'obtenir. Il m'a expliqué qu'il obéissait immédiatement à son grand-père et jamais à moi "parce que lui est sévère et que, toi, tu cries". Mon père n'est pas sévère, simplement Lucas avait admis que son grand-père incarnait la loi, alors que, pour lui, tout ce que je faisais, c'était pousser des hurlements...* »

Quand le père n'occupe pas sa place, les mères qui s'en inquiètent essaient de compenser. Elles sont nombreuses à se faire violence et à se sentir inadéquates. « *Si j'ai envie de crier, je me dis que je suis la mère, alors vite je prends une petite voix d'oiseau pour lui expliquer ce que je pense. Et, en général, parce que c'est ma nature, je finis par hurler qu'il n'y a pas à discuter...* » Même les femmes colériques s'aperçoivent qu'elles crient différemment lorsqu'il s'agit de leurs fils. On leur a tellement répété que la loi, c'était le père, qu'elles hurlent comme elles pensent qu'il l'aurait fait ou aurait dû le faire. Elles changent de voix, ça ne marche pas ; de méthodes, la situation empire. Elles capitulent, par lassitude. « *On comprend bien qu'elles essaient, mais elles perdent la face* », dit un fils de dix-huit ans.

Il est difficile d'exercer une fermeté contraire à sa nature. Certaines reconnaissent qu'elles manquent tout simplement d'autorité, qu'elles n'ont pas envie d'être la seule à faire le gendarme et qu'elles démissionnent à leur tour. Elles invoquent aussi le manque de temps, d'énergie parfois, et d'occasions. « *Pour moi, je l'avoue*, murmure une mère divorcée de trente-neuf ans, *il s'agit avant tout de fatigue. Je suis seule avec trois garçons. Trajets, boulot, maison, je n'ai plus ni le temps ni l'énergie de lutter contre eux. Je gueule quand ils n'obéissent pas, et quand ils ne font pas ce qu'il faut faire, je le fais. La plupart du temps, je n'ai même plus la force de gueuler.* » Les repas étant rarement pris en famille, elles perdent ce moment privilégié de communication, d'information, de contrôle, plus particulièrement avec les adolescents. Certaines avouent avoir été surprises par les annotations des enseignants. Elles ignoraient que leur fils posait des problèmes à l'école. Elles se rendaient alors compte combien elles le voyaient peu. « *Il s'enfermait dans sa chambre et, pour faire oublier son décalage horaire, entrait et sortait sans qu'on s'en aperçoive.* »

L'autorité dépend de la personne qui l'exerce

De nos jours, la question n'est plus de savoir qui du père ou de la mère doit représenter la loi, mais lequel des deux est assez adulte pour le faire. Le vrai problème est quand il n'y a personne pour l'exercer.

« *Chez nous*, explique une éleveuse de cinquante ans, *la mère a tous les droits de faire la loi, comme on dit. On gagne tous les deux notre vie, on fait le même métier. Je manie la fourche, conduit le tracteur comme mon mari. C'est celui qui est là au moment où il faut qui commande, à nos bêtes comme à nos garçons. Ça ne pose de problème à personne, peut-être parce qu'il n'y a pas d'états d'âme. Quand les vaches ne sont pas traites, elles gueulent, quand le jardin n'est pas arrosé, il meurt.* »

L'autorité ne signifie pas punir ou sévir comme l'interprètent hâtivement ceux qui utilisent cette définition pour ne pas agir, mais aider à entrer dans le monde. La racine latine du mot « autorité » signifie « enseigner ». C'est-à-dire veiller à ce que les règles soient clairement énoncées, comprises et respectées. Savoir mettre un frein aux abus, en punissant s'il le faut. Savoir aussi encourager et féliciter. Pour transmettre les lois, la culture, l'apprentissage des obligations et des interdits, l'acquisition du sens de la responsabilité et le respect des autres, il faut être capable de donner l'exemple.

« *Des enfants sains ont besoin d'une discipline continue, mais celle-ci doit leur être fournie par des êtres qu'ils peuvent aimer ou haïr, sur lesquels ils peuvent compter tout en les défiant. Des contrôles automatiques ne sont d'aucune utilité, de la même façon que la peur ne saurait être un bon moyen d'obtenir la docilité. Là encore, c'est une relation vivante entre des personnes qui fournit l'espace indispensable à une croissance authentique. Cette croissance véritable finit par donner à l'enfant ou à l'adolescent un sens adulte de ses responsabilités, qui l'incitera par la suite à offrir de bonnes conditions de sécurité à la génération future*[1]. »

En dépit du cliché des mères dangereuses pour leurs fils, toute personne fiable peut familiariser un garçon avec le sens du bien et du mal. Les quatre cas suivants illustrent, chacun à sa manière, comment la personnalité d'une mère importe plus que son appartenance sexuelle, sociale ou culturelle, et détermine plus que tout autre critère la qualité de son autorité.

Maud

Cette mère de la génération n° 2 déborde d'une énergie quasi militaire propre aux personnes qui s'occupent de chevaux. Petite et mince, mariée à un militaire de carrière, elle lui avait confié l'éducation de leurs deux garçons, qu'elle ne jugeait pas de son ressort. Issue d'une famille unie de filles, désemparée par son divorce, elle se retrouva seule, sans y avoir été préparée, face à

1. Donald Winnicott, *Conseils aux parents*, Payot, 1993, p. 135.

deux jeunes garnements. Elle voulait affirmer sa position avant qu'ils ne la dépassent en taille. Elle les menait à la dure dans sa hantise *« d'en faire des délinquants ou des pédés »*. À la moindre incartade, elle fouettait ses garçons avec une ceinture de cuir suspendue au-dessus de leur lit et elle avait adopté cette coutume américaine, lors d'un séjour aux États-Unis, de leur laver la bouche au savon dès qu'ils proféraient un mot grossier. L'aîné, strict, sans humour, âgé maintenant de trente-quatre ans, est ingénieur. Le second, jovial, abandonna très vite ses études et géra une équipe de football jusqu'à ce qu'il se pende à trente et un ans, sans laisser d'explication. Tous deux sont restés célibataires comme si – faute de l'avoir connue ? – ils étaient incapables d'une relation de tendresse. Ils estimaient que leur mère les avait bien élevés « *et certainement mieux que l'aurait fait notre père* ».

Maud considère qu'elle n'a pas eu le choix, que son devoir était de pallier l'absence d'homme en ne permettant aucune faiblesse. Comme tant d'autres mères peu sûres d'elles, elle a confondu autorité et autoritarisme, laissant peu de terrain à la tendresse, à la tolérance, à l'humour. Elle a essayé d'être le père tel qu'elle le concevait et elle a oublié d'être la mère, sans référence à la sienne très aimante, mais mère de filles, sans se poser de questions sur son rôle à elle. Toutes les femmes n'adoptent pas ce niveau d'intransigeance, mais la dérive est souvent du même ordre. Celles à qui manque de près ou de loin une présence masculine hésitent, alternent dangereusement entre les deux rôles parentaux, ou, handicapées par leur atavisme – ne pas pouvoir représenter la loi –, imposent brutalement la leur.

« *Au moment de l'adolescence, j'ai eu beaucoup de mal. Ce fut l'enfer. J'ai essayé de tenir mon rôle de mère pour compenser la carence éducative* **et** *en même temps d'affirmer une espèce de loi dont il avait besoin pour pallier le manque de père. C'était visiblement trop tard. Il avait pris ses distances.* »

Le **et** de cette mère intelligente et cultivée de la 2e génération la trahit. Elle non plus ne concevait pas que la mère aussi puisse « *affirmer* »la loi.

Nora

Nora, trente-neuf ans, assistante d'un PDG, parle avec amour et admiration de sa mère, une femme chaleureuse, déterminée, qui s'est déracinée pour que ses six enfants aient une meilleure vie.

« *Elle nous aimait profondément tout en étant très rigoureuse. Elle n'acceptait pas qu'un seul de ses enfants, et surtout pas les garçons, reste dans la cour après 19 heures. Elle parle mal le français, mais elle allait une fois par semaine à l'école faire le point sur chacun d'entre nous, à tour de rôle. Nous vivions à huit dans 60 mètres carrés. Notre solidarité, c'est à elle qu'on la devait. Quand elle s'absentait, elle organisait la surveillance, ses fils n'étaient jamais livrés à eux-mêmes. Dans la génération de ma mère, les garçons étaient des rois, des assistés totaux. Les tâches ménagères, ranger, ils ne savaient pas ce que ça voulait dire. Elle n'y pouvait rien, elle a gardé ce décalage au niveau de notre éducation. Les garçons et la petite dernière en ont profité. Ils ont eu leur bac, ils ont fait des études supérieures. Les deux aînées, nous avons surveillé nos frères, nous les avons encadrés pour les devoirs. La violence des banlieues n'avait rien à voir avec nous. C'était un autre monde. Un monde étranger d'enfants à la dérive, de parents moins attentifs que ma mère qui voyait tout, qui ne laissait rien passer.* »

Le père existait, plus lointain, moins fiable. La mère, qui faisait des ménages pendant la journée et parfois des bureaux le soir, fut le pivot, le moteur de cette famille. Fière et heureuse de ses enfants, elle ne se plaignait jamais et aucun d'eux n'aurait imaginé lui désobéir ni la blesser.

Boris Cyrulnik décrit ces familles pauvres qui, malgré la déchirure de l'immigration, intègrent leurs enfants dès la première génération :

« *Les familles très structurées, les gestes de l'affection, les pratiques domestiques, les rituels religieux ou laïques et les rôles parentaux sont clairs. On bavarde beaucoup, on se touche avec des gestes, des mots, on partage l'entretien du foyer, on prie, on se raconte des histoires pour donner sens à ce qui nous arrive et les parents associés ont des rôles différenciés. Ces familles-là échappent aux effets sociaux de leur milieu délabré. Le foyer des Charpak est l'exemple type de ces "familles bastions", pauvres mais sécurisantes et dynamiques. Juifs venus d'Ukraine, ils vivent à quatre dans une chambre de bonne de 15 m². "Le respect dû à nos parents allait de soi et nous donnait un très grand sentiment de sécurité... Toute la famille vivait dans la conviction qu'un jour, à force de travail, viendraient des conditions meilleures..." Quelques années plus tard et malgré une déportation à Dachau, Georges réussit le concours d'entrée à l'École des mines et reçoit en 1990 le prix Nobel de physique pour la France*[1]. »

---

1. *Le Murmure des fantômes*, Odile Jacob, 2003, p. 83.

Les mères de fils ne se retrouvent pas automatiquement dans un face-à-face de tous les dangers. La pauvreté et l'exil ne les disqualifient pas non plus. Leurs qualités personnelles, celles de leurs relations à leurs fils, quand *« leur rôle parental est clair »*, dépendent moins de leur culture et de leur niveau social que de leur sens inné de l'éducation. Au-delà de l'amour qu'elles portent à leurs enfants, elles sont nombreuses à tout simplement assumer leur rôle d'adulte, en leur inculquant avec amour et sans faiblir les règles de la vie.

Annie

Annie est une mère de la génération n° 1.

« J'étais fascinée par mon premier bébé et très amoureuse de mon mari. J'ai ressenti une espèce d'amour fou pour cet enfant dont, jeune mère, j'avais l'entière responsabilité.

Je trouvais dommage que le père reste à l'écart et ne ressente pas cette gratification, mais ça le regardait. On ne peut pas redresser un homme de cinquante ans qui a eu des rapports épouvantables avec sa mère. Malgré des conditions matérielles alors un peu difficiles, élever ce petit garçon fut pour moi un vrai bonheur.

Le second est né six ans plus tard. Le père ne s'en est pas occupé non plus, mais il l'a regardé davantage. Autant le premier était réfléchi, réservé, exclusif, autant le second était farceur, rieur. De nature plus sociable, il était d'un amour moins exclusif.

Nous formions mon mari et moi un couple très complice et intellectuellement assez puissant. Nos fils se construisaient par rapport à ces deux adultes qu'il ne fallait pas déranger, qui s'enfermaient dans une chambre où ils n'avaient pas le droit d'entrer, qui recevaient des invités qu'ils ne voyaient pas... Ils avaient un père à forte personnalité, très préoccupé par son travail, par son œuvre, qui accaparait de plus en plus leur mère.

Leur père est mort quand le cadet avait six ans. Je leur en ai beaucoup parlé, sur un mode anecdotique, en lui gardant son aura de statue. Je me suis rendu compte que c'était plus facile de prendre les décisions directement pour eux ou avec eux. En fait, j'étais à la fois plus disponible et plus vulnérable. Je ne pouvais plus me protéger derrière lui. Mes fils pouvaient m'attendrir. J'ai cependant le sentiment, et c'est difficile à dire, que pour eux aussi ça a été plus facile, en tout cas pendant un certain moment.

À partir de quinze ou seize ans, ils ont rejeté mon autorité. J'avais peur... Des garçons... pas de père... manque d'autorité... les sorties... la drogue... enfin tout ce que l'on peut imaginer. Le premier, matheux et scientifique, travaillait avec rigueur. Le second, plus littéraire, avait tendance à la rébellion. Une belle-sœur psychiatre me répétait que le manque d'homme à la maison était une catastrophe... et elle s'inquiétait pour leur développement sexuel. Je trouvais ça nul, le père était mort, mais sa présence restait forte. Elle me disait par ailleurs, ce qui m'a aidée, que c'était normal qu'ils refusent l'autorité d'une femme et que c'était normal que je veuille l'exercer. J'ai navigué avec ça.

La théorie des psys que le père c'est la loi, heureusement, je n'y croyais pas trop même si je comprends que les ados n'ont pas très envie d'obéir à leur mère, pas devant les copains et surtout pas devant les copines. J'ai maintenu mon autorité sur deux points : l'école et les sorties. Je laissais les cheveux longs, la chambre en désordre... Je leur montrais combien j'étais fière d'eux, heureuse de vivre avec eux.

Je crois que mes fils se sont sentis sécurisés. D'un côté, ils étaient fiers de moi. Je faisais un travail qu'ils estimaient, qui me plaisait. De l'autre, ils savaient que, même si je les agaçais parfois, ils pouvaient compter sur moi. Ce qui ne m'a pas empêchée de vivre ma vie.

Quand on est seule avec un fils, pourquoi serait-ce un problème que la loi passe par la mère ? Bien sûr, je me suis souvent demandé comment prendre le relais... Je n'arrivais pas à le théoriser, ça me tracassait et puis j'agissais. Quand je ne voulais pas qu'ils sortent, je me mettais devant la porte. Il aurait fallu qu'ils me poussent. Ils ne l'ont jamais fait. »

Le fils cadet d'Annie, âgé maintenant de quarante ans, ne se rappelle pas avoir eu de problème pour obéir à sa mère.

« *J'étais un élève assez paresseux. Je refusais de me faire couper les cheveux. J'ai été viré du lycée en 1re. Elle en a d'autant plus souffert que c'était une universitaire, mais elle a encaissé. Elle attachait moins d'importance aux notes qu'au fait que je puisse faire ce qui me plairait. Elle ne nous forçait à rien, elle établissait simplement des limites et s'y tenait. Elle a réussi à maintenir la structure familiale sans que j'aie le souvenir de confrontations. Elle avait de l'autorité, des exigences, mais elle ne cherchait pas à s'imposer. Elle parlait plus en termes de conseils que d'interdiction. Ado, je parlais peu, mais je savais qu'elle avait confiance en moi. J'ai été surpris quand on m'a parlé de famille monoparentale, je ne m'étais pas aperçu que c'était mon cas.* »

Universitaire, femme équilibrée, épanouie, intelligente et généreuse, Annie, veuve, enseignait, écrivait. Ses fils étaient fiers d'elle. Forte, aimante et généreuse, la mère de Nora était illettrée, elle gagnait leur vie en faisant des ménages, le père ne lui était d'aucun secours. Ses enfants, filles et garçons, sont fiers d'elle. L'une comme l'autre s'en sont tenues à deux règles précises : l'école et les sorties, sur lesquelles elles ne transigeaient pas.

Ces deux mères ne se sont pas laissé intimider. « *Le père, c'est la loi* » ; Annie « *ne croyait pas trop* » à ces théories et la mère de Nora les ignorait. Elles étaient l'une et l'autre instinctivement et consciemment convaincues du sens de leur rôle de mère, gardant confiance en leurs fils, même lorsqu'ils les décevaient.

Lise

Lise, cinquante ans, travaille dans une maison d'édition. Son exemple est une autre preuve que le véritable enjeu est la personnalité des protagonistes. Rien n'est jamais écrit, codifié, gagné ou perdu d'avance. Elle cumulait les contre-indications majeures : un mari totalement absent, une relation privilégiée à son fils qu'elle a laissé devenir l'homme de la maison. Lise, qui ne voulait pas d'enfant, s'est retrouvée enceinte à l'âge des socquettes et des nattes dans l'Espagne de Franco. Ayant souffert de sa solitude de fille unique, alors qu'elle savait qu'elle allait quitter le père, elle a voulu très vite un deuxième enfant, né après leur séparation.

« *Avec la première, je n'avais aucune expérience et j'étais mariée à un homme que je n'aimais pas. Ma fille a eu des problèmes de santé qui me dépassaient, nous avions des relations difficiles. Avec le second, ça a été l'idylle la plus totale. Il fut un bébé charmant, puis le plus gentil des garçons, ouvert, facile, jusqu'à seize ans. Il devint tout à coup un étranger, un étranger merveilleux, mais un étranger quand même. Il ne me racontait plus rien. Pendant toute son enfance, mes parents, des gens extraordinaires, très âgés, n'ont eu de cesse de lui répéter que sa mère était jeune, fragile comme un oiseau, qu'il devait s'occuper d'elle, que c'était lui le chef de famille. Il a cru à ce rôle et il l'a tenu. Il s'occupait de la maison, réparait la machine à laver. Quand on voyageait, c'était lui qui vérifiait si on avait bien les passeports et les billets. J'ai eu beaucoup de chance, il était parfait. Très méticuleux, alors que je suis bordélique, il rangeait derrière moi. C'était un bonheur permanent.*

Ma fille disait qu'ils étaient des enfants Findus. C'est vrai que je n'allais pas les attendre à la sortie de l'école avec un pain au chocolat. Je n'avais pas le temps et puis ce n'était pas mon style… Je reconnais que l'arrivée des surgelés a été un grand moment dans ma vie. Je n'ai jamais été une mère traditionnelle. Vraiment pas. J'étais une mère jeune, sans autorité et pourtant tout a été facile avec mon fils. Ce n'était pas un rebelle. Il ne se révoltait pas contre le père puisqu'il n'en avait pas. Il ne se révoltait pas contre moi, sans doute parce qu'on lui avait dit que j'étais inoffensive. La seule chose que je ne voulais absolument pas, c'était qu'il ait une mobylette. Je n'ai pas réussi à m'y opposer.

Il a voulu quitter la maison à dix-sept ans, juste après le bac. Il est resté un an en fac puis, par le biais d'une rencontre, il s'est lancé dans les affaires. Ça marche très bien pour lui, mais je n'aime pas le milieu dans lequel il évolue ; pour moi, c'est un tas de néant. Je le voyais en blouse blanche, un grand scientifique comme mon père, qui chercherait comment améliorer le sort de l'humanité. Je n'ai eu aucune influence sur ce point-là. Il était si gentil que j'étais persuadée qu'il suivrait cette voie, pour me faire plaisir. Mais non. Ce n'était pas sa vie. Je devrais être fière de sa réussite, mais j'ai toujours un petit regret. Si un enfant ne veut pas faire d'études, on n'y peut rien, et c'est pire pour les garçons. Les filles sont plus malléables. À vingt ans, il a voulu connaître son père. Il ne l'a pas trouvé intéressant, il n'y a pas eu de suite.

J'ai trouvé normal qu'il se marie. Ça m'a fait bizarre de le voir devenir père. Peut-être que, parce qu'il n'a pas connu le sien, je ne pensais pas qu'il saurait s'y prendre. Or c'est un excellent père, très responsable. Il s'est arrêté de fumer le jour où il a appris que sa femme était enceinte. Elle travaille également et ils partagent complètement l'éducation de leur petit garçon. »

Lise constatait *a posteriori* qu'elle avait eu « *la chance* » de n'avoir jamais consulté aucun manuel de psychologie. Ignorant à quel point sa position, celle de son fils pouvaient être problématiques, elle n'a pas cherché à jouer un autre rôle que le sien, sans se demander si c'était le bon. Elle ne s'est ni culpabilisée ni angoissée. Le fils est parti à dix-sept ans, il voulait vivre sa vie. Elle a continué la sienne sans que la rupture de ce lien un peu paradoxal leur nuise. Ils avaient trouvé un équilibre qui leur appartenait.

Les mères de la 2e génération sont-elles plus laxistes que ne furent les leurs, face à leurs « *trésors absolus* » ? Le fait est que l'on exigeait plus des garçons jadis et que les mères d'aujourd'hui doivent se battre sur tant de fronts qu'elles sont obligées d'en lâcher quelques-uns, quand elles ne démissionnent pas. Par manque d'énergie, par lassitude, elles finissent par céder sur certains points, acceptant les jeans qui tombent au milieu des fesses – les filles montrent bien leur nombril –, tolérant une chambre en désordre tout en réclamant, puis en espérant, qu'il sache au moins y retrouver ses livres de classe. (Il est vrai que, même dans les familles modestes, l'amoncellement de vêtements, jouets et jeux divers dans les chambres apparente tout rangement à un travail d'Hercule.) Celles qui veulent tout contrôler ne peuvent y parvenir. Les pères qui voudraient tout contrôler n'y parviendraient pas non plus.

Lorsqu'elles sont calmes et fermes, qu'elles ne capitulent pas sur les règles qu'elles ont établies comme essentielles, qu'elles tiennent compte et respectent les choix de leurs fils, les mères ont une autorité parfaitement légitime et structurante.

« *J'ai cessé d'imposer et d'attendre. Tout se joue au quotidien. Je construis ma relation au jour le jour et je suis prête à la construire pendant quarante ans. Il y a un espace pour chacun de nous. Avant, j'étais pleine de certitudes, aujourd'hui, je ne sais plus rien à l'avance.*

Cela demande à la fois de se faire confiance et d'accepter que les autres puissent être totalement différents de nous. Nous devons donc apprendre à communiquer sans chercher à imposer notre façon de voir ni sous-estimer celle de l'autre. Quand on est capable de cette forme de sécurité et de tolérance profondes, c'est qu'on est dans sa juste autorité[1]. »

Hélène Roubaix, psychothérapeute

L'harmonie et l'équilibre entre le masculin et le féminin ont, plus que les mots, une influence déterminante sur la valeur de l'autorité des mères, sur la structure des garçons. Quand les parents agissent tous les deux en adultes soucieux d'inculquer des règles de vie

1. *À la rencontre de soi*, Anne Carrière, 2000, p. 177.

qu'eux-mêmes respectent, on ne rencontre pas de graves problèmes.

Toute autorité parentale met en jeu les relations familiales et celles du couple. Élisabeth a perdu tout contrôle sur son fils depuis le début de son adolescence. Son mari refuse d'intervenir en cas de conflit. Très fier d'être l'adulte préféré, il laisse le garçon injurier sa mère, déclarant que c'est à elle de régler le problème, sans reconnaître que ce mépris l'englobe. C'est aussi sa femme que l'adolescent insulte et sa femme, c'est lui qui l'a choisie, lui qui vit avec elle. Personne ne peut sortir fier et indemne d'une telle situation.

Clara, une mère parmi tant d'autres, a un fils de vingt-sept ans, bardé de diplômes, qui trouve tous les jours un merveilleux « job » sans y donner suite. James vit chez ses parents, grand appartement, maison de campagne, argent de poche, voiture et moto à l'appui. Il sort presque tous les soirs, rentre à l'aube, de plus en plus tard, de plus en plus souvent ivre. Parce qu'elle aime son fils, elle voulait qu'il quitte la maison. Elle a fini par obtenir de son mari qu'au moins il ne lui donne plus d'argent de poche. La promesse ferme n'a jamais été tenue.

« C'est lui qui gagne l'argent du ménage, lui qui le gère. James est toujours à la maison, son père paie ses factures, ses PV et lui donne de l'argent en cachette, ce qui crée en plus une relation d'hostilité et de honte réciproque entre eux. J'ai deux autres filles plus jeunes, je ne peux partir. J'assiste impuissante et catastrophée à la dérive de mon fils. »

Les mères le dénoncent, le comportement des fils le prouve : la situation est très difficile, voire impossible quand le père non seulement n'assume pas son rôle mais empêche la mère d'intervenir.

La crise de l'autorité n'est pas inhérente à la famille monoparentale. Elle est flagrante dans les familles dont les parents ne délivrent pas le même message, que ce soit en pensée ou en action.

On insiste sur le rôle séparateur du père entre la mère et son bébé. L'intervention du père est encore plus valable au moment de l'adolescence. On demande aux mères de valoriser le père, ou son image, aux yeux des enfants, comme si la réciproque n'était pas tout aussi bénéfique et indispensable. On tient souvent pour négligeables la souffrance et les difficultés des mères, que l'intervention d'un mari peut atténuer. Celui qui aime sa partenaire, qui prouve qu'il la respecte dans les faits et gestes du quotidien, participe, autant que par toute manifestation autoritaire, à l'éducation de son fils.

En matière d'éducation, il n'y a pas de situations irrémédiables ni désespérées, mais une alchimie plus ou moins réussie, chaque fois renouvelée en fonction des personnalités en jeu. Connaître les règles de l'éducation ne suffit pas. N'est pas autoritaire qui veut. Chaque fils est plus ou moins réceptif, certains ne le sont pas du tout. L'autorité devient alors plus une affaire de raisonnement que de spontanéité. En cas d'échec, la culpabilisation est une arme à double tranchant, utile parfois dans la quête d'une meilleure marche à suivre, jamais suffisante. Le respect des valeurs familiales, sociales, scolaires ne saurait faire l'économie d'une participation harmonieuse de tous : père, mère, fils, école et société.

La répartition du rôle du père et de la mère s'équilibre mieux dans les couples de la 3e génération. Pourtant, il semble qu'il faille encore du temps avant que soit intériorisé le fait que les deux parents, ou une mère seule, puissent représenter indifféremment la loi de manière efficace, même face à leur fils... C'est ce processus d'intériorisation qu'il reste à accomplir chez nous.

IX

MÈRES, FILS ET FILLES

Depuis les années 70, les mères manifestent la volonté de se démarquer de leur propre éducation et de prêter plus d'attention à la personnalité de leur enfant qu'à son sexe. Cette démarche n'est pas aboutie. La déception des filles embarrasse leurs mères et surprend les garçons.

La paire royale : une relation révélatrice

On distingue plus facilement les spécificités de la relation mère-fils en observant celles qui élèvent un garçon et une fille, qu'elles soient seules, que le père en assure ou en perturbe l'équilibre.

Faute de pouvoir comparer les réactions individuelles au sein d'une plus grande fratrie, les mères de cette paire dite royale tendent à une évaluation de chaque enfant en fonction de son sexe, que les critères classiques s'appliquent à sa personnalité ou non. Les enfants eux-mêmes se glissent dans ce schéma. Si un garçon est désordonné, c'est normal, c'est un garçon. Si une fille l'est, elle se néglige ou se rebelle... alors qu'il existe des enfants très soigneux de nature.

Une mère commente cette « *sexualisation sociale* ». Son fils ayant été malade pendant les cinq premières années de sa vie, elle lui a consacré beaucoup de temps.

L'aînée a vu son petit frère faire de longs séjours à l'hôpital, mais le *« on dit »* – véhiculé par les copines, la télévision, les lectures, les amis, les parents... – est si fort que personne ne parvient à convaincre cette fillette de onze ans, dont l'intelligence n'est pas en question, qu'il n'est pas *« le chouchou parce que c'est le garçon ».*

Un autre problème fréquemment évoqué est celui des fils qui s'insurgent contre toute tentative d'interférence de leur mère pour leur reprocher, dès que celle-ci reste en retrait, de ne s'intéresser qu'à leur sœur. Désemparée, la mère se tourne souvent vers sa fille, plus proche en âge du fils rebelle et susceptible d'y comprendre quelque chose, ce que le fils prend comme une confirmation de son grief. Quand le fils est indomptable, la mère apprécie la sage conduite compensatrice de sa fille prise entre des sentiments contradictoires de solidarité et de compassion, tout en redoutant qu'elle le paie très cher un jour. Si le poids des stéréotypes laisse le fils indifférent, la fille d'aujourd'hui, quand ceux-ci ne jouent pas en sa faveur, le dénonce très vite.

Ce que l'on appelle « l'aveuglement des mères » face à leurs fils est une source de mésentente et de conflits au sein de la famille. Cathy (quatorze ans) estimait que sa mère avait perdu tout sens critique et s'en vengeait en ne pouvant littéralement pas « voir » son frère. Elle hurlait lorsqu'il se mettait *« exprès »* dans son champ de vision.

Nés et ayant grandi dans une société à principes égalitaires, les adolescents s'interrogent. Hugo, dix-neuf ans, se demande pourquoi sa mère répète à sa sœur que ce n'est pas parce qu'elle est une fille qu'elle ne peut pas faire hypokhâgne comme lui.

« Ça nous sidère tous les deux parce qu'on ne voit pas pourquoi elle dit ça. On se dit : "Tiens, ça devrait donc

être différent." Et c'est comme ça qu'on introduit le ver dans le fruit. J'ai aussi l'impression qu'elle essaie de combler une différence, mais je ne sais pas bien laquelle. Elle me dit parfois qu'elle me demande plus de tâches ménagères parce qu'elle a peur d'en demander inconsciemment plus à ma sœur. »

Les frères s'étonnent d'une surveillance excessive dont ils ne comprennent pas les causes profondes – « *Ma sœur revient du lycée en courant. C'est le rôle dangereux des mères d'inquiéter leurs filles* » –, alors que leurs sœurs font souvent preuve d'une plus grande maturité et que ce sont eux qui sont rackettés dans les rues.

Les mères de la 2e génération, certaines d'avoir intégré l'égalité des deux sexes, d'avoir eu les mêmes exigences fondamentales pour l'un comme pour l'autre, s'interrogent sur l'influence de leur propre éducation sur celle de leurs enfants. Elles écoutent avec une surprise amusée l'humour de leurs filles : « *C'est quand même toujours à lui que tu demandes de descendre la poubelle... !* »

Après quelques années de certitude, elles prennent conscience qu'elles continuent de transmettre en ligne directe ce sentiment d'inégalité inculqué dans leur enfance. On peut se demander pourquoi une expérience négative ne pourrait avoir que des conséquences négatives. L'enfant qui a mis son doigt dans une prise de courant ne va pas recommencer. Les mères ont tout un héritage à bousculer, elles apprennent plus lentement à le maîtriser.

« *Je crains que sa non-réussite sociale le blesse horriblement. Cela prouve qu'il y a de ma part l'idée que, pour lui, en tant que garçon, le chemin risque d'être plus escarpé... plus aventureux, peut-être plus génial aussi que pour une fille. On leur prête peut-être encore la potentialité d'aller plus haut, plus loin... Il reste quelque chose de statufié dans le regard ébloui d'une mère sur son fils, regard certainement lourd à porter, même s'il peut aussi se révéler un extraordinaire moteur dans la vie. » (Une mère de la 2ᵉ génération).*

L'inconscient de ces femmes conserve l'habitude d'accorder au garçon une place plus subtilement royale, de lui octroyer la force et les qualités que l'on accordait aux hommes dans leur génération. *« Je n'ai jamais pu me mettre en colère contre mon fils, contre ma fille, oui. Je le constate, je ne me l'explique pas. »*

Il faut un esprit éveillé, un désir et une capacité de réflexion, une volonté qui ne sont pas à la portée de tous, pour parvenir à déraciner les stéréotypes ancestraux et pour appliquer les nouvelles convictions. Il faut faire un vrai travail sur soi, cela demande sinon plus de temps, beaucoup de temps, trois générations, dit-on.

Une génération n'a pas suffi

« Le soir, on travaille ensemble... L'image attendrissante du jeune couple moderne, intellectuel... La cocotte-minute, cadeau de mariage si utile vous verrez, chantonne sur le gaz... Elle siffle. L'un d'eux se lève, arrête la flamme sous la cocotte, passe le potage et revient à ses bouquins en cherchant où il en était resté. Moi. Elle avait démarré, la différence[1]. »

La bataille contre les images archétypales imprimées dans notre inconscient depuis la préhistoire de la femme au foyer et de l'homme à la chasse n'est pas gagnée. Encore imprégnées des mots, des gestes clés de leur

1. Annie Ernaux, *La Femme gelée*, Gallimard, « Folio », 1981, p. 130.

enfance, les femmes ont hésité, avancé, reculé, au gré de formules qu'on leur avait dites inaliénables et dont l'échec les condamne. Si elles s'agacent contre le désinvestissement des hommes, les mères d'après 68 admettent leur part de responsabilité. Elles se reprochent d'avoir raté là aussi une part importante de l'éducation de leurs fils. Elles savent qu'ils ne vont pas vivre avec des compagnes qui leur seront toutes dévouées. Les plus lucides, celles qui revendiquent leur féminisme, reconnaissent ne pas être allées au bout de leurs convictions. *« Elles n'y peuvent rien, c'est dans leur tête »*, tranchent les fils. Même chez les militantes, de vieux comportements persistent, parce qu'il s'agissait pour elles d'appliquer de nouvelles méthodes dont elles n'avaient pas la clé, pour un avenir en mutation rapide qu'elles-mêmes découvraient au fur et à mesure. De nombreuses mères de la génération n° 2 parviennent au même constat.

« Moi aussi, avec mes idées féministes, quand je demande qu'on m'aide, j'ai l'impression de quémander alors que ça participe tout simplement de la vie commune et que ce que je demande, c'est 5 % de ce que je fais. C'est vrai aussi que je compte plus sur ma fille que sur mon fils. Je m'adresse d'abord à elle. Il y a sans doute et malgré moi la permanence d'un vieux préjugé. Je la pense plus compétente, plus fiable. Pourtant, ils ne repassent ni l'un ni l'autre. Il ne sait pas coudre un bouton, elle non plus. C'est vrai aussi que c'est à elle que je confie spontanément la cuisine et à lui le bricolage et les poubelles. En fait, elle préfère bricoler, la cuisine ne l'intéresse pas. Si elle reçoit des amis, elle commande des pizzas. Lui élabore avec plaisir de grands plats de pâtes. »

Arlette, cinquante-quatre ans,
directrice de production

« C'est antiféministe ce que je vais dire, alors que je suis féministe, ça ne va ni avec ce que je suis ni avec ce que je pense... mais il y a des tâches que je trouve normal qu'il ne fasse pas alors que je trouve normal d'en charger une fille. Bien que je sois rarement seule, je suis prête à faire pour lui des choses que je ferais pour un homme que j'aime. Je ne suis pas aussi prévenante avec une fille. C'est là où l'on voit que le rapport de la mère au garçon vient de si loin qu'on ne peut pas y échapper. Je dois lutter en permanence contre moi pour trouver un équilibre entre mon envie profonde de faire des choses pour lui et son besoin d'apprendre à assumer... »

Hélène, cinquante-cinq ans, journaliste

« Je renonce souvent à te demander ce que je lui demande : mettre la table, ranger, me convainquant qu'après tout, ça n'est pas si grave. [...] *J'ai tort, je le sais. Combien de grands garçons autour de moi ont la trouille d'habiter seuls, passant de la mère à une autre femme, puis d'une femme à une autre, par besoin de sécurité et de confort*[1]*. »*

Michelle Fitoussi, romancière et journaliste

Elles-mêmes prises dans ce piège, les mères découvrent que leur lutte contre l'incohérence entre le sentiment d'égalité et la persistance des modèles de différentiation n'a de cesse. Elles ont compris qu'on ne peut élever des garçons forts et lucides sans développer les mêmes qualités, les mêmes exigences chez leurs sœurs. Eux doivent également le comprendre. Ceux qui constatent que leur père peut se reposer sur sa femme, que leur mère sollicite d'abord leurs sœurs, en profitent encore. Ils s'en justifient

1. *Lettre à mon fils*, Calmann-Lévy, 1991 ; Le Livre de Poche, 1999, p. 39.

en dénonçant les mères qui brandissent une égalité qu'elles ne mettent pas en pratique.

« Nos mères savent qu'après tout elles ne sont pas plus responsables de nous que nos pères et qu'on peut faire la cuisine aussi bien que nos sœurs. Ça, c'est intégré, mais le système fonctionne comme ça depuis si longtemps que même si c'est un peu pervers, personne n'en décide autrement. »

Parce que, dans notre discours conscient, nous ne sommes plus censées élever différemment les garçons et les filles, nous en oublions l'enracinement des préjugés qui nous inhibent. Les plus dangereux étant ceux que nous sommes convaincues d'avoir surmontés. Modelées par un discours ancestral, la révolte dépassée, croyant les nouvelles données acquises, les mères se surveillent moins, au risque de se positionner à nouveau, à leur tour, selon des codes sociaux provenant d'un passé qu'elles croyaient révolu.

Les femmes de la 2e génération, qui se disent parfois *« au bord de la crise de nerfs quand ils* [les maris] *nous prennent pour leur mère et qu'ils attendent tout de nous »*, ont tenté, et tentent encore, d'éveiller leurs fils à l'égalité des sexes, au partage des tâches et des responsabilités. La femme s'est émancipée, mais elle n'est pas encore vraiment libérée. Elles restent nombreuses, les femmes trop conditionnées par leur éducation pour ne pas se comporter malgré elles comme des traîtres à leur propre cause. Ce qu'elles font de moins en moins pour leur mari, elles ont tendance à continuer de le faire pour leurs fils. Qu'elles se fassent plaisir, qu'elles assouvissent un désir de prouver leur utilité, qu'elles aient gardé cet instinct d'aimer plus aveuglément leurs fils, elles ne peuvent cependant plus ignorer qu'elles risquent de léguer à des compagnes qui ne l'accepteront pas un être qui se remettra mal d'avoir été l'enfant de prédilection.

Nées dans une société à volonté égalitaire, les filles de la 3e génération confondent moins droits et capacités. Au sein de leur famille, elles manifestent une franche opposition lorsque leurs mères continuent de séparer leur progéniture en deux catégories immuables où elles sont reléguées à une place subalterne. Elles ne ressentent pas cette peur qui freinait leurs mères et grands-mères d'offenser la virilité de leurs compagnons, la crainte de montrer qu'elles ne sont pas à la hauteur en n'assumant pas tout. Ce qu'elles ne font pas, s'ils ne s'y emploient pas non plus, ne sera tout simplement pas fait.

Leurs mères se proclamaient trop révoltées pour laisser les tâches ménagères aux filles. Elles décrivent comment elles ont, parfois en se contraignant, réparti les travaux domestiques entre leurs enfants, demandé à chacun une contribution en fonction de son âge et de ses goûts. Les filles objectent que, si leurs mères s'appliquent effectivement à demander à leurs frères d'aider, elles acceptent plus facilement leurs excuses. « *Ce n'est jamais à mes frères qu'elle s'adresse en premier et c'est moi qui dois compenser quand ils se défilent, jamais le contraire.* » Parce qu'elles font les mêmes études qu'eux et qu'elles ont le même souci de leur carrière, les sœurs se révoltent et défendent leurs droits en s'opposant à un type de relation qu'elles condamnent et qu'elles n'ont pas l'intention de mettre en pratique. Ce que raconte Stella, vingt ans, dont la mère a un poste supérieur à celui de son père :

« *Ça ne pose pas de problème. Mais, quand je la voyais préparer les repas pendant que mon père regardait la télé, ou se lever à table pour nous servir, je me sentais humiliée. Ça voulait dire que mon père et mon frère pouvaient trouver la femme inférieure à l'homme. Je lui répétais que, si elle voulait être leur esclave, ça la regardait, mais que moi je ne ferais pas un geste de plus que mon frère. Elle me répondait que j'avais raison, mais qu'elle était souvent trop fatiguée pour lutter. Pour moi, c'est une excuse bidon. C'est moins fatigant de ne pas se lever et de les laisser faire. Mais elle ne peut pas, c'est plus fort qu'elle. Mon frère râlait, rechignait, mais j'ai tenu bon, maintenant, ça va. S'il se comporte comme un porc avec ses copines, elles ne pourront pas me le reprocher. »*

Elles ont vu ces *superwomen* essayer de se faire pardonner leur « libération » en cumulant métier, éducation des enfants, entretien de la maison, vivre avec un compteur dans la tête, ne pas avoir une minute à elles en dépit de leurs propos égalitaires. Elles refusent d'être la complice d'une situation qu'elles réprouvent et ont compris que c'était à elles, en l'occurrence, de prendre le relais et de pallier la carence éducative des mères vis-à-vis de leurs fils.

Clotilde, vingt-neuf ans, se rappelle elle aussi sa fureur de voir sa mère servir son mari et ses fils, dès son retour du bureau.

« Vers quatorze ans, j'ai décidé que je n'aiderais que si mes frères en faisaient autant. J'ai été considérée comme une rebelle, une égoïste, un sale caractère ! Mes frères se sont moqués de moi, mon père m'a plusieurs fois ordonné d'aider ma mère. Je pleurais, mais je n'ai pas cédé. Je me suis braquée et, si j'étais forcée de mettre le couvert parce qu'ils se défilaient, je ne mettais pas leurs assiettes. J'étais ulcérée que ma mère accorde en fait plus d'importance à mes frères qu'à moi, à leurs études qu'aux miennes. Ça a duré plus d'un an avant que le

roulement se fasse. Mon père a fini par craquer. Il s'est mis à aider, mes frères ont suivi. »

D'autres sœurs ont trouvé la parade : ne rien savoir faire.

« J'ai eu deux fils et une fille en quatre ans. Marc, qui avait une passion pour sa grande sœur, me le faisait remarquer : "Pourquoi tu l'appelles, je suis là, maman !" Si mes fils m'aidaient, elle acceptait de prendre son tour. Ils savent cuisiner, elle non. Elle ne sait rien faire. Elle a très vite compris l'astuce. On perd son temps avec elle, elle massacre tout ce qu'elle touche. »

Leurs mères en auraient eu honte. Elles se vantent d'être incapables de faire cuire deux œufs au plat. Si ça ne les intéresse pas, elles n'essaient pas, et se simplifient la vie en profitant de la technologie en matière de textiles et d'appareils ménagers. Le succès des plats préparés et des surgelés prouve qu'elles partagent peu la fierté des femmes des générations précédentes à l'idée de concocter elles-mêmes des repas à base de produits frais.

« Les amis de mon fils, qui a vingt-six ans, aussi bien les garçons que les filles, apprécient de dîner à la maison parce qu'ils savent qu'on y mange bien. Ils m'en remercient, m'en félicitent, mais ils me regardent avec une sorte d'étonnement, comme s'ils avaient un peu pitié de cette femme qui n'a vraiment rien d'autre à faire que la cuisine. »

Ceux qui ont vu leur mère préparer les repas trouvent « normal » que les filles sachent faire la cuisine. La différence étant que, quand celles-ci ne savent pas, ou ne veulent pas la faire, ils s'y mettent. Eux aussi découvrent l'émergence de leur responsabilité. Ceux que leur enfance entrave ont la possibilité de recourir à une thérapie pour apprendre à vivre avec elle. Changer un enfant, faire le ménage, les courses ne réclament aucune compétence spécifique. Des générations de « bécassines » l'ont attesté. La personne la moins exercée à se débrouiller seule peut apprendre très vite.

Les mères ne peuvent plus élever leurs fils dans l'insouciance des problèmes domestiques. « *Nos garçons ont intérêt à savoir s'occuper d'un intérieur !* », finissent-elles par constater devant la levée de boucliers non seulement des sœurs, mais des filles en général. La romancière Stéphanie Janicot lance un appel aux mères de fils : « *S'il vous plaît, pourriez-vous penser un peu à l'export ?* »

Un constat d'évolution

La génération n° 3 se laisse moins fourvoyer par les notions de différence et d'inégalité entre les femmes et les hommes. Les fils vivent ou vivront avec des compagnes qui travaillent comme eux, qui ont comme eux besoin de repos et de vacances et qui les quitteront si leur union leur paraît trop lourde à porter. La plupart d'entre eux s'y sont préparés dès lors qu'ils n'avaient pas le choix. Quand la mère travaille et qu'il n'y a pas d'aide à la maison, ils se prennent en charge. « *Mes deux fils coopèrent tout naturellement. Ils se préparent leur repas, mettent la vaisselle et le linge dans la machine, ils bricolent. Je n'en fais pas une question de principe. C'est naturel et obligé. Quand je ne suis pas là, ils se débrouillent.* »

Parmi les mères, encore nombreuses, qui ne savent pas se faire aider des ados, mais qui « pensent un peu à l'export », beaucoup optent pour ce moyen de leur laisser la maison, quelques jours, puis une semaine ou deux, souvent par manque d'alternative. Et c'est en fait souvent la chance de ces garçons-là.

« *Mon fils* accepte *de participer à l'entretien de la maison, mais il n'est jamais volontaire. En tant que féministe, je refuse qu'il trouve normal de se faire servir. En tant que femme très prise par son travail, je proteste d'avoir à passer derrière lui ou de devoir réclamer qu'il aide. En tant que mère, je prends un immense plaisir à m'occuper de lui. Hélas, je crois – pour l'avoir constaté avec mes nièces, avec les filles d'amis – que j'aurais trouvé normal qu'une fille participe plus systématiquement aux travaux ménagers. Je pense alors à ses futures compagnes et je m'insurge. Pour qu'il apprenne à gérer une maison, je lui laisse la nôtre. La première fois où je l'ai laissé seul pour vingt-quatre heures, il avait quinze ans. Ce fut catastrophique. Je suis entrée et sortie immédiatement en le menaçant de porter plainte pour dégradation si lui et ses copains n'avaient pas tout nettoyé dans les deux heures qui suivaient. Ce qu'ils ont fait. Petit à petit, je suis partie quelques jours, une semaine (je suis représentante en produits pharmaceutiques) sans faire venir la femme de ménage. À mon retour, je trouve les lieux en ordre et un fils satisfait d'avoir la situation en main.* »

Celui qui renâcle à obéir aux ordres de sa mère, qui la laisse tout faire, finira par être flatté de prouver qu'il peut s'organiser seul.

« *Laisse-le se prendre en charge seul, sinon il finira par être dépassé par la vie. D'autant qu'on va vers une époque où les femmes ne sauront plus prendre soin des hommes. Elles s'occuperont d'elles et les hommes seront livrés à eux-mêmes. Il est temps qu'Aaron apprenne à vivre.* [...] *Les femmes ne pensent plus qu'à elles. Et leur changement s'est produit sur ces trente-cinq dernières années, à peine plus*[1]. »

La zone reste floue entre les théories, les intentions et l'exemple donné, mais l'évolution est bel et bien enclenchée chez les couples de la génération n° 3, comme le décrit Marion, vingt-trois ans, étudiante à Rennes :

« *Soit ils participent tous les deux aux obligations domestiques et personne ne se sent diminué pour autant, soit ils ne font rien ni l'un ni l'autre, et c'est la pagaille. Je vois des garçons qui adorent faire la cuisine, qui sont maniaques, qui rangent et repassent dès que personne ne le fait pour eux. Nos mecs participent, et c'est comme ça. Je connais une exception, un cas. Une amie de vingt-huit ans qui veut une totale mainmise sur leurs enfants. Ni les tantes ni les grands-parents n'ont le droit de s'occuper d'eux. Son mari joue à la Playstation dès qu'il rentre. Mais ça marche bien pour eux, en tout cas pour l'instant. Ni mon compagnon ni moi n'aimons repasser. Nous pendons nos vêtements en les sortant du sèche-linge et ça nous va.* »

Les jeunes hommes se projettent dans une relation équilibrée qui n'est pas fondée sur la dépendance de l'une et sur la responsabilité morale et financière de l'autre. Ils veulent une compagne qui mette « *un point d'honneur à bien faire un métier qui lui plaît, pas à ranger les placards, qui ne me prendra pas la tête si je*

1. Séphanie Janicot, *Non, ma mère n'est pas un problème*, Albin Michel, 2002, p. 213.

n'aime pas son poulet au citron... Une fille normale, quoi ».

Pour la première fois dans l'histoire de la famille française, les mères ont décidé, et essayent, pour eux, par souci de leur avenir en couple, d'impliquer leurs fils dans les tâches ménagères. Le piège fut de penser qu'il suffirait d'une aide de temps en temps. En faisant l'effort de les solliciter de façon ponctuelle, elles se sont senti en règle avec leur condition féminine et avec celle de leurs futures belles-filles. Leurs filles ne veulent pas, ne peuvent plus, conquérir le terrain petit à petit.

Les jeunes couples, de leur côté, s'autoéduquent dès lors qu'ils ont compris que l'attribution des tâches ménagères aux femmes est culturelle, donc modifiable, et certainement pas chromosomique. Qu'ils analysent la situation ou que la situation s'impose, ils trouvent des solutions. Gérer une maison avec enfants n'implique pas une simple répartition des tâches. Cela exige une vraie et difficile organisation avec une gestion des imprévus. Pour éviter que cette lourde responsabilité reste à la charge des femmes, de plus en plus de jeunes couples alternent. « *Nous sommes responsables de la planification à tour de rôle... Croyez-moi, la semaine où c'est lui qui gère et moi qui aide, je me sens en vacances.* »

En 1975, Benoîte Groult se réjouissait à propos de ce jour où les femmes n'auront plus peur des hommes...

« *... où ils ne seront plus anxieux de jouer le rôle du mâle, mais éblouis de rencontrer leur semblable, et pourtant différente, et de trouver dans cette merveilleuse différence toutes les magies de la vie* ». Elle ajoutait que : « *Dans nos pays, l'aventure commence... avec résistance*[1]. »

L'aventure a indéniablement commencé pour les hommes également qui, eux non plus, ne craindront plus les femmes. Même si certains refusent de s'adapter, confondant évolution et chaos.

Les garçons sont-ils démobilisés du fait que la pression sociale ne leur impose plus de faire vivre une famille dont ils seraient garants ? Porter le poids de sa tribu serait-il plus motivant que le partenariat ? Ce serait ne pas avoir compris la valeur d'une coopération fondée sur une conception équilibrée de soi et de l'autre. L'égalité des conjoints et la répartition des responsabilités domestiques et parentales ne sont ni légiférées ni définies une fois pour toutes. Elles se construisent lentement à une époque précise, à partir d'une prise de conscience mutuelle de l'importance des responsabilités de chacun ainsi que celle d'un injuste et impossible non-partage des tâches. Le couple-association prévaut sur la guerre des sexes annoncée. Bien qu'il progresse actuellement en grande partie par le biais de l'intervention des filles et des sœurs, la relation des mères à leurs fils en reste la clé de voûte.

1. *Ainsi-soit-elle*, Grasset, 1975, p. 221.

X

LES MÈRES, LES FILS ET LE MONDE EXTÉRIEUR

« Ce que ta mère ne t'apprend pas, le monde te l'apprendra. »

proverbe masaï

Le comportementaliste Thomas Bouchard écrivait en 1994, dans la revue *Science*, que l'influence réelle de l'environnement sur l'adulte pendant son enfance demeure un mystère. L'auteur américain Judith Rich Harris s'interroge sur la légèreté des conclusions de chercheurs qui privilégient l'influence de l'environnement familial sur les enfants : *« Le plus grand mystère est que les professionnels refusent d'en tenir compte et continuent de responsabiliser et de culpabiliser les mères. »*

Métiers combinés des parents, quête des loisirs, monde des copains, intrusion de la télévision dans les foyers obligent... le monde extérieur fait très tôt ingérence dans les affaires familiales, bien avant que les mères aient eu le temps de prendre leurs marques.

Nos adolescents sont plus coupés de leurs racines que ne l'ont jamais été leurs aînés. Les familles éclatent avec ou sans divorce. Les horaires de travail des parents, auxquels s'ajoutent les heures de transport, laissent peu de temps pour les repas pris en commun. Oncles et tantes sont occupés ailleurs, les grands-parents habitent à l'autre bout du pays, voyagent ou sont isolés dans une maison de retraite. La télévision divise le cercle de famille.

Sous prétexte qu'ils savent tout et parce qu'il ne faut rien leur cacher, même ce qu'ils préféreraient ignorer, on épargne peu les enfants. Témoins des discussions et des causes des dissensions entre leurs parents, ils prennent l'habitude de contester, de discuter, prêts à défier les adultes dont ils ne respectent pas le comportement. De plus en plus jeunes, dès onze ou douze ans, les garçons s'en éloignent au point de s'en couper complètement. Cette génération cloisonnée se forme sans le bénéfice de l'expérience des aînés, elle est ainsi plus fragile, plus difficile d'accès. Certes, Socrate se plaignait déjà du manque de respect et du chahut de ses grands élèves fils de patriciens, mais notre génération d'adolescents est la première à se montrer aussi antagoniste des adultes en général.

Les policiers se disent sidérés par l'apparition d'un nouveau manque de respect pour la loi et pour ses représentants en uniforme :

« Les jeunes des beaux quartiers n'ont plus grand-chose à envier à ceux des banlieues. C'est vrai que l'image du flic à la télé et au cinéma est rarement positive, mais quand même... Si les nôtres sont parfois un peu brutaux, c'est que les menottes et la garde à vue sont souvent la seule façon de se faire respecter de gosses de treize ou quatorze ans qui ne sont pas encore des délinquants, qui ne le deviendront peut-être pas, et de leur rappeler que la loi, c'est la loi pour tout le monde, même si chez eux ils font ce qu'ils veulent. Les enfants qui font

ce qu'ils veulent, c'est quand même de la graine de délinquant. »

Les situations diffèrent, les problèmes se recoupent. L'influence des mères sur leurs fils est confrontée à l'intrusion de plus en plus précoce d'un monde en évolution qu'elles connaissent mal – la télé, les jeux vidéo, Internet, les copains, la rue, l'école... –, qui l'enrichissent, la dévoient ou la limitent.

La télévision et les jeux vidéo

Les garçons sont les enfants d'une télévision avec laquelle les mères n'ont pas fait la paix. Les filles qui privilégient les discussions entre elles sont moins accros au petit écran. Les fils se gavent d'exemples de célébrités rapides plus ou moins louables, de guerres en direct que l'illumination des feux croisés rend féeriques, de reportages sur la famine entrecoupés de publicités pour régimes amaigrissants, de séries américaines montées à un rythme si accéléré qu'elles rendent toute pensée impossible, toute autre émission ennuyeuse. Le tout sans rapport avec les impératifs et les exigences de leur vie, de leur avenir.

Les mères qui ont passé des heures à côté de leurs petits garçons à leur commenter des programmes soigneusement sélectionnés, celles qui utilisaient le magnétoscope comme moyen de filtrage doivent céder quand les copains prennent le pas. Si quelques rares garçons continuent de choisir leurs émissions, l'immense majorité se complaît plusieurs heures par jour devant un déroulement mécanique de vingt-cinq images par seconde qui ne correspond ni au rythme de la pensée ni à celui de la réflexion. Cette passivité devant l'écran alarme d'autant plus les mères qu'elle prive leurs fils d'une meilleure gestion de leur emploi du temps. On ne lit plus *Madame Bovary*, on regarde le film, et encore, comme un pensum, parce qu'il est trop lent. Elles s'inquiètent aussi de ce que ces garçons nourris d'images veulent « tous faire du cinéma ». Ils reproduisent en cela le schéma des générations précédentes qui, adeptes de la lecture, voulaient « tous devenir écrivains », ainsi que le notait Sartre dans *Les Mots*.

La pratique des jeux vidéo est une activité trop récente pour que l'on puisse juger de ses effets à long terme, mais les mères estiment ceux à court terme suffisamment alarmants. « *Ça me fait mal de les voir avachis à longueur de journée, se bousiller les neurones et perdre leur temps.* » Si elles refusent l'achat d'une console, leurs fils s'en font prêter une par celui qui en a plusieurs, ou ils jouent chez les copains. Elles avertissent, donnent leur avis, conseillent, posent des conditions. Elles se battent pour que soit respectée une limitation qu'elles savent enfreinte en leur absence. Elles ne se font guère d'illusions. « *Il fera ce qu'il voudra dès que j'aurai le dos tourné et je serai taxée de laxisme !* » Les pères qui se justifient de regarder n'importe quelle émission « *pour se changer les idées ou pour se vider la tête* » ne leur sont d'aucun secours. Le renversement d'identification les inquiète encore plus quand le père joue aux jeux du fils et l'encourage ainsi dans une activité à valeur culturelle douteuse et qui ne demande aucun effort. La mère reste alors doublement impuissante.

Le tabac et le haschisch

Les mères sont confrontées à un autre problème récurrent, latent : celui de la consommation de tabac et de haschisch, qui a doublé au cours des dix dernières années. Les jeunes Français seraient parmi les plus gros consommateurs d'Europe. Les mères savent que certains copains ont commencé très jeunes, dès douze ou treize ans. Elles n'ignorent pas que leurs fils essaient ... un peu ... parfois. Elles minimisent leur implication, leur consommation, et occultent la façon dont ils se procurent la drogue. C'est un sujet qui reste tabou parce que difficile à affronter : « *Qu'ai-je fait pour qu'il ait ainsi besoin de planer ?* » Celles qui constatent les pupilles dilatées, la fenêtre grande ouverte même en hiver, la chute du niveau scolaire, le manque d'intérêt pour le monde extérieur, l'argent qui disparaît de leur portefeuille, mènent sans grand espoir une guerre permanente. Elles redoutent, si elles coupent les vivres, qu'ils ne se mettent à *dealer*, bien qu'elles n'envisagent pas qu'ils puissent le faire. Il leur est intolérable de savoir que leurs enfants se détruisent, de surcroît avec l'argent de poche qu'elles leur donnent. Méfiants envers les « psys » et ignorants de ce qu'ils peuvent leur apporter, les fils refusent de se faire aider. Les mères qui fument, qui consomment elles-mêmes du haschisch peuvent difficilement en interdire la consommation. D'autres, sans vraiment y croire, résistent jusqu'au bout et interdisent toute forme de cigarette chez elles et en leur présence. Beaucoup ferment les yeux, espérant que cela passera...

Tous ne fument pas, encore moins se droguent. Lucidité, personnalités, force de caractère, goûts différents, ils sont nombreux à ne pas céder à la pression du groupe. C'est peut-être leur choix personnel, leur décision qu'il faut mettre en valeur. Ils veulent être pris au sérieux, qu'ils le soient ! « *Tous les ados ne sont pas comme ça ; ton comportement, c'est ta responsabilité.* »

Une question reste valable, à laquelle il peut réfléchir : pourquoi préfère-t-il se couper du monde quand on peut éprouver un vrai bonheur à l'affronter ?

Les copains

C'est la deuxième phase majeure du développement des adolescents, quand la recherche des pairs détrône les relations familiales. Les primates s'assemblent par tranche d'âge. Les anthropologues observent un même phénomène de groupe analogue chez les garçons, à travers les différentes cultures et les âges. Au-delà de la traditionnelle défiance pour la génération précédente et du tropisme des pairs, les adolescents d'aujourd'hui accélèrent et intensifient le processus. « *Je me rappelle que nous gardions nos distances avec les adultes, pas que nous les considérions comme des ovnis.* » Chaque génération a eu son argot, eux se créent un langage codé, décalent leurs horaires comme pour mieux fuir le monde des adultes. Sidérées par ce rythme de vie, les mères luttent puis, de guerre lasse, finissent par tolérer. Elles ne peuvent lutter contre ce genre de communion, comme l'explique Philippe Jeammet.

« *L'inversion du rythme biologique fait partie des plaisirs et des aspirations de l'adolescence... Elle s'oppose au rythme des adultes... L'adolescent a le sentiment que la nuit lui appartient et qu'il y échappe au regard des adultes... Il lui est plus facile de dormir le jour, sous la protection lointaine des adultes vigilants, et de veiller la nuit. Ils prolongent ainsi ce que font les enfants inquiets qui ne peuvent s'endormir qu'avec une lumière allumée. Ce décalage horaire traduit leur inquiétude, leur angoisse, leur peur de se retrouver seuls la nuit. Ils repoussent jusqu'à l'épuisement l'heure où les barrières de sécurité tombent, où ils sont face à eux-mêmes. »*

« Les copains, c'est la mort des relations familiales. » Certes, mais de quelles relations parle-t-on ? La bande soudée depuis l'enfance est leur version d'une famille structurée. Ils sont fidèles et solidaires. Les filles entretiennent des relations plus binaires. Les garçons qui perdent très vite, s'ils l'ont jamais eue, l'habitude des repas pris en famille, fréquentent les pizzerias et les Mac Do, leurs centres de socialisation. Ce qu'on appelait les fêtes de famille sont un pensum et les visites chez les grands-parents que l'on connaît à peine, une corvée. *« Je m'aperçois que je ne sais pas quoi dire à ma grand-mère, je lui parle comme à un enfant. »* Léo, vingt-deux ans, a découvert avec ahurissement, au cours d'un stage de six mois en Thaïlande, la vénération pour les anciens, le soin que l'on prend d'eux, les notions de sagesse et d'expérience alliées à leur classe d'âge.

Les mères jugent ce phénomène assez récent. Celles qui ont des fils nés à une quinzaine d'années d'écart constatent que leurs cadets sont les premiers à littéralement vivre avec des copains qu'ils gardent souvent depuis la maternelle. Elles ignorent ce qu'ils font ensemble. Elles les soupçonnent de passer plus de temps à s'amuser qu'à se cultiver. Les réponses sont vagues – *« On discute, on écoute de la musique, on voit des films, on s'intéresse à beaucoup de choses »* – et cachent, entre autres, qu'ils jouent de plus en plus au poker, chez celui dont les parents sont sortis ou sur Internet.

Ce mode de vie paraissant incontournable, les mères surveillent le choix des amis, scrutent leurs défauts et leurs qualités, ce que les fils ressentent comme une violente intrusion dans leur territoire. Elles louvoient avec plus ou moins d'adresse et de succès pour privilégier le plus sérieux. Les groupes hétéroclites font peur. Elles redoutent le mouton noir qui va *« entraîner leur fils vers le bas »*. Certaines se mettent d'accord à plusieurs pour faire un travail de sape afin d'éliminer de la bande l'élément soupçonné de mauvaise influence, le cancre, celui qui fume et qui va initier les autres au haschisch. Elles redoutent la séduction du mauvais exemple, sachant qu'il est plus tentant de jouer que de travailler, plus facile de devenir un mauvais élève qu'un bon.

Sans illusion quant aux limites de leur influence, après avoir tenté de solliciter en vain le père, un frère, un ami, les mères ne peuvent que laisser les garçons s'éduquer entre eux, se bornant à agir *« comme un garde-fou »*. Elles acceptent alors le solide et fidèle clan des copains, même s'il entraîne leurs fils hors de la maison, dans des endroits probablement sans grand mystère, mais dont ils gardent le secret et qui leur est nécessaire. *« Combien de fois je l'ai imaginé dans un lieu de perdition alors qu'il rentrait un peu plus tard rouge et en sueur d'un simple match de foot... »*

L'armée, la guerre, une entrée précoce sur le marché du travail répondent à ce besoin universel du jeune enfant mâle que décrit l'anthropologue Anthony Cohen.

« L'authenticité masculine est une construction collective et spatiale. Il n'y a pas que des situations qui la construisent, mais aussi des lieux. On devient un "vrai homme" entre hommes et dans un lieu à part. Il n'y a pas d'identité sans une frontière qui limite les intrusions d'autrui et qui renforce les mécanismes d'imitation réciproque et le circulaire "regard des amis"[1]. »

1. Anthony Cohen, *Signifyin Identities*, Routledge, Londres, 2000.

Ils cherchent et trouvent leurs marques. Les mères d'aujourd'hui ont l'impression d'être mises devant un fait accompli. C'est le plus souvent ailleurs que leurs fils s'éduqueront. Les allers-retours entre la vie de famille et l'extérieur se multiplient, et de plus en plus tôt. Il y a moins de vingt ans, les enfants circulaient peu. Les invitations passaient par une entente formelle entre les parents. Les classes de nature n'existaient pas, les voyages scolaires étaient brefs et exceptionnels, les séjours à l'étranger réservés aux familles aisées. Les mères ont, plus que jamais, une part réduite dans l'éducation de leur fils. Ce ne sont pas elles qui leur apprennent le verlan, les jeux vidéo, les prouesses de l'informatique.

À la fois surprises et flattées, elles entendent vanter la courtoisie, la serviabilité de leur fils qui se conduit comme un Apache à la maison. D'autres découvrent avec stupeur, après convocation au commissariat ou dans le bureau du proviseur, que leur petit ange trafique pour se payer des joints ou est menacé de renvoi. Même si elles veulent croire à une erreur ponctuelle, à l'influence d'un mauvais élément qu'il leur suffirait d'éliminer, force leur est de constater que la relation qu'elles ont avec leur fils détermine peu sa personnalité, que l'ascendant qu'elles croient encore avoir sur lui disparaît dès qu'il s'éloigne. Il est vrai qu'ils comprennent vite que l'on attend d'eux des comportements différents suivant l'endroit où ils se trouvent. Il est vrai aussi que dire qu'un enfant apprend en imitant ses parents est un cliché trompeur. L'ensemble des activités des adultes dans une maison et ailleurs – allumer un feu, couper, faire cuire les aliments, manier des outils, brancher des appareils ménagers, conduire, etc. – lui est interdit. L'injonction péremptoire : « *Fais ce que je te dis et pas ce que je fais* » serait plus réaliste. Les enfants comprennent vite que, s'ils imitent les adultes, ne serait-ce qu'en « répondant » – puisque l'on transforme une manifestation de curiosité ou de réflexion en insolence –, ils s'attireront des ennuis. Comment s'étonner qu'ils préfèrent se réfugier auprès de leurs pairs, là où les règles sont plus claires et plus logiques ? Vivre avec ceux qui partagent leurs problèmes leur donne un sentiment d'appartenance, de famille, voire de sécurité. L'éducation par le biais des copains, ils en ont aussi besoin même si elle échappe aux mères et les effraie.

« *Elles se méfient a priori de tout ce qui vient de l'extérieur, alors que nous, c'est comme ça qu'on apprend et qu'on fonctionne.* »

« *Être avec des potes, c'est vachement formateur, c'est là qu'on apprend le plus de choses. Ça forme l'expression, la réflexion.* »

Ils ont l'impression que la relation à « maman » prolonge leur enfance, alors qu'entre eux ils se sentent plus adultes. Les mères ont conscience des limites de ce qu'une femme peut apporter à un adolescent. Lorsqu'elles apprécient la qualité des amis et constatent l'harmonie du groupe, elles y sont favorables. Sans s'attaquer ouvertement à celui dont elles se méfient, elles rusent, complimentent et valorisent ceux qui les rassurent. Leurs fils ont besoin qu'elles approuvent leurs choix et ils captent insidieusement le reste du message. La bande de copains représente aussi cette ouverture sur le monde dont l'absence rendait si névrotique le face-à-face de mères et de fils repliés en vase clos sur eux-mêmes.

L'école

L'école reste l'endroit majeur et incontournable de formation. Les mères surinvestissent la réussite scolaire et exigent des performances de plus en plus précoces. La multiplication des réunions parents-professeurs est issue d'une excellente initiative, mais le problème est que les parents se sont mis à empiéter sur les prérogatives des enseignants jusqu'à s'opposer fortement à eux dans certains cas. Les enseignants se plaignent de l'attente des parents qu'ils pallient aussi leurs carences éducatives et structurent leurs enfants. Les mères, plus inquiètes pour leurs garçons, souvent moins studieux, espèrent y trouver une analyse approfondie qui les aiderait à mieux les comprendre. Elles attendent parfois des professeurs une interprétation qui n'est pas de leur ressort. Ils ne sont ni « psy » ni conseillers conjugaux. Là où une coopération est nécessaire et salutaire, on assiste à une déception, un climat pessimiste de suspicion et de rivalité. *« Ils ont eu le même discours pour mes trois fils d'âge et de personnalité totalement différents. "Votre enfant n'est pas assez mûr." Rien n'aurait pu les faire changer d'idée : mes fils étaient immatures. Étant donné que j'étais une jeune mère riche, il ne leur semblait pas concevable qu'il eût pu en être autrement. »* Les mères se plaignent du regard stéréotypé du personnel enseignant et doutent du sérieux des professeurs qui mettent leur fils en cause. *« On se déplace, on attend, ils relisent quelques notes juste avant le rendez-vous et ils se trompent parfois de lignes et d'enfant. »*

Elles reprochent aux enseignants de s'en tenir aux clichés de base que les filles sont plus bosseuses, les garçons plus paresseux et que cela est dû au laxisme des mères. Elles trouvent dans l'ensemble l'école négative et critique à leur égard. *« Elle nous culpabilise, sans fournir de solutions.* » Elles s'agacent d'être systématiquement soupçonnées de se comporter de façon émotive et viscérale dès qu'il s'agit de leurs fils. Les enseignants amicaux en attestent indirectement quand ils préviennent : « *En cas de problème, venez avec le père.* » Il est vrai que ce sont le plus souvent les mères qui se dérangent et, quand elles se sont battues pour que les devoirs soient faits, elles admettent mal le blâme. Conscientes ou non du fait, elles ne défendent pas seulement leurs fils, elles se défendent elles-mêmes.

Deux élèves de terminale ont séché un cours d'instruction civique pour participer à ce que le journal *Le Monde* avait appelé « *la manifestation des lycéens* » contre la guerre en Irak. Ils ont été sanctionnés de quatre jours d'exclusion. À quelques semaines du bac, la punition paraissait excessive et allait à l'encontre du discours des professeurs pour qui chaque heure comptait dans la dernière ligne droite. Les mères qui ne contestaient ni l'infraction ni sa pénalisation ont demandé qu'on ne prive pas leur fils, sans antécédent disciplinaire dans l'école, de quatre jours de cours... Ils ont été punis d'une semaine de colle, soit la moitié des vacances de Pâques, de neuf heures à dix-huit heures. À la suite d'une indiscrétion de son secrétariat, elles ont appris que le directeur avait prévenu : « *Si les mères interviennent, ça sera pire...* »

Dans une société où le statut social est en décalage avec le niveau intellectuel, le corps enseignant a perdu de son prestige auprès des parents et des élèves. Ce sentiment de perte de pouvoir, leur conviction que les parents ne jouent pas leur rôle font que certains professeurs et chefs d'établissement cherchent à s'affirmer en sévissant plus qu'en responsabilisant. Cela leur est alors d'autant plus facile qu'ils ont affaire à des mères inquiètes, à des femmes « *fatalement hystériques* » que l'on peut encore toiser. Cette attitude conduit certains à prendre des sanctions qui sont disproportionnées puisqu'elles « punissent » aussi les mères, et dont la valeur pédagogique est donc contestable. Ce sont ces sanctions qui les acculent dans cette position de protection et de défense qu'on leur reproche justement. Les narcissismes en jeu exacerbent un climat général de rivalité et de suspicion d'incompétence dans lequel s'engouffre le fils qui ne prend pas l'école très au sérieux, en se posant en victime sur les deux tableaux.

Les enseignants, de leur côté, évoquent leur impuissance lorsque des mères soutiennent leurs fils coûte que coûte.

« *Nous redoutons particulièrement les garçons à qui les mères, quoi qu'ils fassent – notes désastreuses, avertissements, redoublement, renvoi –, offrent scooters, vêtements de marque, gadgets en tout genre et vacances à travers le monde. Ce travers jadis réservé aux classes les plus riches atteint maintenant les classes moyennes. Ces élèves-là, on les renvoie parce qu'on a vraiment envie de les rendre à leurs parents. Les mères sont les pires, surtout lorsqu'il s'agit de leurs fils. Il m'arrive de leur rappeler qu'un élève vraiment intelligent – sous-entendu pas le leur – cherche à sortir le plus vite possible du système scolaire en évitant de redoubler. Nous ne pouvons pas tout faire. Nous avons un programme chargé, nous sommes là pour enseigner, par pour éduquer leurs fils.* »

Les mères sont les plus redoutables parce que, disent-ils, aveugles aux carences de leurs fils. Elles les considèrent comme des incompris, comme des intelligences supérieures broyées par le système scolaire. Ces mères-là, selon eux, rendent toute coopération impossible. De leur côté, celles-ci condamnent le manque d'intérêt dû au phénomène de saturation des programmes. Au lieu d'encourager leurs fils à lutter, à faire face, elles se servent de cette notion de « bourrage de crâne » et invoquent le manque de compétence des enseignants pour excuser leur peu d'investissement dans les études.

« Nous avons souvent des élèves, et presque toujours des garçons, dont les mères sont persuadées qu'elles ont donné naissance à des êtres d'exception qu'il faut élever comme tels. Je me rappelle un jeune garçon que sa mère voulait "laisser s'épanouir". Plus il se montrait indiscipliné, plus elle s'émerveillait de son indépendance d'esprit. Intelligent, mais incapable du moindre effort, l'élève ne faisait rien en classe tout en pouvant briller tout à coup s'il était en adéquation avec une matière et un enseignant. Sa mère l'assurait de l'incompétence de ses professeurs. Il a d'ailleurs quitté le lycée en première après avoir obtenu plus de quarante points de retard. "Ses ailes de géant" l'ont évidemment empêché de marcher ! »

Dans le même ordre d'idées, on a pu voir et entendre au journal de 20 heures, filmées à la sortie du tribunal où l'on jugeait leurs fils pour viol, des mères vociférer contre la victime de cette tournante à une contre sept ou huit et la traiter *« d'allumeuse »* : *« C'est elle qui devrait aller en prison ! »*

L'antagonisme est parfois très fort et pourtant rien ne peut s'accomplir sans la coopération mutuelle et le respect réciproque des parents et des enseignants. Tous constatent que les garçons se démotivent plus facilement que les filles. Ils restent plus dépendants d'un face-à-face ponctuellement réussi avec un professeur. Ils saisissent moins l'utilité de la plupart des matières au programme. Ils ont l'impression de n'avoir appris que pour la note ou pour le bac, sous la férule répressive de professeurs qui agissaient comme la mouche du coche. *« Le mien [parents intellectuels] a jeté ses livres et ses cahiers dans un vaste sac-poubelle le lendemain de son bac en disant : "Fini, plus jamais ça", comme s'il n'avait acquis aucune notion de ce que représente la culture générale. »*

Le désir de performance n'est plus limité aux fils de cadres. Les parents qui protestent contre la lourdeur des programmes luttent contre l'égalité prônée par le système public. Ils inscrivent leurs enfants dans les meilleures écoles et multiplient, de leur côté, leçons particulières, cours de vacances et séjours linguistiques.

L'hécatombe de la première année d'université peut en partie s'expliquer par le fait que ces garçons prennent instinctivement une année sabbatique après avoir été, estiment-ils, *« contrôlés, sous pression, épuisés par des années de répression et de bourrage de crâne »*. Les garçons sans passion qui sortent du lycée sans aucune idée de ce qu'ils veulent faire affolent leurs mères, quand ils ne blessent pas leur narcissisme. Pourtant, et c'est un phénomène commun à toutes les civilisations, ils mûrissent plus lentement et plus tardivement que les filles. Un des problèmes de nos étudiants est que, contrairement à la méthode anglo-saxonne, nos universités ne leur offrent pas la possibilité de mûrir, de développer ou de consolider leur culture générale. Ils échouent quand ils ont dû se spécialiser dès la première inscription sans avoir eu toutes les cartes en main pour faire un choix adapté à leur formation et à leur goût. L'hésitation, la patience ne sont pas encouragées en ces temps de compétition, pas plus que l'on n'accepte sereinement que chacun ait son propre rythme de maturation. Isabelle, aide-soignante, s'est battue pour que son fils puisse tripler sa 4e. Après un démarrage laborieux et une suite d'échecs, il venait de découvrir l'informatique et voulait en faire son métier. Elle a décidé de lui faire confiance. En dépit de ses problèmes financiers, elle a dû, après le refus des établissements publics, emprunter de l'argent et le mettre en pension dans un cours privé, le troisième sollicité.

Le témoignage de deux étrangères résidant à Paris nous éclaire sur le rôle joué par les mères de garçons dans le cadre de notre système scolaire. L'une comme l'autre furent stupéfaites dès leurs premiers contacts avec l'école française.

Charlotte est suédoise. Divorcée, mère d'un garçon né aux États-Unis de père français, elle est arrivée en France lorsque son fils, après deux ans de maternelle aux États-Unis, maniait le suédois, l'anglais et le français.

Charlotte

« En France, pour moi, l'éducation sentait la naphtaline. Ne serait-ce que la façon de les emmener jouer au parc. Les mères les surveillaient pour ne pas qu'ils se salissent. Ça me choquait que des enfants n'aient pas le droit de se rouler dans le sable. Les mères veillaient sur leurs filles comme si les garçons allaient les taper ou les agresser, une façon de leur signaler : attention, les garçons, c'est violent, c'est méchant.

La course au classement, à la meilleure note, ce désir fou de leur faire sauter une classe dès la maternelle, me sidéraient. Chez nous, le redoublement n'existe pas. On ne déduit pas que celui qui démarre un peu plus tard est déjà un raté. On ne met pas non plus les enfants en compétition. Je trouve aussi le rythme de travail complètement fou et le manque de sport ahurissant. Les garçons qui ne bougent pas assez dehors chahutent en classe. Pas étonnant qu'ils n'écoutent pas ! Le programme est lourd, c'est un bourrage de crâne qui les dégoûte d'apprendre, ils n'ont pas le temps de comprendre à quoi ça sert une fois la note obtenue.

Dans aucune des écoles françaises que mon fils a fréquentées, je n'ai trouvé d'apprentissage de la curiosité, de la compréhension, de la tolérance. Aucun esprit d'équipe. J'ai été effrayée par le niveau de compétition entre les enfants et celui de rivalité entre les mères. Elles sont fières du succès de leurs filles, mais tellement anxieuses de celui de leurs fils, comme si leur amour-propre était en jeu. J'ai très vite compris qu'il valait mieux que je ne me mêle pas comme elles de la vie de l'école, nous n'étions pas sur la même fréquence. J'ai aussi été étonnée par le peu d'implication des pères, et que tout le monde trouve ça normal.

J'ai été convoquée une fois dans le bureau du directeur parce que mon fils, un excellent élève, s'amusait à enlever le bonnet d'une fille. La mère en avait fait une telle histoire, c'était tellement fou que ça me faisait rire. Je lui ai dit – les enfants avaient huit ou neuf ans – que c'était certainement sa façon à lui de lui montrer qu'elle lui plaisait. Les parents n'ont pas du tout apprécié mon humour. Le directeur m'a conseillé de prendre un rendez-vous avec la psy de l'école. Ce que je n'ai pas fait. Les deux enfants sont évidemment sortis ensemble quelques années plus tard. »

Diana

Diana, une universitaire américaine mariée à un universitaire français, mère de deux garçons, fut confrontée avec la même stupeur à « *la grande angoisse* » que représente notre système scolaire.

« *Il y a en France un psychodrame national qui s'appelle l'école. En découvrant cette psychose du redoublement qui n'existe pas chez nous, je ne comprenais pas pourquoi les mères tiennent tellement à ce que leurs enfants aient un an d'avance et cela dès la maternelle. Elles s'inquiètent tout de suite pour leur avenir : il faut qu'ils puissent faire une classe préparatoire et bien gagner leur vie. Elles s'angoissent s'ils ont de mauvaises notes à neuf ans, comme si celles-ci allaient les poursuivre toute leur vie. Radio-trottoir et dîners en ville, elles incarnent avec frénésie l'angoisse des devoirs et entretiennent des rapports très compliqués avec les professeurs. C'est tellement fort que j'ai fini par en hériter, de peur de marginaliser mes fils, et j'en ai souffert. J'ai donc mal vécu la scolarité de mes garçons en me sentant constamment en porte-à-faux. Cette rivalité terrible qui s'installe dès les premières années d'école prive l'enseignement de l'esprit d'équipe ou de coopération. Aucune récompense, aucun encouragement pour une pensée ou un raisonnement original, ce qui semble prioritaire. En éduquant nos garçons à raisonner, à discuter, nous ne les préparions pas à l'école française ! J'ai trouvé les programmes surchargés, d'un manque d'intérêt notoire pour la plupart, d'une lourdeur bureaucratique inimaginable, assortis d'une incompétence linguistique hors pair et d'un incroyable besoin de se croire les meilleurs sur Terre.*

*En France, les règles sont strictes et parfois archaïques dans la classe alors que, dans la cour, c'est la jungle. Dans le monde anglo-saxon, le moment de la récréation est privilégié comme celui où l'on apprend les règles de la vie. La violence, les brimades des garçons entre eux, les gosses qui se frappent me choquaient. On me disait que c'était normal, qu'ils avaient besoin de se défouler... On ne trouve pas normal chez nous qu'un enfant soit tabassé. Nous vivions dans le VIII*e *arrondissement à Paris et pourtant je voyais petit à petit les copains de mes fils disparaître pour aller dans le privé, sans que les parents y trouvent nécessairement ce qui leur manquait dans le public.*

Dans les années 90, j'ai été étonnée par le nombre de mères qui orientaient leurs garçons vers le japonais, persuadées que, s'ils commençaient dès onze ans, ils seraient armés pour le futur. Je me demandais comment elles savaient si le Japon serait encore une grande puissance et si elles n'imaginaient pas que les Japonais conduisent leurs affaires en anglais... eux qui détestent que l'on estropie leur langue. La planète est beaucoup trop chaotique pour pouvoir prédire quelle sera la voie du futur.

Nous nous étions mis d'accord, mon mari et moi, pour laisser nos fils s'épanouir en fonction de leur caractère. Les gens étaient très surpris, vu notre niveau socioculturel, que nous ne les programmions pas pour l'Ena ou Polytechnique. On nous pensait inconscients. Finalement, après une scolarité très moyenne, une enfance heureuse, une adolescence sans problèmes majeurs et quelques années d'incertitude, l'aîné est assistant parlementaire et le second en passe de devenir avocat international. »

Le chahut, l'absence d'esprit d'équipe, les horaires, le manque de détente et de sport, la lourdeur des programmes des écoles françaises sidèrent plus les mères étrangères que les Françaises qui manquent de références, qui n'ont pas le choix et que les notes obnubilent. Compétition, classement, aucune solidarité pour aider les plus faibles ou les plus lents... Contrôle et répression, le système français mise peu sur la patience et la confiance, pénalisant ainsi particulièrement les garçons et provoquant chez les mères des réactions exacerbées plus viscérales que rationnelles, en tout cas en ce qui concerne leurs fils moins impliqués que les filles dans les études.

Les étrangers sont stupéfaits par l'intervention des mères dès que leur fils se dispute avec un autre ou égare un vêtement.

« *Les garçons américains seraient morts de honte si leur mère venait à l'école régler leurs problèmes à leur place. Il n'y a pas non plus ce chahut que je trouve infantile en France. On a là-bas un esprit d'équipe très développé et ce sont les élèves, à tour de rôle, qui assurent la discipline de la classe et du lycée. Je trouve que les méthodes françaises infantilisent les garçons. Mes camarades*, conclut un jeune Américain séjournant en France, *ne sont pas de meilleurs élèves, mais ils sont plus autonomes et plus responsables. Ils développent à l'école un sens civique qui manque aux Français. La violence dans les lycées, je ne l'ai pas connue. Elle traduit l'échec d'une société, celui du "melting pot", mais ça c'est un autre sujet.* »

Les mères ont-elles une emprise sur la scolarité de leurs fils ? L'anthropologue américain George De Vos, professeur à l'université de Berkeley, étudie depuis vingt-cinq ans la culture japonaise. Il établit un parallèle entre le pouvoir des femmes juives sur leurs fils et celui des mères japonaises sur les leurs.

« La mère japonaise peut être considérée aujourd'hui comme la meilleure "mère juive" du monde. Les mères juives font sourire par leurs délires verbaux et sentimentaux, mais on reconnaît désormais le rôle essentiel qu'elles ont tenu dans le développement culturel de leur peuple. »

Le psychanalyste Michel Schneider parvient à la même conclusion :

« Les mères japonaises sont les principales responsables de la foudroyante réussite technologique et industrielle de leur pays [...], *tant leurs enfants – mais ne faut-il pas dire leurs garçons ? – remportent de succès !... Certains enfants craquent, néanmoins ces accidents ne remettent pas en cause, dans l'opinion, un système qui fabrique en série les meilleurs élèves en maths et en science de la planète. »*

Il faudrait étudier le contexte et connaître le degré d'implication de ces mères. Les Françaises, quand c'est le cas, reconnaissent qu'elles n'ont pas insisté, qu'elles ne se sont pas montrées assez fermes. Bien que vexées que leurs fils n'obtiennent pas les notes correspondant à la vive intelligence qu'elles leur attribuent, rares sont celles qui, même lorsqu'elles surveillent les devoirs, imposent à la maison un rythme de travail qui ferait peut-être la différence. Elles composent avec le besoin de jouer de l'enfant, avec les limites de son attention après une longue journée d'école, avec leur propre fatigue, ce qui ne semble pas être le cas des mères japonaises.

« *Les mères japonaises s'épuisent et leurs fils se suicident*, ironise un jeune Français après un an de stage à Tokyo. *Mais il faut reconnaître qu'elles sont tout le temps derrière eux et qu'ils ont une faculté de travail impressionnante.* »

Freud pensait que l'amour et l'admiration d'une mère, comme la sienne, donnaient des forces à ses fils.

« *Quand on a été sans conteste l'enfant de prédilection de sa mère, on garde pour la vie un sentiment de conquérant, cette assurance du succès, qui, en réalité, reste rarement sans l'amener*[1]. »

Nos adolescents estiment au contraire qu'ils ont moins besoin de s'affirmer s'ils ont dans leur vie une mère qui les admire inconditionnellement. Ces fils à qui les mères donnent toute la place ont parfois du mal à trouver la leur. Découvrir qu'ils n'étaient pas les plus beaux, les plus forts, les plus intelligents, les aurait découragés. Enfants rois chez eux, ils se sentent détrônés à l'école et la comparaison avec les copains ne les stimule pas. Luigi, étudiant, vingt ans, se rappelle être tombé de haut quand il a constaté qu'il n'était qu'un élève moyen. « *J'ai alors compris, vers douze ou treize ans, que l'admiration de ma mère correspondait plus à son désir à elle qu'à mes qualités à moi.* »

Leur point de vue recoupe, en l'occurrence, celui du professeur Philippe Jeammet :

« *Une des situations types de l'adolescent en échec scolaire est celle du garçon ayant vécu jusqu'alors porté par*

1. *Essais de psychanalyse appliquée*, Gallimard, coll. « Idées », 1976, p. 149.

l'admiration et l'attention soutenue de sa mère. Avec la puberté, l'adolescent se sent obligé de prendre de la distance, gêné par cette proximité affective et physique, et désireux de s'affirmer par lui-même. Mais cette distance, la relative solitude qu'elle implique, le fait que personne ne puisse vraiment remplacer cette mère et son regard admiratif contribuent à déprimer le jeune homme. Seul, il a du mal à travailler et à se concentrer. Il s'évade dans des rêveries, va rechercher des appuis divers : télévision, musique, lectures, amis, ou autres passe-temps moins anodins. La chute de ses résultats scolaires n'arrange rien... Il va chercher la compréhension qu'il pense ne pas trouver chez lui auprès d'amis qui lui ressemblent... Il peut arriver que cette recherche d'un réconfort mutuel dérive progressivement, les adolescents s'entraînant les uns les autres à consommer haschisch ou alcool... Son père ou sa mère veulent l'aider, le faire travailler, ce qui ne fait qu'empirer la situation, transformer la vie familiale en une série d'incessants conflits. Tout plaisir partagé avec ses parents l'exaspère, comme si ceux-ci n'étaient capables de l'aimer qu'en vertu des satisfactions qu'il peut leur procurer... Aux parents de comprendre que leur plus grande réussite est de faire en sorte que l'adolescent puisse faire la preuve de ses capacités d'autonomie[1]. »

Depuis que les filles ont forcé la porte des grandes écoles et ont accès à tous les corps de métier, les mères ne rendent plus service à leurs fils en leur laissant croire qu'ils sont les plus forts et qu'ils brilleront sans travailler, qu'ils pourront s'y mettre au dernier moment, même si elles l'expriment dans la louable intention de

1. Philippe Jeammet, *L'Adolescence*, Solar, 2002, p. 156.

les encourager. Les filles déplorent pourtant que les professeurs gardent cet automatisme de prêter en classe plus d'attention aux garçons. Sans doute parce que les femmes ont l'habitude de la soumission, on considère comme acquis qu'elles acceptent mieux la discipline. Les garçons, eux, se plaignent que l'on continue de les pousser vers des matières scientifiques qui ne les passionnent pas nécessairement. La Corée, l'Irlande, le Japon, le Royaume-Uni affichent, garçons et filles confondus, un score moyen généralement élevé en compréhension de l'écrit et de faibles écarts entre les sexes. La Belgique, la Finlande, le Japon, la Nouvelle-Zélande et le Royaume-Uni se distinguent par un score élevé en mathématiques avec de faibles différences entre les sexes.

Les filières scientifiques ne seraient-elles sexuellement programmées qu'en France où le professeur Pascale Charpin, qui enseigne les mathématiques en troisième cycle à Paris, constate cependant un mouvement dans la désexualisation des études.

« Je constate une prise de conscience à ce niveau, dans ce domaine, même si elle est en retard. Les femmes s'affirment nettement. Le problème reste le machisme évidemment, mais aussi le mécanisme suivant : quand le mari a un poste ailleurs, le plus souvent, la femme suit. L'homme fait carrière, la femme s'investit dans son ministère… sans poste. En France, il faut encore qu'il y en ait un, et c'est toujours une, qui se sacrifie. Cependant, il y a une volonté de changer. »

Dans l'ensemble, les mères de fils estiment subir un regard critique du monde scolaire. Regard dur, déstabilisant qui influence celui de la famille, de l'entourage. Les hommes qui en sont conscients s'impliquent dans l'éducation de leurs fils. Les enseignants enregistrent avec satisfaction une nette augmentation de la présence des pères de la génération n° 3 aux réunions de classe *« et même aux fêtes de l'école »*.

Mariées, célibataires ou divorcées, les mères ne sont plus seules à éduquer leurs fils et elles ne le souhaitent pas. Contrairement aux reproches traditionnels, la relation d'une mère à son fils, et de nos jours moins que jamais, n'explique pas tout.

« La relation éducative est une alchimie dont personne n'a encore trouvé la recette : les parents jouent un rôle essentiel, mais sans que nul ne sache vraiment tout à fait lequel[1]. *»*

En réalité, tout se passe dans la tête et beaucoup dans le cœur. Celles qui l'ont compris découvrent les bienfaits de la patience et d'une généreuse lucidité dans le cadre de l'éducation de leurs fils. Dès lors qu'elles ont admis qu'ils ne sont pas une extension d'elles-mêmes, les mères apprennent à les aimer tels qu'ils sont, à les aider à développer leur personnalité, sans trop se soucier du regard extérieur et tout en restant prêtes à en tenir compte et à se remettre en question.

1. Nicole Prieur, *Grandir avec ses enfants*, Syros, 2001.

Conclusion

La relation mère-fils est une histoire d'amour qui transcende les âges à travers une cristallisation de rancœurs et d'espoirs. Elle est tributaire de la relation homme-femme dont elle participe. Soumise à l'évolution des règles de la vie sociale, où l'économie, l'histoire, la politique, la religion influencent les comportements et parfois les déterminent, elle fut et est encore plus extraordinairement que jamais bouleversée depuis les cinquante et quelques dernières années.

« En deux générations, nous avons bouleversé la condition humaine. 90 % de toutes les découvertes techniques et scientifiques depuis l'origine de l'homme ont été faites ces cinquante dernières années. »

Boris Cyrulnik

Nous vivons dans une société qui bouge plus vite qu'elle ne pense. La 2e génération en fut la première bénéficiaire mais aussi la victime. La relation viscérale des mères à leurs fils a fondamentalement moins changé que notre monde occidental. Entre le « trésor absolu » et « l'enfant roi », il y a moins de différence qu'entre l'avenir destiné aux premiers et celui que les autres auront à se forger... On ne peut plus éduquer les fils des temps présents comme le furent ceux des siècles précédents. Les mères de la 3e génération le prennent en compte, ne serait-ce que par la force des choses.

Bien que parfois contradictoires, les témoignages individuels, dans l'ensemble et en opposition aux médias, insistent sur les bénéfices, les avantages, les exigences de l'évolution de la société et son influence sur la relation mères-fils. Remise en question, analysée, accompagnée, celle-ci devient moins pathogène que celle qui lie à leurs mères les éternels « fils à maman. » Enquêteurs et sociologues qui se sont rendus sur le terrain attestent une évolution positive en ce qui concerne l'un des premiers paliers : le statut du couple.

« Aujourd'hui, les femmes sont 80 % à se dire satisfaites de leur partenaire et de leur vie sexuelle en général, trois fois plus qu'en 1972. Les sexologues témoignent d'une sexualité épanouie, d'une meilleure entente, plus libre, plus ouverte entre les partenaires, qui continue gaiement bien au-delà des cinquante ans. Ils précisent, et cela se sait, que l'homme en tant que tel n'a pas plus de besoins sexuels que la femme en tant que telle. L'homme n'a plus le monopole du désir et les deux partenaires s'en portent mieux ; médicaments éventuels, recherche de la jeunesse et traitements hormonaux à l'appui[1]. »

Il est vrai que, suivant un courant d'obligation au bonheur et à la réussite venu des États-Unis, il est, de nos jours, indécent de se reconnaître malheureux. Les médicaments tel le Prozac correspondent à cette exigence de la satisfaction. Il n'empêche que les femmes épanouies sexuellement, qui ont confiance en elles, entretiennent une relation plus saine avec leurs fils et ne

1. Sondage Sofres-*Le Figaro*, février 2000.

constituent une menace que pour les hommes qui cachent leur misère ou leur fragilité sous un machisme navrant.

La séduction des fils exige des mères un plus grand travail d'éducation d'elles-mêmes. Le changement est le principe de la vie. Chacun d'eux implique une mise au point personnelle et la conscience de sa nécessité. Les mères reconnaissent leurs difficultés à s'affranchir de siècles de traditions et à s'intégrer dans une société à mutation rapide. Elles ne contestent pas leur part d'erreur dans l'éducation de leurs fils. Elles refusent d'être condamnées par principe, en premier lieu, et l'idée que tout soit joué, même à vingt ou trente ans, et encore moins à six. Modifier, adapter, apaiser, concilier demandent un effort, un travail sur soi que toutes ne font pas spontanément, dont nous ne sommes pas tous capables.

« *Il n'y a personne à implorer*, disait une grand-mère, enseignante à la retraite. *Pourtant, ma prière, c'est à vous qu'elle s'adresse, mes filles et mes petites-filles. Faites ce que nous n'avons pas su faire : délivrez-vous des préjugés et des accusations qui pèsent sur vous, élevez des enfants capables de faire face sur cette route jalonnée de balises dont il faut se méfier. Mères, mères de fils surtout, la route est ardue, mais elle est belle. La plus belle.* »

La route des mères est ardue parce que jamais tracée une fois pour toutes. Les êtres humains ne sont pas des figures géométriques parfaitement interchargeables. Les mères comme les fils se suivent et ne se ressemblent pas. Leur relation relève d'un ajustement d'individualités dans le cadre d'une société donnée. Les femmes d'aujourd'hui construisent leur vie, elles aussi, en combinant les différents ingrédients qui, au jour le jour, leur conviennent au mieux. Rien n'est simple. L'hérédité, la neurologie qui expliquent bien des confusions, bien des écarts de comportement, sont les grandes oubliées des psychologues et de la psychanalyse. Les similarités de conduite de vrais jumeaux, séparés à la naissance et élevés dans des circonstances différentes, le confirment, ainsi que les divergences entre les membres d'une même fratrie. Il y a certainement des fils plus faciles, plus mûrs, plus brillants que d'autres, des mères plus aimantes, moins narcissiques, plus intelligentes, moins généreuses que d'autres. Il n'y a certainement pas de justice en matière d'éducation. Les bonnes mères ne font pas plus systématiquement de bons fils que les mauvaises ne font de mauvais fils.

« Je n'ai qu'une certitude dans le flou de mes réflexions éducatives, une seule : on n'a pas les jeunes qu'on mérite, on a les jeunes qu'on a... Puisqu'on ne les choisit pas, puisqu'on ne modifie qu'à peine leur nature profonde en vingt ans de dur labeur éducatif, il faut faire avec. »

Christiane Collange

En s'assurant une indépendance financière et un statut social, en gardant avec eux une relation fondée sur le respect mutuel, d'amour, de tolérance, d'humour aussi, en se faisant un allié de leur partenaire, les mères aident leurs garçons à trouver leurs marques dans la communauté qui sera la leur. Ce que l'un gagne aux dépens de l'autre n'est une victoire pour personne. Il n'y a pas de place pour deux échecs dans un couple. Et c'est peut-être en grande partie aux mères de ne pas se laisser traumatiser et de ramener à la raison les hommes et les fils récalcitrants ou affectés. Comme l'écrit Yann

Queffélec, les fils élevés par leur mère dans cette perspective trouvent eux aussi que « *l'égalité, c'est bien plus intéressant* ». Ils se préparent un avenir plus serein.

« *Je ne veux pas faire le malin, mais la perte de l'identité masculine, cela me fait un peu rigoler… Si l'homme se laisse dépouiller de sa virilité, il n'a à s'en prendre qu'à lui-même ! Il faut rester naturel avec les femmes, sans se demander si on est trop masculin ou trop "féminin", trop macho ou petit garçon… C'est vertigineux de constater que, en très peu de temps, les femmes sont devenues les égales des hommes. Bien sûr que cela s'est fait au détriment des machos ! Hier, ils se sentaient peut-être valorisés parce qu'ils apportaient de l'argent à la maison, mais c'était catastrophique du point de vue de leur relation avec leurs femmes. Tout était biaisé. Dans l'égalité, les relations deviennent bien plus intéressantes. Si elles sont plus exigeantes, les femmes sont aussi beaucoup plus tolérantes. Libres, elles sont mieux dans leur peau. On peut vraiment se parler de personne à personne. Autrefois, il était difficile de les conquérir à cause des tabous sociaux et religieux. Aujourd'hui, elles nous regardent différemment, pas comme des salauds qui veulent les sauter*[1]. »

Le couple est un concept clé qui demande à être dégagé de la permanence d'un antagonisme maintenu à coups de contentieux mal réglés. Il relève encore des mères, en tant que mères, en tant que femmes, d'en convaincre leurs fils par la souplesse et la fermeté de leur comportement.

Le problème est que l'idéalisation de la fonction maternelle implique que les mères soient parfaites. Elles font des erreurs, elles en feront d'autres. Leurs fils y

1. *Elle*, 10 mars 2003, « Les États généraux de l'homme ».

survivront. Il leur faut – elles le peuvent, elles le doivent et elles le font – imaginer et improviser en utilisant, en développant leurs qualités personnelles pour s'adapter aux occasions, aux fils qui se présentent et qu'elles découvrent jour après jour. Une mère est nécessairement angoissée, inquiète dans la mesure où elle a un projet pour son fils. Elle anticipe les dangers, cherche à les prévenir, à la fois attentive, protectrice, soucieuse, fière et heureuse d'être la mère de ce fils-là qui les surmonte. C'est ce qu'elles pensent, comme l'exprime Diane, mère de deux garçons :

« Comment doit-on être mère ? La mère copine, non ; la mère distante, autoritaire, ça n'est pas l'idéal non plus. La mère trop angoissée, pas meilleur. Bien que je pense que toutes les mères le sont. Si elles ne le sont pas, on s'emploie à ce qu'elles le soient. Tout dépend de notre capacité à aménager ou non des plages de discussion. Les heures que l'on passe à éduquer nos fils sont des heures qui ne sont pas comptabilisées en termes de rapport humain par la suite. On cherche la pépite d'or, des miettes de vie parentale, comparées aux heures passées à leur apprendre à manger, à s'habiller, à se laver... Ce sont ces petites conversations, ces échanges, ces moments de silence qui vont faire la différence, constituer un capital qui se construit bride par bribe. On doit s'impliquer de minute en minute. Parfois à distance. Nous n'avons pas le choix. C'est difficile. C'est un travail de tous les instants et c'est merveilleux. »

La vérité d'une éducation est multiple. Il n'existe pas de bonne ni de mauvaise solution une fois pour toutes, bien que l'on retrouve toujours l'impératif de règles précises, de considération, de confiance, d'amour, sans jamais que soit oublié lequel est l'adulte. *« C'est si évident, ça semble si simple, qu'on ne comprend pas pourquoi c'est si difficile à appliquer.* » Chacun doit composer avec son héritage et, d'une façon ou d'une autre, se construire, se reconstruire, s'inventer tous les jours. Les succès et les ratages seront autres, il est peu probable qu'il n'y ait plus jamais d'échecs. Si aimants, compétents, patients, équilibrés soient les mères et les fils, ils sont humains, donc faillibles. Ce qui a marché hier ne marchera peut-être plus demain, réussira avec un, échouera avec l'autre. Les fils grandissent, changent, les mères aussi. Les demandes, les besoins, les caractères évoluent.

La somme de nos expériences donne à chacun de nous une relation personnelle au monde qui conditionne notre manière d'appréhender le présent et l'avenir. Parfois, ce conditionnement soutient, parfois il gêne. Il est alors important de regarder les choses autrement. Le dilemme n'est pas d'être une bonne ou une mauvaise mère, d'être autoritaire ou permissive, dévouée ou égocentrique.

« *En matière d'éducation, il ne s'agit pas de "ou – ou"*, dit Catherine Dolto, *mais* de *"et – et"*. »

Élever des garçons, c'est être tout cela, l'un et l'autre tour à tour. C'est se méfier des modes sans rejeter le passé, tout en s'impliquant dans les temps présents. Chaque éducation, chaque rapport sont autonomes, intenses, spécifiques. Éduquer est un métier que l'on apprend au jour le jour, comme celui d'aller à la rencontre de soi, de l'autre. C'est un métier qui se pratique au mieux à deux, en dépassant un mode de fonctionnement devenu archaïque, en se fondant sur la coopération et non sur la compétition. En accordant également aux fils le droit d'être eux-mêmes, à leur rythme, sans leur imposer un statut a priori. En leur reconnaissant, en se reconnaissant le droit à l'erreur. Personne n'ignore que les chemins de la générosité, de la fermeté, de la liberté sont sinueux, affaire de loi, mais aussi de nature et de personnalité.

Il ressort de cette enquête que rien n'est joué, rien n'est perdu d'avance tant que l'on aime suffisamment son fils pour ne pas l'élever en privilégiant son bonheur immédiat, mais dans la perspective de son avenir à lui. Celui d'un petit « sauvage » qui ne naît pas toujours bon, qui doit apprendre à vivre en société, à s'adapter aux contraintes que cela représente, à surmonter ses instincts et son bon plaisir, à les transcender, à devenir adulte et autonome, prêt pour le jour où il devra en aimer une autre, aider et guider à son tour, heureux et fier de l'être.

Remerciements

Un grand merci à Évelyne Pisier qui m'a donné l'idée d'écrire ce livre, ainsi qu'à Dominique Mehl et, tout particulièrement, à Annie Goldman. Elles m'ont aidée à mettre de l'ordre dans le puzzle des interviews. Ma reconnaissance va aussi au Dr Samuel Lepastier pour sa préface et ses conseils éclairés.

TABLE

DU MÊME AUTEUR

Le Divorce vécu par les enfants, Plon, 1993.

La Grande Enfance (6-11 ans), Albin Michel, 2000.

Le Dernier Bateau d'Odessa, Mercure de France, 2006.

Composition et mise en pages :
FACOMPO LISIEUX

Impression réalisée sur CAMERON par

BRODARD & TAUPIN

GROUPE CPI

La Flèche (Sarthe)
en janvier 2007
pour le compte des Éditions de l'Archipel
département éditorial
de la S.A.R.L. Écriture-Communication

Imprimé en France
N° d'édition : 998 – N° d'impression : 39517
Dépôt légal : janvier 2007